U0154418

教育選擇權研究

秦夢群　著

五南圖書出版公司 印行

獻給所有的老師，

不論是傳統學校或是另類教育。

因為有你，學生才有展翅遨翔的夢想。

螢窗秉燭夜未央（代序）

> 仰視著秋天的雲像春天的樹一樣向著高空生長。
>
> 朋友們都健康，祇是我想流浪……
>
> ── 鄭愁予，寄埋葬了的獵人

海外羈旅的歲月，去洛杉磯總要盤旋數日。除了觀海聽風與追逐陽光外，多會造訪大學時代的好友大麥克。

形如其名，大麥克屬於魁偉之流。年輕時可以吃下三個大麥克漢堡，因此博得盛名。洛杉磯四時如春，天空藍的令人想要飛翔。深秋暮色，帶一瓶加州葡萄酒，驅車至燈火點點的碼頭。白帆遠映，星河撩亂，晚禱的鐘聲在遠處響起，子夜清風常讓我們在微醺中悸動昂揚。

這情景似曾相識，在多雨的指南山下，我讀詩、辯論國事、喝泡沫紅茶、也與大麥克初遇。暮春三月，在醉夢溪旁的石板道上，他劈頭就說：「沒事幹，來主編個雜誌吧！」

當時不知大學生為何要主編刊物，只是面對如此誠懇的面孔，實在難以拒絕。然而，繁瑣的編輯工作令人筋疲力盡，尤其面對徵稿方向的無盡爭論。那期主題為中國古典小說專輯，一開始，大麥克就認為不需侷限於文學領域，堅持從多元角度進行探究。此舉遂使編輯難度衝上喜馬拉雅山。無數夜晚，在寒燈晦暗的斗室中處理稿件，面對窗外一丸冷月，內心不禁憤懣。這時大麥克就會翩然到訪。一包花生米，配上兩罐啤酒，常讓不快消失遁形。我質問為何要執行如此吃力不討好的工作，他總淡然一笑：「你不覺得在知識中遨遊，乃是人生不亦快哉之事嗎？」

班上的女生也是說三道四：「做家教都來不及了，閒著沒事幹，才會去作無聊主編。」那年冬天，刊物終在萬難中出版。寒風砭骨的天氣，拿著沉甸甸的雜誌，心中卻是暖暖的。編輯期間，穿梭於圖書館的書架，翻閱已有霉味的線裝書，各種知識如繁花錦簇般在眼前盛

開，我終於開始知道如何尊敬學問。以往對古典小說的印象，不外是各路諸侯爭漢鼎，或是才子佳人大團圓。歷經探究，方知天下學問浩瀚無垠。徵文中，有的引述正史爲曹操翻案，有的義憤填膺批判小說中的男尊女卑。天文社同學則突發奇想，運用物理與氣象理論，分析諸葛亮爲何能借東風火燒戰船。眞的，學問就像春天的花朵，只要灑下種子，時候到了，就會燦然怒放。

這使我想起 UCLA。數年前擔任訪問教授，對於庋藏群籍的圖書館自是列爲朝聖之地。走進不起眼的大門，沿廊迤邐而上，寬闊的二樓竟是一片中文藏書，其中也包括五四時代的出版品。翻閱當年傅斯年主編的《新潮》，不禁升起一種時光交錯的譎幻。詢問館方人員：「這麼多中文書，有多少人會借閱？如此不是太沒有效率！」那位銀髮女士婉然一笑：「藏書皆爲有緣人，你不就來了嗎？」

她的回答令我震撼不已。一個大學編列預算，維護乏人問津的外文書，僅只是等幾個有緣人嗎？這其中，沒有名利，沒有算計，只是一種人文精神，對於關乎古今知識的尊重態度。又有誰知，下一個牛頓或是曹雪芹不會翩然到來。

學校之所以爲學校，建築設施之骨肉必須齊全完備，穿梭其間的求知靈魂也勢不可少。在 Madison 讀書時，常至有著德國酒館風味的學生活動中心避寒。品啜咖啡之餘，常見隔桌學生爭的面紅耳赤。細問之下，方知其是著名的猶太桌。參與同學必須以希伯來文辯論中東情勢，你來我往好不精彩。我喜歡坐在一旁細細聆聽，即使不懂也無所謂。那種談天說地、品評古今的逍遙，至今仍感餘韻猶存。

初抵美國名校，總覺得在那些崢嶸樓閣與滿牆藤蔓之後，一定有股特別力量，否則怎能造就如此多諾貝爾獎得主。美國大學生多半樸實無華，有時過於天眞。但有一點可以確定，他們知道爲何而來。大學就像寶庫，提供各種鑰匙，讓學生進行肆無忌憚的思辯與反省。許多人沒有拿到學位，卻獲得進入社會需要的知識。蘋果創辦人賈伯斯年輕時就讀大學，一年便自動退學，但仍依照興趣選修字體美術課程。

此對日後電腦字型的多元化有極大影響，蘋果電腦也開始與時尚有所結合。

想想看，字體美術在大學眾多課程中係屬旁枝，何必花大錢開設。然而，既然字體設計乃是人類文化之一部分，就有學習的價值。過程中，許多看似無用的知識，經過互動與有機組合，即能激出創新的火花。成功比例也許微乎其微，但不作，則毫無機會。

這是一種人文主義的堅持，自文藝復興以來，對於西方思想發展影響甚鉅。人文主義重視人類文化的核心價值觀，以理性積極追求真理與幸福。其主張以人為本，強調人作為精神存在的價值。換言之，人類文化乃是整體不可分割的。學門之間看似不同，彼此卻有一定關係。人類發展不能偏執於特定知識，而忽視成為現代人的基本素養。其養成除了讀萬卷書行萬里路外，最重要的乃是廣納群學的胸襟。

此種呼籲看似簡單，實行起來卻是困難重重。近年來，高等教育競爭激烈，強調培育「有用之材」，學生之主修專業因而分得過早過細。影響所及，畢業生雖具有特定知識或技能，但往往失之狹隘，缺乏統整能力。其中尤其忽視精神世界，缺乏人文素養，一切以表面績效定優劣。愛因斯坦曾說：「專家還不是訓練有素的狗！」一語道盡其中的吊詭現象。

要知道，僅依傍技術而缺乏人文關懷，是無法成大事的。痌瘝在抱的醫生，除了技術超群外，還需有噓寒問暖的技巧。誨人不倦的良師，教法精湛外，學生懷念的卻多是其適時的身教關懷。專業養成本就來自人文，除了嚴謹的理性思考外，對於眾生的情感更不可缺。此需要跳出本業，大量閱讀與接觸人群，如此才能一窺生命的脈動。當社會不再僅以技術層面看待人時，十丈紅塵才會有撥雲見日的一天。

可悲的是，在如今電光石火的資訊社會中，看似無甚大用的「旁門」知識，往往被棄若敝屣。醫生開刀技術練好，教師解題技巧精進、企業產品熱賣才是首要任務，誰有空搭理那些不能立竿見影的學問。

然而，社會專業分工愈細，愈需要縱橫全局統整四方的領袖人

才。所謂專家，多如瞎子摸象，終日埋首於細窄領域而淪爲高級文盲。人類之進步宛如拼圖遊戲，唯有具備統合視野的領袖人才，方能眼觀全局，建構整個畫面。

　　教學生涯中，常鼓勵學生研讀經典作品，學生卻反唇相譏：「你說很重要，可是讀了會增加薪資嗎？」聽後不禁執筆三歎。要知道，即使薪水不會立即增加，古今聖哲的教誨，卻能增進學習者的多元智慧。在大學殿堂中，對學問應有尊敬之心。任何知識只要經過理性檢驗，均有追求之價值。現代學生在網路上匆忙行走，未經思索即憑直覺議論，很少能靜下心來思考。換來的，只是飣餖瑣碎人云亦云的訊息，毫無知識的長進。

　　以教育爲例，其性質乃是手工業，不能標準化而大量製造。面對良莠不齊的學生，教師必須因材施教，傳統公式型的知識往往不敷使用。教師必須時時創新，發展獨特的教學理念。此種能力需要廣涉各科知識，與積極擁抱人群後方能養成。閉關自守的書呆子，在學生眼中只是教書機器，缺乏人性的溫暖與權變。

　　過度強調實利主義，教育就形成極度商品化，各科學問如同五顏六色的化妝品，擺在櫥窗中供消費者品頭論足。那些看似沒有「特效」的產品，最後只能下架而不知所終。此種追求近功的態度，使得個體發展僅止於安身立命的小滿足，遑論成爲涵渾汪洋、經世治國的人才。國家則傷害更大，終日汲汲追求成長率而忽視創新研發，到頭來僅能爲他國代工產品，賺取蠅頭小利而已。

　　這個道理不難理解，問題是誰願意打頭陣犧牲。一生戮力研究，最後卻無甚表現，此種代價絕非講求近利的社會所願承受。2002 年的諾貝爾獎金委員會何等勇敢，將化學獎頒給沒沒無聞、僅有學士學位的日本工程師。得主田中耕一當時任職企業，潛心進行生物大分子研究。因爲不與人應酬，只不斷嘗試別人不做而常常失敗的實驗，因此被冠以「怪人」稱號。他不願參加升遷考試，因爲職位向上就會遠離最愛的研究工作。

我常想，國內應不乏類似田中的千里馬，但願意不計成敗的伯樂卻寥若晨星。企業與學校不斷叫嚷創新，但卻強烈要求立即的績效。田中耕一是幸運的，諾貝爾獎金委員會看到他，否則其命運極可能是齎志以歿。日本還有企業願意接納這些人才，我們的社會呢？華人太聰明，絕不從事不能立即賺錢的賠本生意。最後，知其不可為而為的人才沒有出路，只能流落海外為番邦服務。

大麥克即是一例，赴美後專攻文化人類學，被譏為是「回家吃自己」的科系。由於所學牽涉諸多政治批判，兩岸學府投鼠忌器避之唯恐不及。為了營生，只得屈身於洋人的學校教書。後來水土不服，再轉至基金會的智庫任職。年年奔忙，無奈只能用蟹行文字，勉強擠出幾篇乏人問津的論文。

有一年，到加拿大開學術研討會，巧遇大麥克。宣讀論文後，他就拉我直奔海灣。溫哥華港開闊壯麗，背山面海碧波千頃，頗有北歐峽灣渾然天成的氣勢。大型商船絡繹於途，翩飛的海鷗則是漫天遍野。夕陽餘暉下，一切都顯得如許蒼茫。沈吟許久，他才幽幽嘆道：「還記得張孝祥的西江月嗎？」

那是寫於宋室南渡後的詞，充滿對於家國的感傷。大麥克一筆飄逸行草揮毫於宣紙上，至今還掛在書房。猶記最後四句：「世路如今已慣，此心到處悠然。寒光亭下水連天，飛起沙鷗一片。」看著大麥克臉上僵硬的線條，不過二十年，髮上竟已添上寒霜。海外飄零，如翻飛蓬草。歲月把青春磨的何等荒涼，落寞心境又豈是「世路已慣」四字所能釋懷。

再訪洛杉磯，大麥克卻開始自立門戶。書店開在一個十室九空的商場中，充滿陰鬱的氣息與魚腥味。店內賣的品項相當雜亂，主要為文學與藝術經典，東方宗教書籍則交雜其中。雜誌架上多是歐洲報刊，卻沒有暢銷書專櫃。大麥克身穿牛仔褲與格子襯衫，厚重的眼鏡蒙上一層灰。店裡充滿霉味，靜的令人發慌。大麥克卻相當興奮，絮絮叨叨說個不停：「弱水三千，只取一瓢飲。這裡每本書都是我的好朋友！」

　　靜靜的聽著，突然想起當年擔任主編，也是在如此夜色，我們一起把盞論學。小小社團辦公室中，與大麥克熱烈討論尤金・歐尼爾《長夜漫漫路迢迢》，與王文興《家變》小說中的家庭情結。講的正起勁，學校突然停電。我們就點起蠟燭，談天說地至東方既白。大麥克豪情萬丈，誓要為往聖繼絕學，寫出一本介紹中國文化精髓的大作。

　　書未完成，大麥克卻在人生旅程中踉蹌告退。突發的心肌梗塞，他倒在一堆書中離去。其中一本，即是西班牙文學的扛鼎之作《唐吉訶德》。如今想起，這不就是大麥克一生的寫照嗎！任憑眾人訕笑，依舊堅持一己信念而不悔。海外過客，本可享有「花落家僮未掃，鳥啼山客猶眠」的閒散生活，但大麥克卻選擇一條泥濘嶮巇的道路，始終誠實於自我人生。仰望滿天星斗，生命散落的光影已逝，但當年出刊的那份溫暖卻依稀猶存。

　　追悼會上，安排的皆是大麥克生前的最愛音樂。銀幕上放出似水年華的追憶照片，耳邊伴隨的即是美空雲雀的「川流不息」。想起在政大談心的歲月，看看照片，當時大伙真年輕啊！流年暗中偷換，還好，我們曾共同追求過夢想。謝謝你，大麥克！人生道上，不論風急雨驟或是陽光璀璨，有你這志同道合的朋友同行，夫復何求！正如歌詞中所寫的：

不知不覺，走上這條細長的小路。
回首瞻望，可看到遙遠的故鄉。
道路崎嶇不平、蜿蜒曲折，就連地圖上也找不到。
這就像人生。

　　是的，大麥克，我會記得這首歌。並且相信，只要堅持下去，人生總會有放晴與雪融的一天。

甲午年、臘月
霜寒露重的臺北

致讀者

　　大學時代，教育經濟學的課程中赫然出現「教育券」的名詞，感到極為新奇。將自由市場之機制引進教育體系，在當時民風保守的時代，簡直是天方夜譚。負笈美國後，與教授談起實施教育券的風風雨雨，開始關注教育選擇權的議題。之後，同班同學希望讓小孩接受在家教育，卻與州政府起爭執鬧進法院。雙方攻防激烈，每次上課他都鉅細靡遺的即時報告。當時內心不禁存疑，問題真有如此複雜嗎？

　　日後細心探訪，方知事態嚴重。當時在威斯康辛大學攻讀博士，所在地 Madison 雖為首府，但教育水平卻是參差不齊。東城高中有百年歷史，校內歌德式建築巍然聳立，然而學區經濟發展卻遲滯不前。影響所及，校內學生社經地位偏低，吸毒與霸凌事件層出不窮。與之相較，西城高中位於新開發之區，工商繁榮而吸引大量中產階級，學生在科學競賽中每每嶄露頭角。我的同學居於東城區，但不願將子女送入學區高中「墮落」，因此希望自力救濟。

　　此個案顯示，社會進步使得家長所關注的，除了子女入學基本權益外，更在意學校所能提供的教育品質。畢竟，孩子的青春只有一回而不能重來。1990 年代之後，臺灣各種另類教育如雨後春筍般冒出。所標榜的，不外是在傳統公立教育之外，能夠別出機杼而另闢蹊徑。然而，在理想與現實的拉鋸下，相關爭議應運而生。數其犖犖大者，如對教育商品化之疑慮、學生表現之難以保證等。如何在保障學生學習權利的前提下，尋求政府與家長教育權之間的平衡，即成為近年學者刻不容緩的研究課題。

　　本書之寫作，過程漫長而艱辛。此因教育選擇權議題牽涉甚廣，除教育外，還旁及政治、法律、經濟等領域。相關制度如教育券，不能僅從單一觀點分析（如績效），因此顯著增加撰寫之難度。幾年來，看盡窗外的春夏秋冬，也翻閱過成山論文，總覺得下筆維艱。

　　幾經思索後，決定採取綱舉目張的原則，相關理念與制度只取其

主要精神，繁複之實施細節則加以割捨。教育選擇權一旦進入實踐階段，型態多元且複雜，讀者若有興趣，可就一家之言深入探究。然而，各國國情不同，可能產生「橘逾淮成枳」的現象，分析時必須要特別小心。

　　結構上，本書計分為兩大部分。第一部分包括導論與教育選擇權之爭議，分別從自主、績效、平等、民主等價值觀，分析不同學派的主張與論點。第二部分則敘述在教育選擇權之訴求下，各國政府所創建之非傳統教育類型，其中包括公辦公營之磁性學校、公辦民營之特許學校、教育券計畫、在家教育、與另類教育等。世上沒有一個制度是完美的，讀者無須迷戀特種學說的光環，而應該檢視所處時空的條件，方能在眾聲喧嘩中，尋得子女教育的最佳策略。

　　編輯期間，煩勞政大教育行政與政策研究所的莊玉鈴秘書、陳遵行、夏偉傑、曾柏璣、林上弘諸位先生細心校閱，拳拳情意特此致謝。書中部分文字，曾刊載於《教育與心理研究》、《教育政策論壇》、《教育資料與研究》等刊物，併此感謝。本書倉卒付梓，謭陋謬誤之處，尚祈諸位讀者指正，不足之處也請海涵。

　　學術道路寥落孤獨，非一般人所能承受。過往十數年，飽嘗人世艱辛，總有不如歸去之歎。披星戴月的研究生涯，身心疲憊異常。返家途中至公車站，最怕淒風冷雨的冬夜。此時，助理就會結伴同行。他們刻意站在我的外側，盡力阻擋一些無情風雨。動作雖小，卻使我白雲蒼狗的人生得到些許溫暖。時光流轉，謝謝這群小帥哥的始終支持，雖然他們並不在意，但我卻銘感五內而永誌難忘。

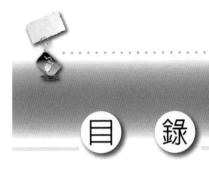

目　錄

螢窗秉燭夜未央（代序）

致讀者

第一章

導　論

　　爲了傳遞知識與教授實用技能，人類社會自古即存在各種形式之教育。隨著文明之進展與社會之多元，傳統之家庭教育已難以符合社會期待，政府與民間於是開始設立學校，以提供大量民衆接受基本教育的機會。相較之下，原先在教育子女扮演舉足輕重角色之家長，反而退居幕後而漸失主導權。教育選擇權（school choice）之議題，即在民主社會強調多元之前提下，成爲近年各國爭議之焦點。

　　簡而言之，教育選擇權牽涉到學生對於受教類型的選擇權限消長之問題，深具政治學之權力分配色彩。利害關係人如政府、教師、家長、學生彼此之間，針對誰有權利決定接受教育的形式與內涵，歷來爭辯不休。其涉及社會對於教育目標的不同思維，其中如自主選擇、多元發展、社會正義、學校本位、績效表現、市場機制等主張。其看似皆有道理，實務上卻往往互相傾軋難以兩全。以市場機制爲例，汰弱留強本是天經地義，然而一味強調鬆綁與講求競爭，即會戕害社經地位較低地區之學校發展。富有家庭可以一擲千金，將子女送入菁英私校，弱勢孩童若缺乏政府的一臂之力，恐怕只有坐以待斃。在尊重自由市場的呼籲下，政府應否對於教育選擇權的干預減至最低，而對待教育如一般商品，實是需要深思的問題。畢竟學生青春只有一回，無法重來一次。學校教育與市場商品差異極大，鮮少因爲顧客不滿意而必須關店歇業。置身於如此盤根錯節的複雜環境，面對社會百年樹人的期待，各國在教育選擇權的權衡，無不戰戰兢兢小心應對。

　　教育選擇權牽涉甚廣，但其爭議的主戰場，卻多在義務（國民）教育之中小學階段。此因學生適值未成年年齡，其教育選擇之決定權多落於家長（主要爲父母）身上。然而，義務教育的特性（如公立學校之獨占、辦學績效無關痛癢、與學區制之實施等），往往使得家長覺得倍感束縛。影響所及，政府與家長兩大主角即產生激烈論戰，雙方在教育選擇權上不斷過招而互不相讓。

　　此種爭議在1980年代之後愈加激烈。以在家教育（homeschooling）爲例，此種被認爲是「古代」的教育類型，大有班師回朝的態勢。支持者每以Abraham Lincoln（林肯總統）爲例，指出其當選國會議員填報資歷時，

在教育程度一項，竟答以「不全」之字眼。旁人不解，Lincoln於是解釋其只有一年左右的正式課堂教育，但因喜歡學習，因此時時自修獲得擔任工作的所需知識。年輕時，在工作休息時間，他經常會從身上拿出書來大聲朗讀背誦。支持者認爲當今公立中小學績效欠佳，不如讓學生回歸家庭學習，也才能呼應個別子女的興趣與性向。然而，此種學習方式，是否適合現代多元社會的需求？政府如果退出學校教育的經營，家長是否有能力促使子女養成Lincoln的好學習慣，並能日後與社會接軌，即成爲激烈辯論的焦點。

　　基於以上背景，本書之論述主題主要有四。其中包括：(1)教育選擇權的定義與範疇。(2)教育選擇權的相關理論與爭議。(3)各國處理教育選擇權的策略與類型。與(4)當今教育選擇權相關制度的利弊得失。本章爲導論性質，僅先就以上議題加以概述。以下即就教育選擇權之定義與範圍、政府興辦學校之歷史背景、教育選擇權之爭議、與教育選擇權之實施形式，分別先予探討。原則上，本書將以中小學教育階段爲主，探討其間教育選擇權之相關議題。關心高等教育之讀者，還請參閱其他學者之大作。

第一節　教育選擇權之定義與範疇

　　教育選擇權之概念，英文多以「school choice」一詞加以表述。其中choice一字，牛津辭典將之定義爲「對於兩個或以上之可能性的選擇行動」（an act of choosing between two or more possibilities）。換言之，選擇之一方可以依照內心價值取捨適當事物，隱含一定程度的自主性。在哲學派別中，決定論（determinism）認爲人人皆受到自然法則的約束，因此並無所謂之自由意志（free will）進行選擇。然而，在教育行政研究中，「選擇」之行動仍多隱含以下特性：(1)選擇過程乃是理性的，以便在特定脈絡中尋求對自我最有利之選項。(2)選擇者具有特定價值觀，並據此影響整體選擇過程。(3)提供之選項應是選擇者能力所及的，而非只是聊備一格，看得見卻吃不到。

　　針對school choice，如果按照字面直譯，則應為「學校選擇」，但觀諸相關中英文文獻，實難完全闡述內中之涵義。因此，在中文翻譯上呈現百家爭鳴之態勢。其中如「學校選擇權」（林孟皇，2000）、「教育選擇權」（吳清山、林天祐，2003）、「家長學校選擇權」（楊思偉，2000；張明輝、顏秀如，2005）等。本書基於選擇主體、場所、內容、層次等面向之考量，以下內文主要以「教育選擇權」一詞加以表述。其理由如下：

1. 選擇主體：其可以是學生本身、家長（父母或其監護人）、甚或是政府（少數特殊學生如少年犯）。在大多數情況，中小學階段之學生多半未成年，因此選擇主體多落於家長身上，此也是部分文獻將school choice一詞加上家長兩字之原因。此外，由於有選擇主體與實質之行動，因此牽涉到依法行使選擇權利之爭辯，所以翻譯為「教育選擇權」較為貼切。由於選擇主體多為家長，因此本書在行文討論家長行使子女教育選擇權之爭議時，間或採用「家長教育選擇權」之用詞。

2. 選擇場所：school choice中所指之school，已不限於傳統之學校形式（包括公立與私立學校）。晚近興起之另類教育、在家自行教育、非學校型態的實驗教育等均包括在內。此外，教育選擇場所並不僅以學校為單位，其他如班級、教師、教育計畫等皆在選擇之列，如只以「學校」一詞加以翻譯，則會產生難以周延之疑慮。

3. 選擇內容：為符合學生之興趣與性向，教育選擇之內容除整體學校之表現外，尚包括對教育歷程（如教學目標、教學方式、課程、教材）的選擇。實務上，學校、班級、師資、課程、教法等因素，都會影響教育之績效，因此皆可能成為行使選擇權的範疇。家長將學生送入特定學校，多半考慮其所提供之教育內涵。雖然不同學校之間即具有相異之師資與教學方式，但即使在同一學校，家長也深具選擇班級或挑選教師之意願（正式或私下）。基於此，「教育選擇權」一詞較能彰顯此種情況。

4. 選擇層次：近年教育選擇方式已非僅限於學校層次，而提升至不同
   政策的取捨。晚近歐美先進國家所推出之相關方案令人目不暇給。
   數其犖犖大者，包括教育券計畫、特許學校、所得稅學費扣除額、
   學區彈性化等政策。基於不同之教育理念，家長必須針對不同方案
   之訴求加以選擇，也使其困難度更為增加。

綜上所述，school choice一詞所牽涉之範圍極為廣泛，已超越字詞表面
之意涵。嚴格來說，學校選擇權可被視為是行使教育選擇權之主要部分，但
未能代表全貌。根據以上論述，本書將「教育選擇權」定義如下：「基於受
教者之需求與福祉，進而選擇對其最適當教育的權利。」其中最適當教育即
牽涉到符合受教者需求之教育方式、內容、與場所。如前所述，選擇主體多
為家長，但也可能是受教者本身。教育實施則包括教育方式、教育內容、與
教育場所等，而不僅僅限於學校層級。教育方式可為傳統學校、另類學校、
在家教育、甚或非學校型態之教育計畫等。教育內容則牽涉到課程、教法、
教師之選擇。教育場所則不限傳統學校場域，而包括班級、家庭、與教育計
畫等。

第二節 政府興辦學校之歷史背景

如上所述，本書探討相關教育選擇權之議題，將以中小學教育階段為
主。基本上，此階段多半為各國立法所規定之義務教育階段，公辦教育乃是
主流形式。由於相關制度（如學區制）之實施，政府在學生教育選擇上，經
常居於主導地位，因而引起不同想法家長之抗爭。以下即從歷史角度，簡述
各國政府興辦學校之背景與其訴求。

一、義務教育之發展與演進

　　義務教育一詞常與「國民教育」相互使用。例如歐洲之普魯士（Prussia）王國在1848年所制訂的《憲法》中，於第18條規定：「普魯士少年在充分政府支持下，所接受國民教育之權利應受保障。」其中即出現國民教育之概念，並影響民國初年之平民教育運動。其後，1946年通過之中華民國《憲法》第21條即規定：「人民有受國民教育之權利與義務」，正式確立國民教育之地位。然而在教育行政之運作中，國民教育實與義務教育之理念有所重疊。例如臺灣《國民教育法》第2條規定：「凡6歲至15歲之國民，應受國民教育」與「6歲至15歲國民之強迫入學，另以法律定之」（即《強迫入學條例》）。其中規定之國民教育內涵，實與義務教育無異。

　　然而，就歷史的觀點而言，國民教育與義務教育之出發點仍有本質上差異。國民教育理念之大興於十九世紀，當時民族國家（如法國、德國）之政府，希望藉著掌控教育的手段，使人民服膺所謂的「時代使命」，以達到富國強兵的目標。在此前提下，顯然偏向「政府主權」的觀點，深具國家主義的色彩。相較之下，義務教育注重人民接受教育的機會與普及程度，政府與人民雙方居於平等之地位。政府強迫學生入學，但也有提供優良品質教育的義務；換言之，雙方在權利上應該取得一定程度的平衡，以實踐社會正義的理想。

　　實務上，由於現今使用漢字之中國大陸與日本，在相關法令上鮮少使用「國民教育」一詞，美國之相關教育選擇權文獻也幾乎皆使用compulsory education（義務教育）一詞。因此，為統整各國文獻，以下本書之敘述即以「義務教育」一詞為主，並視參考文獻之原文，間或採用「國民教育」之用法。

　　環顧東西方的歷史，教育年幼子女自古多為私人與家族之事務，政府鮮少干預。以中國為例，長期以來民辦教育居於主流。歷代政府雖在地方設立名為庠、序等學校，但數量有限。從唐朝至清代，官辦學校招生之總量，約占歷代總人口數之千分之一至千分之二（周愚文，2001）。其餘主要教育

機構如私塾（基礎教育）、書院（高等教育）等，皆為私人興學之形式。在中小學教育階段，學校教育則多由私人（家庭或家族）提供，子女接受教育的形式與內容，家長享有極大決策空間，國家至多是提供考試進用的管道而已。其中如科舉制度始於隋煬帝大業三年（西元607年）之進士科，以根據考試成績選拔官員，但在義務教育與現代學校的設立上，竟遲至二十世紀之初。此種情況，曾任北京大學校長之蔣夢麟（1959）即有如下回憶：

> 在我的童年時代，沒有學校，只有家塾。男孩子在家塾裡準備功課應付科舉或者學點實用的知識以便經商。女孩子不能和男孩子一道上學，要讀書就得另請先生，窮苦人家的子弟請不起先生，因此也就註定了當文盲的命運。一位先生通常教數十位學生，都是分別教授的。家塾裡沒有黑板，也不分班級。……一日又一日地過去，課程卻一成不變。一本書念完了之後，接著又是一本不知所云的書。接受訓練的只是記憶力和耐心。（1959, pp. 22-24）

處於清末王綱解紐時代的蔣夢麟（1886-1964），一生經歷西方列強的船堅砲利與巧取豪奪。其後來分別至紹興中西學堂、浙江省立高等學堂、與南洋公學讀書，見證了中國現代中小學校之創建。從教育行政的角度而論，中國正式義務教育制度的建制，遲至清廷於光緒三十年（1904）頒訂之《奏定學堂章程》，方才完全底定（光緒二十八年雖有《欽定學堂章程》之發布，但未及實行即被廢止），史稱「癸卯學制」。其頒布結束中國歷代辦教育無章程與學校無體系的現象，並確立義務教育的精神觀念，為第一個由中央政府制訂並實施之法定學制系統，象徵新式教育制度的確立。在中小學教育部分，初等教育分為蒙養院、初等小學、高等小學三級，中等教育則設中學堂一級（王鳳喈，1957）。《奏定學堂章程》並規定「官設初等小學，永不令學生補貼學費，以便貧民，庶可期教育之廣及。」然而，基於種種限制，其實施在當時並未徹底。之後，學部再頒布《強迫教育章程》，規定「幼童至7歲須令入學，及歲不入學者，罪其父兄」，展現實施義務教育

的決心。

臺灣則於1895年割讓於日本而成爲殖民地。日本政府雖於1898年公布「臺灣公學校令」，但其主旨乃在授權政府設立公學校教育，並非是全面入學的義務教育性質。及至第二次世界大戰末期之1943年，臺灣才在日本「皇民化」的訴求下，正式實施六年制義務教育。1945年臺灣光復，國民政府根據《國民學校法》，繼續實施六年國民教育，並於1968年擴展至九年義務教育。

西方各國也有類似狀況。環顧歷史，義務教育之普及發展乃是近兩百年之事。其興起之主要動力有三，其中包括：(1)希望使教育脫離宗教（主要爲基督教教會）之控制，以實踐其世俗之目的。(2)希望將教育作爲富國強兵之手段，以提升國家之實力。其中以德國與法國爲代表。(3)希望將教育作爲培養社會公民之手段，以提升民主之進步。其中以美國爲代表。

檢視西洋教育史，希臘羅馬時代因應需求，存有不同形式的中小學組織。其中包括雅典城邦之角力學校（Palestra）、音樂學校（Didascaleum），羅馬帝國之文學學校（School of Literature，6-12歲）、文法學校（Grammar School，13-16歲）、與修辭學校（School of Rhetoric and Oratory，16歲以上），但並未普及至全體學齡學童（Cubberley, 1948）。當時多認爲學校是一種私人事業，家長必須直接支付報酬給地位低微的教師。中世紀時代基督教獨大，教育之實施必須以信仰爲依歸，並無針對一般國民施以教育的體制。當時各國教育機構主要爲教堂附設的學校與修道院，學習內容也多以拉丁文與宗教事務爲主，受教者侷限於貴族與修道者。即至1517年，在德國以馬丁·路德（Martin Luther）爲首的宗教改革運動興起，主張平民信徒應有識字能力以便閱讀聖經，且國家必須負起相關責任。至此之後，西方教育之神權色彩漸漸世俗化，中產階級抬頭並爭取接受教育的機會，均使得全體國民必須受教的義務教育理念蓬勃發展。

歐洲各國中，首先實施由政府經營監管國民教育機構者，首推十八世紀之普魯士王國。西元1717年，威廉一世（Frederic William I）國王通令全國普設小學，發展出現代學制的雛形。之後，腓特烈大帝（Frederick the

Great）於1763年頒定《普通鄉村學校法規》，其中規定5-13歲為強迫就學年齡，家長如未送其子女入學則會受到懲處。此外，凡在學校執教者，必須取得相關執照。此項規定雖因教會之抵制未能徹底執行，但對於國家主導國民教育之體制已見其雛形。1794年通過之《大法典》（General Code）第十二章更明文規定所有學校皆為國家之機構，非經國家之認定與同意不得設置。

之後，民族國家與民族主義的興起，更對義務教育產生推波助瀾的效果。例如法國學者於十八世紀基於對社會發展之不滿，進而產生「國家教育論」學派。其強烈主張教育事務乃是政府之重要庶務，其目的不在為教會服務，而在增進全體人民的幸福。國家教育論之出現，導致政府主導之學校制度建立，由國家提供經費並加以管理，其目的乃在實踐國家的政策。具有影響力的有學者包括J. M. Rolland（羅蘭）、D. Diderot（狄德羅）、J. Turgot（涂爾哥）等人。其在十八世紀之法國倡導新的教育主張可歸結如下（Gutek, 1995）：

1. 主張教育乃是政府之庶務，教育應普及於全民。教育重要目的乃在為國家培養良善之公民。
2. 提出國家教育制度，以替代教會創辦的學校。政府應在各郡縣廣設中小學，並在首都創立大學，以建立完整的學校體系。所有學校應由政府之專門機構負責管理督導。
3. 建立民眾學校制度，採取免費的全民強制教育。
4. 成立學校教育的全國性會議，以建立全國國民教育制度。學校應教授公民職責之科目，以使人民能瞭解其應盡的社會義務。

此種利用教育以使國家能夠富國強兵的主張，在十九世紀之兩次普法戰爭更行明顯。德國於1807年第一次普法戰爭戰敗，有志之士臥薪嘗膽勵精圖治，希望能一雪前恥。重要學者如J. G. Fichte（費希特）即呼籲全面實施國民教育，將教育脫離教會而全面收歸國家管理。教育目標重視培養道德心

與祖國愛，教導學生爲民族奮戰與奉獻。經此勵精圖治，德國終在1870年第二次普法戰爭獲勝。戰敗之法國也因受刺激，積極建立推展相關的國家教育體系。其於1881年通過免費初等教育的法案，強迫6-13歲學童必須進入初等學校就讀，享受免費教育。第三共和政府並在1902-1904年立法，關閉所有教會學校，實踐國家控制學校的理念（劉伯驥，1974）。

相較於德國與法國，十九世紀下半之日本，則面臨西方列強殖民主義之威脅。1868年開始之明治維新，即以「富國強兵」爲改革主軸，引進西方典章制度進行體制之根本改革，其中即包括建立現代教育制度。日本於1871年創設文部省，翌年頒布《學制》，以法國爲範本，把全國分爲八大學區，建立新西方式的國民教育體系。日本於1900年已開始實施義務教育（王家通，2003）。在第二次世界大戰之前，日本教育係以《大日本大國憲法》與《教育敕語》爲依歸，認爲受教育乃是天皇臣民應盡之義務（敕語爲上對下之命令）。規定教育是國民的義務，其目的在培養「忠君愛國」的皇民。人民應爲了民族之強大而鍛鍊身心，並對政府之教育政策無條件服從。

檢視上述德、法、日本在十九世紀發展義務教育之歷程，國家主義的訴求躍然紙上。三國在民族主義的驅使下，希望壯大國家以延續民族生命，人民即成爲不可或缺之理想工具。所謂「沒有國家，哪有個人」，爲了「民族大義」與提升政治國防實力，個人必須犧牲奉獻。在此背景下，國民教育的理念充分得到支持，教育發展成爲國家富強的必要條件。影響所及，人民的訴求受到壓抑。在民族生存發展的大帽子下，個人自由必須適度犧牲。即使家長再不願意，也多半必須就範。實務上，此種訴求多半促成在教育行政制度上的中央集權形式，國家力量強力介入教育體系，進而壟斷其組織結構與教授內容。

其他國家爲推動學童之義務教育，以改進受教之普及度，多於十九世紀下半，紛紛立法實施學童義務教育。英國於1870年通過《小學教育法》（Elementary Education Act 1870），採取公立與私立（包括教會學校）並行的制度，並規定5至12歲學童必須入學就讀。此外，該法並規範建立學區、

教育視導、建立學校董事會之相關事宜。由於事涉繁雜，至1880年方才全面實施。1891年再度立法通過初等教育為免費的法案（周愚文，2008）。

　　與德國與法國相較，美國的情況則較為特殊。獨立前基於對英國中央政府之反抗，建國時對於聯邦政府之權限多有所節制，導致聯邦憲法於1789年通過時，將教育相關權限歸於各州政府，導致其後形成之地方分權教育行政制度，其中尤以學區制之實施最具特色。地方學區成為獨立教育行政機關，可以徵收地方稅（主要為財產稅）以興辦區內教育。其間雖因教派對立與意識型態不同（如認為民主主義應尊重多元，不應強迫民眾納稅支持公立免費教育），但最後仍建立具有特色之教育地方分權制度。以下即對其發展加以簡述。

　　美國殖民時期，並無義務教育之實施。教育多由地區城鎮提供基本教育課程，家長必須支付學費。正式學校教育僅限於少數菁英分子，名門之後與神職人員可以接受進階課程，其他孩童多半在學校以外地方（如家中、工作地點、教堂）學習工作技能（Cremin, 1970）。

　　在1776年獨立之後、部分建國先賢如第三任總統Thomas Jefferson（傑佛遜）基於國家教育規劃之不完善，希望以公家之力興辦教育，但在立法上卻屢次鎩羽而歸。其主因相當特別，乃在當時美國人民對於聯邦政府擴權之排斥。美國獨立戰爭之導火線即在宗主國（英國）之強迫增稅，因此獨立後民眾多半排斥聯邦政府介入教育事務，希望將相關權利留給地方或家庭自行處理。

　　因此，在十九世紀前半之前，美國在義務教育上並未出現固定之體制。各個地區城鎮自行決定成立學校與否與籌募辦學經費。基本上，學校開支大半來自居民的稅款與家長繳納之學費。由於家長能力不一，部分地區還出現「等級繳費制」（rate bills）。其實施原則為學校免費提供所有學生「基本課程」之教學，如果需要更上一層，則限於提供願意負擔更高學費的學生上課。此制度造成學生受教多寡竟受制於家庭貧富，對於社會正義之維護實是一大諷刺。因此，部分慈善團體與教堂，即開始創建免費之「慈善學校」。其在1820-1830年代，提供貧困家庭子弟受教。除捐獻外，也受到州

政府的少數經費支援。在另一方面，富裕家庭則會爲孩子延聘私人家教，或是送其到所費不貲的英式寄宿學校。

　　基於教育亂象頻傳與各地區宗教意識型態之爭鬥，自1840年代起，學校改革者希望另起爐灶，創建免費之公立學校教育，以解決等級繳費制的不平等現象。此種呼籲，即形成後來的「公立學校運動」（The common school movement）。此處之common school乃是相對於私人（主要爲教會）所興辦之學校，具有大眾化與平等的訴求（Reese, 2005）。此類學校完全免費，所需經費則由學區人民之財產稅支應。由於必須提高徵稅，反對者抨擊此乃聯邦干涉地方不合法作法，具有獨裁與「普魯士」色彩（由此可看出美國與德國對實施義務教育看法之天差地別）。然而，公立學校運動所揭櫫之民主與平等理念，並以學區形成教育地方分權的想法，仍獲得社會團體之支持力量。其中原因之一也包括希望建立中立的公立學校，以避免傳布特定宗教教派的教義而不致造成意識型態的紛爭。

　　從1837-1853年，北方各州的立法機關紛紛通過創設州立並由地方控制的公立學校相關立法，美國現代公立學校系統逐漸成形。南方則自南北戰爭（1861-1865）之後，方才通過立法，提供免費與普及的小學教育。各地方也將慈善學校納入公立學校系統中，並嘗試吸引富有家庭之子女入學就讀。此制度以地方學區承接教育的管理權，至二十世紀雖歷經州與聯邦政府力量之介入，但地方學區在義務教育之影響上仍是難以撼動。掌控權力的「學區教育委員會」委員絕大多數由地方人民直接選舉，乃是先進各國之異數。今日美國人大多接受免費、與宗教中立的公立學校教育，但仍保留自費進入私校就讀的權利。私校所占比例，近年大致維持在10%-12%的比例。

　　檢驗美國義務教育的發展，可看出其與德國與法國之國民教育運動差異頗大。同樣是希望脫離教會的控制，但美國民眾較少秉持富國強兵的想法。其所以訴求義務教育（主要爲公立學校），乃在認爲公辦教育能在社會發展中扮演關鍵角色。其不僅能提供人民公平之教育機會（服膺美國獨立宣言與聯邦憲法之理念），還能發揮平衡的力量，將聯邦政體、社會發展、與各宗教價值觀，整合爲特有的美國文化。受教者不但在知識上有所精進，也培育

其公民社會的素養。即使意識型態有所差異，但在民主的態度中，社會機制也不致分崩離析。此也是公立學校至今仍受到多數美國民眾支持的原因。

綜觀上述各國義務教育的發展，雖受到不同政經文化影響，但皆謹守免費、普及、與強迫三大原則。經由立法授權，政府被允許使用公共資源興辦教育，以保障與強制所有學齡兒童接受教育，並允許其免納學費。實務上，政府對於義務教育有四項堅持：(1)提供國民基本教育乃是國家之責任。(2)家長必須服從相關法令讓學童接受學校教育，不從者甚或會受到懲戒。(3)義務教育之經費來自政府，其主要來源為人民之納稅。(4)基於國家發展，政府有權制訂基本教育政策。

檢視以上各國實施義務教育的歷史背景，顯示國家（政府）與人民（家長）之間，在教育選擇權議題上的拉扯與競合。前已述及，義務教育與國民教育運動之興起有密切關係。為啟蒙國民之智識與成長，提供全民接受基本教育，乃成為國家的責任。為達到普及之目標，傳統私人教育顯然力有未逮，大量公辦學校於是應運而生，並逐漸成為義務教育之主流。由於政府在義務教育之主控角色過於彰顯（如強迫學生入學，不從之家長甚而會被懲戒），遂引發權力不對等之質疑。此種爭議，實務上即反映於對於教育扮演角色之兩種思潮：(1)以國家為出發點之「國家強，人民就強」主張，認為教育目的乃在發展全體國民之智識，以壯大國家社會的力量。必要時，國家可以強制人民。(2)以人民為出發點之「人民強，國家就強」主張，認為教育目的乃在開發個體的潛能，以使其成為健全公民。基於民主原則，少數個體的特殊需求應被確實尊重。

以上兩種思潮即牽涉到各國教育行政制度之設計，其中包括：

1. 中央集權制：以德、法、日本為代表。希望藉由國家主導與掌控義務教育，促使整體教育價值觀與政策，能夠配合富強國家之發展。三國在第二次世界大戰後，雖已遠離國家主義，但其傳統所形成之中央集權（德國現今實施邦集權體制），即較缺乏彈性，在教育選擇權之議題上，較少有呼應之聲音與作為。

2. 地方分權制：以美國為代表。實施地方分權，同時並容許私人學校之存在。義務教育學校最初主要由地方社區發展，中央政府介入較淺。美國人堅持民主主義，認為教育應儘量交由人民自主決定，政府不宜過度介入。基本上，較不具有將教育作為國家富強手段的想法。美國人主張學校應教授學生正確價值觀、民主素養、與尊重他人之態度。換言之，教育發展應尊重人民（家長）的需求，採取較為彈性之作法。因此，當公立學校因各種因素辦學績效欠佳時，美國各級政府較能夠積極回應，發展市場導向的改革措施如教育券、特許學校等。

綜而言之，由於文化與政經情勢之差異，各國對於教育選擇權之爭議方興未艾（Plank & Sykes, 2003）。前已述及，義務教育階段乃是教育選擇權之主要戰場。此因義務教育具有「強迫」之色彩，政府制定強迫入學法律，強制家長將子女送到公立學校接受教育，卻無法保障受教之品質。國家過度積極介入教育，部分學者即認為其侵害家長之教育選擇權。主張政府不能將實施義務教育視為完全屬於國家的權利，而必須有所調整。在下一節中，我們將針對義務教育的教育選擇權之相關議題加以分析敘述。

第三節 教育權主體之爭議

不論興辦的動機為何，各國義務教育皆採取免費且強迫之形式，此種作法不見得為所有家長所接受。基於培育健全公民的訴求，政府可以經由立法，強制家長將子女送入學區學校就讀，甚而對於不從者加以處罰。如此作為在第二次世界大戰後即受到嚴重挑戰，部分家長強烈質疑政府不具壟斷義務教育的權利。從教育選擇權的觀點而言，此即牽涉到何者具有決定學生教育型態與內容的權力。政府與家長雙方在此議題上如何取得權力的平衡，即牽涉到教育自由的議題。此因教育歷程存有教育者與受教者的相對關係，如

果受教者未能依其獨立特性，接受適當的學習機會，則教育自由即蕩然無存。在此情況下，家長若為外力限制（如學區分發），而無法為子女選擇接受適當教育，即無法維護子女受教的基本自由。

綜觀近年引起各國義務教育體制爭議的主因，大致可歸納為兩大類。其中包括：(1)教育權主體之爭議。(2)民主控制與市場機制之爭議。以下即先就教育權之概念理論加以說明，之後再分述兩類爭議之前因後果與實務上的影響。由於本書並非教育法學之專著，以下牽涉之相關法律學說，限於篇幅僅能加以簡述。希望深入研究之讀者，請參閱其他學者之大作。

一、教育權之型態

分析教育選擇權之前，必須先就「教育權」一詞之概念加以說明。教育權牽涉極廣且極具爭議，各領域學者（如法律、教育、政治）對其定義多有所差異，但多認為其為人民之重要基本權利，例如許慶雄（1991）即將教育權視為是社會權的一種。社會權包括生存權、工作權等，乃是基於福祉國家的理念，政府為使人民獲得合乎人性尊嚴之生存，而必須保障之權力。就教育行政的角度而論，可將教育權狹義定義為「對於國民施以教育，並進行決策加以實踐的權能。」由此延伸，相關教育權之型態大致可以包括以下四種：

(一) 國家教育權

係指國家（政府）依據法律與國民之託付，所擁有之教育其人民之權利。如前所述，教育之實踐在古代多屬私人與家庭事務，國家較少介入。之後，民族國家與民主社會之興起，要求全體國民接受一定階段之教育。在此背景下，由於社經地位之差異，家庭無法確保能夠提供子女完整而充分之教育。若仍將教育事務置於私領域處置，恐難達成普遍與平等之目標，進而戕害學生之受教權利。義務教育相關法令之制訂後，授予國家興辦與監督教育之權利，因而限縮家長部分教育選擇之權限。政府成為興辦教育的主要機

構，以保障國民接受教育之權利。

實務上，國家教育權具有強制與控制的色彩。例如美國之聯邦憲法雖未提及教育，但卻將相關教育權賦予各州政府（憲法第十修正案）。因此，各州憲法皆規定特定年齡階段之學童（多半為6-16歲或18歲）必須接受義務教育。基本上，美國各州實施義務教育之法律基礎，係來自普通法之「政府監護人」理念。其主張為了保障公共利益與州民福祉，州政府有權制訂法律，以行使監護人之職責（Cambron-McCabe, McCarthy, & Thomas, 2009）。在此背景下，相關義務教育法令即規定家長若未依法履行子女就學之義務，將面臨刑事或民事訴訟，甚而可能被罰監禁與一定數額之罰金。相關資料可參見Estes v. Egnor（1994）與State v. Smrekar（1979）兩個美國法院判例。

在中國大陸，《義務教育法》第4條規定：「國家、社會、學校和家庭依法保障適齡兒童、少年接受義務教育的權利。不入學者，當地政府可對政府或監護人採取有效措施，責令適齡學生入學」（第15條）。與其類似，臺灣之《國民教育法》第2條第2項規定：「6歲至15歲國民之強迫入學，另以法律定之。」依此而產生之《強迫入學條例》，在第9條即規定凡應入學而未入學、已入學而中途輟學、或長期缺課之適齡國民，其父母或監護人經勸告後仍不送入學者，即可能受到書面警告、罰鍰等處置。此外，《教育基本法》第2條第3項明定國家、教育機構、教師、父母具有協助實現教育目的之責任。如果父母怠忽職守，政府即會以公權力介入，以保障學童之受教權利。此即為國家教育權之展現。

(二) 家長教育權

係指家長（多為父母）基於倫常與法律所賦予之親權，衍生出規劃與實踐子女受教形式之權利。各國對於家長教育權之用語不同，在相關內涵上，依據之法律內容也有所差異。基本上，大致可分為家庭層次與學校層次兩大類。前者係指家長在日常相處中，對其子女進行特定之知識傳遞與人格形塑。德國《基本法》第6條規定：「對子女的照顧與教育是父母之自然權與首要強制義務。」換言之，家長教育權需以促進子女之自我實現為依歸，

不應強迫其依父母期待而就範。然而，檢視中西方教育史，此歷程非常容易受到社會與家長價值觀之影響（例如宗教信仰）。因此，為開啟孩童心靈與培育公民，以使學生能夠獲得較為平衡之教導，學校教育勢不可免。在此層次上，各國政府雖然制定相關強迫入學法律，並可以處罰拒絕子女入學之父母；然而，此並不代表家長必須無條件順從。實務上，基於特定理由（如宗教信仰、教育理念等），其在子女之教育選擇上，仍具有一定之權利。例如：先進國家如德國、日本對於家長之「資訊請求權」（對於未成年學生之教育檔案，家長具有檢視與對其內容提出異議之權利）、與「隱私權」（家長有權要求學生檔案之保密，學校不得隨意揭露）等明文加以保障。

　　美國由於施行地方分權制度，各州在教育相關規定上多有出入。然而，根據歷年法院判例與學者主張，也有一定程度之共識。例如林孟皇（2000）歸結各家學說，認為美國家長教育權可以包括子女之家庭教育與學校教育兩大部分。基本上，家長可以自行決定在家實施家庭教育之方式與歷程。在子女學校教育部分，家長教育權則可分為「教育場所選擇權」與「教育參與權」二大類。其中，教育場所選擇權也可稱為「學校選擇權」，大致包括：(1)私立學校選擇權：家長可將子女送入私立中小學就讀之權利。(2)公立學校選擇權：家長可將子女送入學區外之公立學校就讀之權利。(3)學校類型選擇權：係指子女結束特定階段之教育後，家長可為之選擇繼續升學之教育型態的權利。(4)在家教育選擇權：家長選擇以在家教育之方式以教育子女的權利。至於在「教育參與權」方面，也可分為「個別參與權」與「集體參與權」兩大類。個別參與權乃指家長對於子女受教方式與內容提出建議，其中包括學校教育內容影響權、異議權、程序權、與資訊請求權等。集體參與權則包括：(1)家長會組織權：家長團體可以組成家長會，積極參與學校教育之權利。(2)學校教育參與權：家長參與學校內教育事務之權利。(3)教育行政參與權：家長團體可以推派代表，參與教育與學校行政決策過程之權利（Shokrail & Yousef, 1998）。

　　美國之外，家長在參與學校校務之相關權利上，各國的立法情況不一。基本上，對於個別子女之教育歷程，家長可隨時向校方提出看法，但若

針對學校整體校務部分，由家長團體共同行使，或是選出代表代爲行使之校務決策權限則多所差異。例如：根據臺灣現行教育法令，國民中小學依法所組成之家長會，可以選派代表參與校務會議、學校教師評審委員會等學校重要決策會議，並具有投票權，實質影響學校的重大決策。然而，實施教育地方行政制度的美國，中小學雖有「家長與教師協會」（Parent-Teacher Association，簡稱PTA）之組織，但其功能多限於諮議性質，並無實質影響學校決策之權利。

(三) 教師教育權

係指教師基於法律之授權，依據其教育專業判斷，進行各種教育作爲之權利。中小學學生多爲未成年，其在學習之過程中，教師若無一定之專業權利，就難以保障教育內容的正確性而對學生潛移默化。教師教育權之來源根據，英美法系國家多有「代理父母」（in loco parentis）之觀念，主張家長將子女送入學校就讀，教師即替代父母的地位，行使父母的權利（主要爲施以教育），同時也需履行相關義務。在大陸法系地區，則多半以法律明文定之。例如臺灣《教師法》第16條、中國大陸《教師法》第7條，皆明文規定教師之權利。

教師教育權的內涵，各學者看法不一。其中謝瑞智（1996）提出相關教師教育權如教師講授自由、教師授課內容編輯權、教科書使用裁量權、教育評量權、與懲戒權等。許育典（2007）則認爲其包括課程編成權、教材選用自由、教學方式自由、學習評量自由、與專業自由。秦夢群（2012）分析各國教育行政制度與相關文獻，發現在相關教育事務與專業領域，中小學教師擁有的專業權利可歸納爲九項。其中包括：

1. 言論自由權：保障教師在一定法律之規範下，基於學術良知，可提出與校方不同之意見，且不因之而遭到解聘等處分。

2. 專業自主權：教師爲達成教育目標，擁有一定程度之專業自主與裁量權，以適時提供最佳教學品質。其中主要包括課程設計、評定成

績、與輔導學生三大部分。

3. 俸給與相關福利權：教師依其學經歷與工作表現，享有一定之俸給與相關福利（如各項津貼、保險、減免稅賦等）。

4. 進修權：進修是教師權利也是義務。為鼓勵或強迫教師進修，各國定出獎勵辦法（如補助學費、加薪），或制裁措施（如減薪、不續聘）以為因應。

5. 結社權：教師可組織教育專業團體或教師工會，以提升專業與維護專業權益。教師團體之角色各國不同，有的僅限於專業發展，有的甚而可以發動罷教，影響力相當驚人。

6. 工作權：係指校方若無正當理由，不得無故或恣意將教師降職、解聘、或是不續聘；以使其能本諸專業理念，安心從事教職。

7. 申訴權：教師對主管教育行政機關或學校有關個人之措施，認為違法或不當致損害其權益者，得依法提出申訴或相關行政救濟。

8. 爭議罷教權：依據法令而可行使此項權利的教師，依據工會的合法決議，可以罷教為手段，與上級行政機關相對抗而爭取權益。

9. 管教權：教師為導引學生行為於正途，必須有適當權限以維持教學秩序。對學生之懲戒即包括於其中。

(四) 學生教育權

也被稱為學生學習權，係指人民依法所擁有之接受教育與學習權利。各主要國家憲法皆以不同形式，規定保障人民接受基本義務教育的權利，與國家在義務教育上的給付義務。然在近年在終身教育理念推動下，此項權利已非侷限於學齡學生，而擴及傳統學校教育之外的社會大眾。

學生教育權的理念以往常以「受教育權」一詞加以呈現。許育典（2007）指出傾向「國家教育權說」的國家，常將「教育基本權」稱為「受教育權」。認為教育權的主體乃是國家，學生受教育之權利係透過國家立法賦予，而非學習者出生即享有之權利。此種具有特別權力關係色彩的學說，在實施戒嚴時期的臺灣即相當明顯。直至1999年通過《教育基本法》

之第2條中明述「人民為教育權之主體」，方才有所改變。此條文扭轉傳統認為教育目標應側重國家發展，人民僅是受教育客體之觀念，進而確立民主國家以學習與受教育為人民權利之主張。

基於人民為教育權主體之觀念，學生基於「學習權」，而成為受教育權主體之地位乃獲確立。相關學者（如周志宏，2001，2003）主張學習權乃是人類誕生後即自動產生，其需要經由教育等途徑獲得相關知識與技能，方能生存於社會之中。基於接受教育乃是實踐學習權的重要條件之一，受教育權即成為學習權的下位概念，人民因此擁有請求國家提供相關學習之教育機會的權利。此種以學習權為教育本質的學說，使得學生教育權的概念有所改變。基於接受教育乃是實踐人民生存成長所必須的學習權利之一，國家在學生受教期間（尤其在義務教育階段），自然必須擔負提供適當教育機會，以實踐學生學習權的義務。

二、教育權主體之爭議

綜上所述，四類教育權（國家、教師、家長、學生教育權）隨著時代思潮之遞嬗而有所消長。傳統上國家居於主位，近年來則興起人民為教育主體的潮流。在此漫長的發展歷程中，雖然各國在教育權之發展時程不同，但其爭辯焦點多在人民接受教育與國家之間的權利義務關係。環顧歷史，大致有以下三個階段。茲分述如下：

(一) 受教育乃私人事務時期

前已述及，東西方國家最初之教育發展，多由私人或家庭自行處理，即使點綴有少數公辦教育，政府並未強力介入教育事務。在此時期，由於教育與政府關係之疏離，自然不會產生權利義務問題。政府不強迫人民入學，人民也無向國家請求接受教育的權利意識。家長依其社經背景與能力，決定子女之受教形式與內容，縱有學校組織之產生，也多為私人經營（如教會），政府並不負擔相關經費。影響所及，當時所能接受較高教育者，多限於貴

族、教士、與富裕家庭子弟。

　　私人事務時期頗長，在中國直到1904年之《奏定學堂章程》，方才確立公辦義務教育與法定學制系統，西方各國政府則自十九世紀才逐漸介入興辦教育。即以美國爲例，殖民地政府於1647年頒布教育法令，規定凡各社區居民達50戶以上的鎮市必須設立學校，使兒童可以接受基本教育。家長可以選擇送孩子上學或在家自行教育，但法律規定有經濟能力之家長必須捐款以負擔教師薪資。然而，當時多數居民不願依法捐錢，遂使公辦教育之數量寥若晨星（Cremin, 1970）。由於多數人民缺乏教育意識，以致1789年通過之美國聯邦憲法第十修正案規定：「凡是未經憲法規定授予合衆國政府行使或禁止各州行使的各種權利，均保留給各州或人民行使之。」由於整部聯邦憲法並未提及教育，因此州與人民即保有相關教育權利。然而，當時部分社會人士認爲基於民主理念，不應強迫無子女者繳稅負擔對其本身並無實益之公辦教育，強力反對推行全民義務教育。此種主張教育子女應爲私人事務之觀念，在十九世紀上半仍舊相當盛行（Good & Teller, 1956）。

(二) 受教育乃人民義務時期

　　隨著民族國家之興起，教育逐漸成爲政府的重要施政業務。十九世紀興起之國家教育主義，堅信公辦教育可以富國強兵，提升整體國民素質與戰力。影響所及，歐洲各國政府紛紛透過立法實施國民（義務）教育，並將原本多由教會控制之學校收歸國有，將學校教育視爲是「國家權力」的行使表徵。其主張建立齊一化與標準化的義務教育體制，不僅有助富國強兵，更能培養產業界所需要的基本技術人才。至於教育之多元化與適性化，則往往因財政因素而被忽視。此種深具「特別權力關係」色彩的主張，堅信接受教育之主要目標乃在服務國家，也是身爲國民的重要義務。一定學齡之學童必須接受教育，不從者會受到不同程度的懲戒。此種情況在第一次世界大戰後仍有所延續。其中如德國於1919年制定的《威瑪憲法》第145條，即規定接受國民教育爲人民的義務。

　　基本上，此時期多由國家控制教育之實施。其類型大致有二：(1)軍國

主義類型：以德國、法國為代表，希望藉由基本教育引起人民之愛國心，以使得國家能夠壯大富強。(2)民主主義類型：以美國、英國為代表。希望藉由基本教育以培養公民資格與素養，進而推行實踐民主政治（其中如投票權利的積極行使）。兩類型之主要訴求雖然有所差異，但執行手段卻很類似。此時期之西方各國，大多立法推行由國家控制之普及、強迫、與免費之義務教育。

由於受教育被認為是人民義務，因此國家教育權即形成獨大之局面。為了避免特定價值觀之影響（尤其是宗教思想），以傳承社會發展之思潮，學區之公立學校制度於為興起。家長依其所居住之地，由國家分發進入指定學區學校就讀。此舉希望透過強制分發與學區齊一化的手段，儘量避免因為城鄉差距，因而導致之教育資源分配不均問題。學區制是否促成教育機會均等，目前仍有爭論，但其對家長教育選擇權之縮限，卻成為不爭之事實。實務上，在義務教育階段，學區制至今仍是各國學制之主流。例如中國大陸《教育法》第18條規定：「適齡兒童、少年的父母或者其他監護人以及有關社會組織和個人有義務使適齡兒童、少年接受並完成規定年限的義務教育。」第9條規定：「地方各級人民政府應當合理設置小學、初級中學學校，使兒童、少年就近入學。」

此時期在教育行政運作上，尚有以下特徵：(1)政府對教育之強力介入：此處之政府可為中央政府、地方政府（如美國之各州政府）、甚或學區委員會。其對學童之入學具有一定之權限，家長若不服從而違反相關法令，即可能受到懲戒。此以各國強迫入學相關規定最令人關注。此外，依據法定教育行政主管機關之不同，各級政府對於學校制度、經費、人事、乃至課程綱要之擬定，皆有不同形式與程度的介入，影響教育之實施甚巨。(2)訂定課程綱要與審核內容：此即牽涉課程規劃與教科書的選用。即使在實施地方分權之美國，州政府基於需求，對於課程與教科書之審定，仍有一定之影響力。中央集權國家甚而有統編本的出現。(3)壓抑私人興學或自行教育：私人教育常被認為與國家發展方向有所扞格，政府為求價值中立性與維護社會正義，具有特定意識型態或菁英取向之私立學校，在義務教育階段多被管制

壓抑。其中如私立宗教學校，在美國依法不可接受公家經費之補助，僅能自給自足。

　　在此時期，由於政府權力之獨大，部分家長即產生異議，認為其教育選擇權受到侵害而有違反憲法疑慮。以美國為例，各州主張依據聯邦憲法增修條文第10條所保留給各州的教育權利，州政府在教育事務上自然擁有管制之權利，其中即包括強迫入學等規定。然而，此種權利是否應為絕對，歷來多有所爭論。如何在州政府與家長教育權利上取得平衡，以確保學生之最大教育利益，即成為各國相當棘手而懸而未決的議題。以下即試以三個美國聯邦最高法院判例，說明美國法界在此爭端上之見解。在此要強調的是，各國國情不同，面對爭議各有處理立場與看法。詳細情況，請讀者自行參閱相關專論。

1. Meyer v. Nebraska (1923)

　　美國聯邦最高法院在Meyer v. Nebraska一案中，首先對於家長與州政府兩者在教育權之爭議提出見解，進而建立家長教育選擇權之憲法框架（constitution framework）。此案主要爭論點乃在內布拉斯加州（State of Nebraska）議會於1919年通過名為Siman Act的法律。其中規定州內任何公私立學校不得以非英語外之外國語文教學，也不得在學生八年級之前教授任何外國語言。當時之歷史背景適值第一次世界大戰慘烈結束，美國部分州對於戰時敵國（主要為德國）心存芥蒂與排斥之心，因此紛紛訂定不得在學校中以外國語教學之嚴格規定。此對當時眾多非以英語為母語之移民學生影響甚大。其中Robert Meyer為「錫安教區學校」（Zion Parochial School）之教師，因以德語教授10歲小學生語文課（主要為聖經），因而被州政府罰款25美元。Meyer不服上告法院，因此引起一連串之訴訟。

　　案經內布拉斯加州最高法院審理，法官以4-2判決州政府勝訴，理由為法案可禁絕移民以其母語教學而導致與社會之脫節。Meyer不服，再上訴至美國聯邦最高法院，最後以7-2獲得勝訴，判決內布拉斯加州所通過之爭議法律乃是違憲。大法官援引聯邦憲法增修條文第14條之「實質正當法律程

序」（substantive due process）精神，檢視以下兩個重要問題：(1)該州所通過特定法律之目的，是否能夠獲得重大的政府利益。(2)欲達到立法目的之手段與作法，是否爲必要且侵害人民利益程度爲最小者。

檢視相關案情後，多數大法官認爲兩問題之答案皆爲否定。首先，教授德語不會造成人民致命之傷害，州政府不會因之得到重大利益。其次，家長參與及教育子女之權利，乃屬於增修條文第14條所保障之自由權的內涵。換言之，州政府基於提升人民素質，可以制訂合理之法令以規範各級教育之實施。然而，州的教育權並非絕對，其不可恣意侵犯教師之教學權、學生之學習權、與家長的教育選擇權。Siman Act之通過，對於人民利益有所侵害，因此有違憲之虞。在此情況下，州政府管制教育之內容與權力不能無限上綱而必須有所限縮。

2. Pierce v. Society of Sisters (1925)

本案發生於1920年代，也是各州立法推行義務教育如火如荼之時期。當時奧瑞岡州（State of Oregon）立法機構通過相關強迫教育法規，規定除特殊學生（如身心障礙）之外，家長必須將8-16歲之孩童送入州內之公立學校就讀。影響所及，遂引起非公校系統之私立宗教學校與軍事學校的抗議，進而提起訴訟並要求法院暫時禁止相關法律之施行。地方法院基於未經正當法律程序與否定家長之子女教育權，認爲有違憲之虞。州政府不服判決提起上訴，最後聯邦最高法院同意進行審理。

雙方在攻防時各陳己見。奧瑞岡州政府首先主張，根據聯邦憲法增修條文第10條，各州教育之實施乃屬於州之權限。基於增進公眾福祉之責任，州政府對於義務教育之實施，具有法定之監護權利。其次，要求學童進入公立學校就讀，乃在確保學生不受特殊意識型態（如特殊之宗教信仰）之置入影響。由於當時法律並未授權州政府可對私校之課程與教學內容有所控制，因此可能產生違背社會價值之結果。基於此，要求學生一律進入公立學校就讀，乃是合理的。

在另一方面，抗爭之私立學校則認爲州所通過之相關強迫教育法規乃是主觀、恣意、與無理之行爲，與州所宣稱之公共福祉並無相關。傳統上，私

立學校之正面功能與貢獻已被社會肯定，並非如州政府所宣稱之負面現象。因此，一旦強迫學生必須進入公立學校受教，必會嚴重侵害私立學校成員（包括教師、家長、學生）之權利，並摧毀私人合法經營教育事業的自由，形成州政府壟斷教育之惡果。此外，州政府之作為也嚴重侵犯身為家長而具有之重大權利，亦即是為子女選擇教育之權利。

經審理後，聯邦最高法院宣告奧瑞岡州政府所施行之法律違憲。相關主要理由有三：(1)州政府強制學生進入公立學校就讀，乃是不合理且侵害家長對其子女所具有之選擇教育的自由。此因州不能制訂與其權限並無合理關聯的法律，進而剝奪聯邦憲法所保障人民的基本權利。排斥私立學校而使公立學校獨大，會形成教育兒童標準化之後果。然而，孩童並不是州政府的工具，而必須與家長共享相關權利與伴隨之的義務。因此，州政府不應恣意剝奪家長教育子女之相關權利。(2)相關法規之實施會摧毀州內之私立學校，使其財產利益蒙受極大損失。因此，如果無確切證據顯示私立學校未能履行教育義務，州政府所實施之特別手段（強迫進入公立學校），即會造成聯邦憲法增修條文第14條所保障自由權之侵害。(3)州政府依法雖有強制學童入校受教，並規範教育內容與程序的權力，但強制學生進入公立學校而「標準化」家長之選擇，乃是不合理侵害家長主導子女教育的自由權。

3. Wisconsin v. Yoder (1972)

美國聯邦最高法院於1972年之Wisconsin v. Yoder案中，再度針對州政府與家長之教育權爭議做出判決。與前兩案援引正當程序條款作為判決依據不同，在此案中，最高法院轉而引用憲法增修條文第1條的宗教信仰自由（free exercise of religion）作為審查標準。此案牽涉到美國境內之少數Amish信徒，中文多將之翻譯為「孟諾教派」。身為傳統基督教之一支，教徒主張現代文明令人墮落，因此生活中不使用機械與電器，多以古老農耕為生。基於宗教信仰與害怕違背神諭，Amish家長拒絕子女在受完八年學校教育（約14歲）後繼續就學。

根據當時威斯康辛州（State of Wisconsin）之強迫教育法，義務教育的

年齡為7-16歲，家長必須將適齡學童送入公立學校、私立學校、或其他能夠提供「實質相當之教育」（substantially equivalent education）的處所就讀。根據以上規定，威斯康辛州政府於1968年將三名Amish家長逮捕，罪名為拒絕將14-15歲的子女送入州法所規定之教育處所就讀，因而違反強迫教育法。

　　進入司法訴訟後，被告家長宣稱依據Amish之宗教信仰，其子女可以接受基本之語言、數學、與科學教育，但應以中學八年級為限。由於堅持外界隔離的生活方式，如果信徒持續進入公立高中就讀，在生活與世俗觀念的養成上，即會與所持之宗教觀有所扞格，進而摧毀整個群體的價值體系。因此，Amish主張學生在14歲之後，即應離開普通學校，轉而接受為期兩年專屬Amish的「職業訓練計畫」，內容則配合宗教信仰之相關傳統農業生活所需之技能。被告家長主張強迫Amish學生就讀一般高中，乃是侵犯聯邦憲法所保障人民之宗教自由，並威脅特定宗教族群之存續，其作法粗糙且違法。

　　在另一方面，原告威斯康辛州政府則主張強迫入學法規並未侵犯Amish之宗教信仰。基於保障所有學生能夠接受一定之基礎教育，州政府應有一定權限，以把關擔任監護者的角色。理論上，政府必須盡力提供適切課程與教育，幫助學生進入社會後能夠自立生活。然而，檢視Amish所提出之職業訓練計畫，僅能適用於其社群，並不能「實質相當」於政府所提供之公立學校教育。此因該職業訓練計畫所產生之學生，極難生存於社會主流生活方式，而失去遷徙與選擇的機會。此外，給予Amish學生特別待遇，恐將違反聯邦憲法增修條文第1條之「政教分離條款」（Establishment Clause），實不應草率為之。

　　在聆聽雙方意見後，威斯康辛地方法院判決三名家長違反強迫入學法規而有罪。再至巡迴上訴法院後，也維持地方法院之判決。案子再上訴威斯康辛州最高法院，卻出現不同結果。州最高法院判定州政府之行為對於家長之宗教自由有所侵害，原因在於州政府無法舉證其行為具有充分且重大之利益，足以大於憲法宗教自由所保障人民的利益。由於牽涉聯邦憲法之重大爭議，州政府因而主動將此案向聯邦最高法院提起上訴，並經其同意受理。

　　在經過九位大法官審議後，聯邦最高法院根據聯邦憲法增修條文第1條與第14條，決定支持威斯康辛州最高法院之主張，判決州政府敗訴。因此，州政府不得強迫被告子女進入高中就讀。其主要理由乃在法院雖然肯定州政府監督學童接受基礎教育的角色與權限，但卻非無限上綱而排除其他的價值觀。當政府之教育權限與其他基本權利或利益有所衝撞時（如人民宗教自由），應該透過「衡平的歷程」（balancing process）加以檢視調整。此案即牽涉到憲法增修條文第1條之宗教信仰自由，與父母基於宗教信仰所希望子女養成方式之利益。

　　在考量衡量雙方所宣稱之利益後，聯邦最高法院首先指出州政府雖然主張強迫教育規定乃屬州之正當利益，但若明顯增加人民進行宗教活動的負擔，則可能違反政府應該中立的憲法規定。此外，當宗教信仰與州政府所宣稱之重大利益相衝突時，威斯康辛州必須展現其強制7至16歲接受義務教育，乃是州之重大利益的明確證據。在此方面，州政府並未達成要求。在檢視Amish所自行興辦的農業職業教育後，聯邦最高法院發現其可幫助學生適應與世隔絕的傳統農業社會，因而判決只要家長能提供同等品質的教育，強迫入學政策即不可侵害人民憲法之宗教信仰權。此外，法院認為由於並無明確證據指出家長之行為會傷害子女與所處社會，因此不應受到侵犯。

　　聯邦最高法院在Wisconsin v. Yoder一案中，確立基於父母之宗教自由，州政府的教育權有其一定之憲法界限（constitutional boundary）。然而，為確保學生之受教權不被恣意侵犯，以保障父母宗教自由為理由而限縮州政府之權力時，必須符合以下四個條件：(1)僅限於具有特定宗教信仰之父母。(2)違反進入學校接受義務教育之理由，必須是基於與特定宗教信仰之牴觸。(3)僅限於義務教育八年級以上的中學教育。(4)拒絕進入學校就讀之結果，不會產生對學生健康與社會公共福祉之實質損害（秦夢群，2006）。

　　綜上所述，美國聯邦最高法院雖然基於保障宗教自由之理由，對於州政府強迫入學政策有所限縮，但卻立下極為嚴苛的先決條件。其中如特定宗教之要求、年級之限制、產生後果之檢視等，在在說明拒絕進入學校就讀並非家長之普遍性權利，而必須在特定條件下方能行使。聯邦最高法院在此試圖

維持家長與州政府兩者教育權的平衡。臺灣也有類似之案例，但目前仍未有所定論（案情請見表1.1）。

表 1.1　臺灣宗教信仰與國家教育權之爭議案例

臺灣兩百多名基督教新約教會教徒的子女，於 1997 年 4 月 30 日集體離開所就讀之學校，而遷徙至錫安山之「伊甸家園」接受教育。此種舉動顛覆了傳統教育體制，引發國家教育權與家長教育選擇權之間的扞格，在地方上引起不小騷動。

地處高雄縣甲仙鄉小林村的錫安山，原是杳無人煙的荒山野嶺。1963 年，新約教徒奉為先知的洪以利亞來到此山，並帶領信徒進行開墾放牧。歷經數十年披荊斬棘，決定創建合乎新約教徒理念的學校，並名之為伊甸家園。主因之一乃在學校教育學生進化論，但聖經上卻認為人係由神創造，孩子們常因此與父母爭執。基於臺灣整個教育與聖經相悖，所以教徒構想自己教育孩子。信徒子女不再到傳統學校上課，而選擇伊甸家園學習語文、數學、理化、與技藝教育等課程。新約教會相信如此可以脫離學校藩籬，因為錫安山有大自然之美。其相信在愛心與耐心的教導下，可以教導出真正自由與學有專長的伊甸人。

伊甸家園以神本生活為標準，認為教育就是一種生活。結構上依照學生孩子之年齡與程度，分為兒童班（小、中、大班）、少年班（國中）、青年班（高一、二）、實習班（高三）、與大青年班（大學），基本上採取開放式教育。學生上午多學習一般學科與語文（中文、英文、數學、自然等），下午則分組由專人帶領學習各種農林漁牧技能。伊甸家園採取小班制，每個孩子都必須學會飼養雞豬、種菜種樹、水電木工、電腦資訊等各種技能。聖經乃是伊甸教育的根本，人人接受神本教育，過神本生活，並學習敬神愛人。

當時，高雄縣教育局雖上山關切，希望伊甸家園在教學設備與師資上能夠符合基本規定，但並未強制學生下山。

伊甸家園的爭議，某種程度上代表了國家教育利益與家長教育選擇權的衝突。基於宗教理由，伊甸家園要實施神本教育，做為學童教育利益擁護者的國家，是否可以同意？其間的折衝尊俎，均牽涉到宗教理念與學生教育權之激烈爭辯，處理上相當複雜且棘手。

(三) 受教育乃人民權利兼義務時期

第二次世界大戰之後，傳統受教育乃人民義務的觀念受到強烈挑戰。基於教育之實施有助於各國人民的相互溝通與瞭解，接受教育乃是基本人權的觀念逐漸興起。例如《世界人權宣言》（1948）第26條規定：「人人皆有受教育之權利，至少在初級與基本階段應爲免費，初級教育應屬強迫性質。」此外，經濟社會文化權利盟約（1966）、兒童權利公約（1990）皆訂定有類似條文。影響所及，受教育乃是人民基本人權的觀念乃告確立。在另一方面，受教育是否同時也爲人民義務，則引起學者不同之論戰。臺灣與大陸所施行之憲法均明文規定教育爲「人民之權利與義務」，但學者對於受教育乃權利兼義務說，卻多主張需要進一步加以釐清。例如許育典（2007）雖然提出權利兼義務說，認爲人民有權要求政府實踐教育給付的作爲，也應善盡接受國民教育的義務；然而同時也質疑憲法條文將權利與義務規定於同一人民，實與行使權利的權利人與負擔義務的義務人應爲相對之原則有所牴觸。此外，林孟皇（2000）也主張依據臺灣所制訂之《強迫入學條例》規定，認爲教育權的權利主體應爲個別國民，而義務的主體則是學齡兒童的父母或監護人。其主張如此解釋才能符合憲法維護教育權的意旨。

此外，從社會權的觀點，也引伸出不同主張。社會權又稱生存權或受益權，係指公民自社會獲得基本生活條件的權利。此因在民主社會之自由競爭下，弱勢貧困者之基本生存權往往不彰，國家必須藉由積極立法手段，以盡量達成國民之間的實質平等（許慶雄，1991）。此種社會權概念在各國憲法中多有所回應。例如中華民國《憲法》第15條即規定：「人民之生存權、工作權及財產權，應予保障。」認爲國家除了消極保障人民之生存、工作、與財產不受侵害之外，更應有積極之作爲，其中即包括受教育權之保障，國家應主動籌畫教育而使人民享有適當受教機會。

受教育權之意涵除了堅持受教育乃是基本人權外，也主張受教過程必須符合人權。受教育權之相關學說大致有以下三種：(1)生存權說：係以保障憲法人民生存權爲前提，要求國家提供適當教育機會，讓人民具有專業知

識技能，以確保生活之自立與不虞匱乏。其中如對於各種社經弱勢人民之協助，即希望促進社會流動，保障其基本生存權。(2)公民權說：係以培養健全公民爲前提，藉由保障人民受教育權，以使其具有公民素養，進而積極行使國民參政權，確保民主社會之機制與運作。(3)學習權說：係以人民之學習權爲前提，主張藉由受教育之學習歷程，人民可以自身成長與發展健全人格，進而自我實現並能促進社會進步。主張此種學習權乃是人民與生俱來之權利，因此國家雖然必須承擔規劃與實踐人民受教育的責任，但應侷限於協助的角色，而不該以上位者之姿態，進行鉅細靡遺的干涉與管制。

綜上所述，參與教育實施之政府、家長、教師、學生皆有特定之教育權。然而，究竟何方爲教育權之主體，學理與實務上之見解大致有以下三種（周志宏，2001；林孟皇，2000；許育典，1994；許慶雄，1991），茲分述如下：

(一) 國家教育權說

國家教育權說主張國家是合法的教育權主體，相關教育之體制與內容，應由政府之民選議會與行政機關加以決定。透過公辦教育的實施，實有益於政府治理與培養健全公民。歸納各學者之看法（薛化元、周夢如，1997；曾大千，2003），國家教育權說的來源大致有以下三者：(1)國家爲保障公共利益與全民福祉，故可依法行使包括教育事務在內的統治權。(2)家長將子女送至學校，原則上已將其教育權委託給國家，以希望受到平等的教育對待。(3)基於福利國家理念，國家需有完備之教育權能，方能保障人民之平等受教育權。

基本上，國家教育權說主張基於維護全民受教權利與促進社會平等，國家有權且必須介入制訂教育基本政策與方針。此在國民教育（義務教育）階段最爲明顯，對此各國多經過立法強制規定所有學齡兒童接受教育。支持國家教育權說的學者，多半基於以下兩項理由：

1. **促進教育機會平等**：主張接受教育乃是社會資源重新分配的重要機制。尤其對於居於社經地位弱勢之學生，如能獲得適當教育，即能依其所學知識與專業，促成在社會中向上流動的契機。基於此，如果國家拒絕介入教育，而任由市場依據供需原則運作，必會戕害弱勢者受教與競爭之機會。因此，教育權不應由特定個人所把持。尤其在義務教育階段，爲使學童受到一定程度的平等教育，國家公權力必須介入，方能保障弱勢者的受教權。

2. **教育會產生外部效果（externality effect）**：主張個人因受教育而受益，除己身之外，也會同時對所處社會產生效益。其中如提高經濟產值、促進民主發展、減低犯罪率等，皆屬於教育之外部效果（Coleman, 1966; Friedman, 1962）。國家由於是受益者之一，自然必須對教育加以投資與管理。基於接受教育對整體社會有正面助益，所以教育投資不應完全由個人負擔，而需要國家的投資與介入。就此而言，義務教育乃是國家責任，不可假手私人。

　　國家教育權說傾向認爲受教育乃是國民義務，相關教育之體制、內容、行政作爲都由國家壟斷決定，人民往往成爲國家機器的附屬品。此種理論以往在軍國主義或共產主義國家最爲盛行，教育甚至成爲國家宰制人民的工具。臺灣在1990年代之前所實施的義務教育政策（如學制統一化、不鼓勵私人興學、強迫學生入學等），也具有國家教育權說的色彩。隨著近年社會思潮之更迭，國家教育權說乃受到強烈質疑與批判，強調國家並非教育權利主體，至多只是政策之執行者。曾大千（2003）即對國家教育權說提出四項質疑，認爲：(1)人民的教育意思，無法以一般政治意思將其解消。(2)爲避免意識型態介入，教育內部事項在性質上並不適用政治所慣用的多數決。(3)人格發展具有時效性與個別性，教育活動不宜以國家力量進行統一劃分。(4)教育涉及人格內在價值與其活動，國家應充分尊重人民自我形成之自由。根據以上說法，即使在義務教育階段，國家爲確保教育機會均等雖必須介入，但也不能因之排斥家長的教育選擇權。

(二) 人民教育權說

其根據國民主權說，認為全體人民才是民主國家主權的擁有者，國家主權之行使係來自全民的集體總意志。因此，教育權之主體乃是人民，反對國家對教育之絕對權力，堅持相關實踐教育事務應歸屬於全體人民。在此主張下，國民接受教育乃是權利，而非完全受到國家控制。部分學者主張即使在國民教育階段，教育權可被歸為「社會權」之一種，並「得向國家請求之分享權」（許慶雄，1991）。換言之，教育權乃是一種國民要求國家有所作為或不作為的權利（李惠宗，2004）。在此概念下，教育權係屬於受益權的一種，國家之角色與地位乃在給付人民之特定權益。因此，國家與主管教育行政機關對於教育之實施不該過度干預，而應由教師、家長、學生依據其專業與需求加以決策。此對教育形式與內容之決定尤為重要，國家不能強行編定統一教材或強迫學生接受一般主流教育，而必須尊重國民教育權。國家對教育行政之運作雖可視情況加以監督，但對教育內涵與作為，不應過度介入，此因教育權的主體乃是國民，而非國家。

綜而言之，人民教育權說主張教育權應屬於全體人民。由於教育兒童的責任與義務，乃在包括家長的全體人民。以家長、教師、學生所組成的團體即有權決定教育的型式與內容，國家不應過度以政治力進行干預，但卻必須提供所需的教育資源與環境。基於保障受教者的學習權，國家的責任乃在確保基本教育條件的完備與平等，但在教育內容上，卻不應形成壟斷獨大的態勢，而應以家長為核心之人民意志為依歸。此種看法已漸成為各國教育改革的主流。1999年通過之臺灣《教育基本法》第2條第1項明文規定：「人民為教育權之主體」，即相當程度反映了人民教育權說之精神。

(三) 折衷說

主張在日益複雜的教育體系中，很難將教育權完全歸屬於國家或是國民。在教育行政運作上，國家必須擁有一定之決策權。然而，為使國家不能壟斷教育之實施，國民（以家長為主）亦應分享一定之教育權。實務上，即

使主張國民教育權說,也無法否定國家乃是教育的主要執行者與經營者。以中小學教科書為例,即使政府未訂定統一版本,但仍對民間版本擁有一定之審查權限。此舉乃在確保教材之正確性與中立性,代表國家與國民皆不應擁有絕對之教育權,而必須視時代需求而有所平衡。

此種見解在日本最高法院於1976年「旭川學力測驗事件」判決中有所呈現。其針對日本教育部以全國中學2、3年級學生為對象,進行全國統一學力測驗是否違法進行判決。結果法院確認國家對教育內容有廣泛之介入權,對其可作出「必要而適當範圍內」的決定。在判決文中,日本最高法院分就教師、家長、私立學校、與國家之教育權範圍加以敘明。其雖認為教師有一定之教學自由,但實施全國統一學力測驗之目的,乃在考量基礎教育學生欠缺批判能力,與確保維持教育之全國性一定水準,因此不認為教師以具有教學自由之理由而拒絕配合(周志宏,2003)。此司法判決將國家、父母、與教師三者的教育權置於同等地位,基於此,折衷說之學者即主張國家擁有教育內容決定權,同時也承認家長與教師的教育自由權,並認為國家教育權之行使須為必要且正當。臺灣《教育基本法》第2條第3項規定:「為實現前項教育目的,國家、教育機構、教師、父母應負協助之責任」,也具有類似之意涵。

然而,國家與人民如何在教育權上折衷分配,至今仍未有所定論。美國學者Kandel(1933)曾在所著作之《比較教育》(*Comparative Education*)一書中,提出教育可有內部事項(interna)與外部事項(externa)之區別,並經日本學者加以引用修正。內部事項係指構成教育內容面的事項,其中如教學內容、教學方法,學習教材、學生輔導、成績評量方式的選擇等。基於尊重自治與因地制宜的原則,最好由家長、教師、學生共同決定,國家僅扮演「指導建議」的角色。在另一方面,外部事項係指牽涉教育外在條件之事務,其中如學校設施、學校人事、學校財政、學校環境、與學校制度等。基本上,由於涉及外部教育條件整備(如教育經費之籌措),外部事項原則上應由國家議會與教育主管機關加以決策。基於此,世界各國之學校制度目前多採取科層體制(bureaucracy),對於學校之人事、財政、與課程事務具有

一定程度之管控。其優點乃在藉由層級節制，防止掌權者一意孤行；同時卻也因為過度齊一化與標準化，戕害具有多元需求家長之教育選擇權。

然而，即使劃分內部與外部事項，教育尚存有難以區分的事項。其中如教師進修事項，就進修內容層面而言，應依其教育專業需求而尊重其自主性；然而教育進修管道之創建，又涉及教育行政之條件整備，宛如是「混合事項」而難以完全區隔。其分寸拿捏，必須依據各國教育制度之設計而定。法界學者依法論法各有堅持，但教育實務界人士面對千變萬化的教育情境，實必須隨時順應潮流加以權變。

第四節 民主控制與市場機制之爭議

另一個引起家長教育選擇權爭辯的焦點，乃在教育應為民主控制（democratic control）或市場控制（market control）之爭辯，此牽涉到公立學校獨占而績效不彰，與義務教育是否可為自由市場之爭議，其在1980年代後之美國辯論尤為激烈。此處所謂「控制」，係指教育決策之主體與執行策略。民主控制的教育決策主體乃是各級主管教育行政機關（如學區教育委員會），執行策略即在透過立法制定法令規章，學校則依據法令在既定的科層體制循序運作。與之相較，市場控制的教育決策主體乃是市場經濟之「看不見的手」（invisible hand）。政府只需訂定基本原則與法規，以決定何方為所有權擁有者（如家長）即可，其餘則不需強力介入，而讓教育參與者（如家長、學生）享有充分自主權，而自由交換與進行選擇。基本上，政治控制模式的基礎為民主政治之官僚系統（bureaucracy）；市場經濟體制的基礎則在自主選擇。

實務上，世界主要國家的義務教育體制，多採用民主控制的形式。在民主體制的運作下，執政黨依照其教育理念，經由立法而加以實現。各級民意代表、主管教育行政機關人員、與各利益團體，共同形塑教育政策與學校運作之方針。此種方式表面上符合民主社會原則，但在實際運作時，依據相關

學者（如秦夢群，2010）之看法，公立學校在行政運作上，卻出現以下問題：

(一) 學校目標與發展官僚化

公立學校教育乃是依據相關法令所設立，其辦學政策與目標，自然受制於主管教育行政機關所形成之官僚體系。由於法令多如牛毛，公立學校往往窮於應付，鮮少有時間發展學校本位的辦學政策與目標。由於學校要遵守上級指示，在變通性上即大打折扣。此外，為滿足各方（如家長、社區、利益團體）的不同需求，在拉鋸妥協中，公立學校根本失去建構適合自我發展目標的能力與意願。

(二) 學校運作僵固化

依法行政所形成之官僚化，使得公立學校運作被綑綁而失去彈性。以教師聘任為例，相關法令與教師利益團體（如教師工會）之介入，相關教師聘任、評鑑、乃至獎懲，多半只是照章行事，校長難有置喙之餘地。在此制度下，公立學校對於不適任教師之處理曠日廢時，難以激發教師的創新精神，往往使得努力教學者失去奮發動機。此種缺乏自由市場汰弱留強機制的制度，使得學校成員各行其是，陷入吃大鍋飯的窘境，而難以形成向上發展的生命共同體。

再就公立學校教師之專業自主權加以分析。各級立法機構所訂定的相關法規盈千纍萬，對於行政、課程、乃至各種教育活動規定甚詳。由於上級主管教育行政機關多半高高在上，難以傾聽與瞭解各校的運作特色，進而無法適時處理個別差異。影響所及，此種形式化的運作模式，使得執行績效難以改善。為應付上級之要求，公立學校甚而形成制度學派（institutionalism）所主張之「同型化」（isomorphic）現象，難以回應社會多元與多變的改革潮流。

(三) 校長領導權力空洞化

受制於上級官僚體系與各種法令的限制，公立學校校長宛如企業中之低階主管，而非學校組織的專業領導者。由於遴選與升遷之權繫於上級主管，公立學校校長別無他法，只能完全聽命行事。基本上，上級主管制訂政策，校長則必須扮演技術官僚，無條件全力執行政策。在此情況下，要求其發揮專業能力，進而依據學校需求加以創新經營，無異是緣木求魚。實務上各校之背景差異頗大，一位缺乏專業自主只能聽命行事的校長，失去了領導的功用，其角色與組織之秘書長實無差異。

承上所述，各國在義務教育階段，多經過民主之立法程序實施學區制，學生必須經由公開分發進入指定之學校就讀。如果就經濟學的觀點而論，此即形成所謂的寡頭或獨占市場（視私立學校之數量而定）。影響所及，由於缺乏競爭與政治因素之干擾，公立學校往往因循苟且，辦學績效江河日下。影響所及，往往令「陷於」其中的學生家長氣急敗壞，但卻苦於阮囊羞澀而無法將子弟轉送私校。凡此種種，皆使傳統實施民主控制的教育體制受到極大抨擊戰。陷於篇幅，以下即以Friedman與Chubb and Moe的兩本重要著作中的論點加以敘述。其皆是倡議市場控制的翹楚學者。

(一) Friedman 的教育券主張

早在1962年，Friedman即已出版《資本主義與自由》（*Capitalism and Freedom*）一書，大力鼓吹教育市場自由化之觀念，在當時乃是社會前所未聞的「激進」主張。在書中，Friedman針對政府在義務教育所扮演之獨大角色提出質疑。其立論不在反對政府支持公辦教育，而在支持的形式。實務上，為保障國民基本受教權，各國政府皆立法透過徵稅來支應公立學校的運作。對此，Friedman並不反對，認為義務教育之實施能夠產生公共財（public good），而使得民主社會能夠運行無礙。義務教育可以使國民具有基本讀寫能力，與養成能為社會所接受的共同價值體系。換言之，教育之實施除

促使個人成長外，整體社會也因而受益。基於此，政府支持公辦教育確有其立論依據。

　　然而，Friedman雖然同意政府應資助學校運作，但卻反對政府扮演獨大的角色。Friedman（1962）力主「政府資助學校運作」，並不意味等同於「政府必須直接撥款給學校」。換言之，providing schooling 與paying for schooling 兩者乃是不同層次的概念。政府在資助公辦教育之同時，不必非要直接將預算撥給校方，實務上可有不同撥款形式之選擇。

　　基於上述看法，Friedman即提出教育券（school voucher）的想法。其作法乃在由政府發放一定面額的教育券給家長，其可以利用教育券，自行為子女選擇，其中也包括私立學校。此種方式，無形中使得在教育市場自由化，各校必須透過競爭而達到汰弱存強的目標。政府之功能應該盡力縮小而減少干預，其只要確保學校能夠符合最基本的辦學標準即可，無須直接補助學校而陷入尾大不掉的窘境。

　　基本上，Friedman（1962）認為實施教育券，遠較傳統直接撥款給學校公平。此因擁有教育券，社經地位較低的弱勢家庭也能如富有家長一樣，擁有充分的教育選擇權。傳統學區制的實施，一般家長若對公辦教育不滿，往往只能透過繁文縟節的程序提出建言。在官僚體系的層層節制下，往往無濟於事而鎩羽而歸。富有家長則不同，憑藉厚實的經濟力，其可遷至優良社區或是將子女轉送私校。此種依照財力高低決定教育選擇權的現象，對於社會正義的維護成為一大諷刺。基本上，Friedman並不反對富有家庭的選校作為，但卻希望將此特權普及於所有美國家庭。教育券的目標，即在運用自由市場的精神，將教育選擇權交回家長手中。持有特定數額的教育券，家長可在教育市場上，為子女選擇其認為最佳品質的學校。如此不但可淘汰辦學不佳的公立學校，也顯著提升家長教育選擇的權限與自由度。

　　綜而言之，Friedman的教育券主張希望建立選擇的新機制，讓所有家庭共享教育選擇權力。1970年代之後，家長對於公立學校辦學績效不彰漸失耐心。公立學校在義務教育階段不怕沒有學生來源，又有固定政府經費撥付。有恃無恐與缺乏競爭下，辦學品質往往江河日下。家長陷在特定學區，

除另外花錢將子女送至私校就讀之外，只能逆來順受。基於此，Friedman的教育券主張因此逐漸受到社會重視。提出後曾在美國掀起激烈論戰，一時成為熱門議題。其所提出之市場管制主張，在實際實施時，卻產生不少困難與質疑。在本書第六章中，將有詳細之敘述與分析。

(二) Chubb and Moe 的市場控制模式主張

除了Friedman的教育券主張之外，學者Chubb and Moe（1990）在其著名之《政治、市場、與美國學校》（*Politics, Markets, and America's Schools*）一書中，詳細分析美國自1980年代以來之教育改革訴求與策略。其指出美國「國家教育促進委員會」（National Commission on Excellence in Education）於1983年發布「危機國家」（A Nation at Risk）報告後，即在教育界掀起巨大波瀾。報告中明載美國學生學業成就慘不忍睹，13%的青少年受教後竟然目不識丁。此外，美國學校上課天數與時數平均低於大多數國家，且教師薪資低微。凡此種種，皆使社會各界要求改革之聲此起彼落，對於主管教育行政機關衝擊極大而開始行動。

根據Chubb and Moe（1990）的分析，1980年代的教育改革策略最初為「上到下」（top-down）的形式。主張教育行政主管機關（如各州政府），利用其既有權力與獎賞措施（如給予更多經費），促使學校進行改革。之後，在民間教改人士的督促下，改而採取「下至上」（bottom-up）的改革形式。其中如學校本位管理（school-based management）理念之提出，強調藉由學校經營模式之重組，提升老師之專業化，以增進學生的學習成就。然而，事實證明以上兩波教育改革之成效不如預期。推其原因，Chubb and Moe（1990）認為兩者僅在現有體制中或周邊打轉，並未意識到現行教育體制才是問題癥結所在。當體制本身出了問題，要改善學校就不能隔靴搔癢，而必須直接改革體制。此即兩人從「機構的觀點」（institutional perspective）分析美國學校所得到的結論。

除此之外，Chubb and Moe（1990）認為不論是上到下或是下至上形式的改革，均只是追尋民主控制模式下的作法，完全無法從問題的根源進行診

治。由於既有之科層體制依舊牢牢存在，上而下的改革如增加學校資源、落實學區對學校的監督等，根本只是使原已無能的學校組織更行坐大。至於下至上的改革如推行學校本位管理等，也因繁文縟節的法令與教師專業化不足，使得改革行動聊備一格，往往只是表面文章而已。

究其原因，Cookson（1994）指出利用民主控制模式，義務教育階段的學校由於有相關法令的保護，可以「強迫」學區內之學齡學生就讀，在生員上不虞匱乏。缺乏誘因之下，學校往往忽視承擔辦學績效的責任，因為即使辦得再差，也有一定數量之學生就讀。此外，民主社會中，各種教育利益團體的縱橫捭闔（如教師工會），造成校長往往有責無權，難以推動上級所希望的教育改革。此種注定失敗的宿命，在績效低落的學校更形嚴重。有資源之家長紛紛將子弟轉走，留下的往往是社經地位不利的家庭，使得辦學更為困難。惡性循環之下，公立學校學生成就低落，人生墜入萬里深淵。

綜合上述主張，Chubb and Moe（1990）歸結採取民主控制模式乃是美國教育改革的絆腳石，必須改弦更張，方能興利除弊。因此，兩人提出引進市場控制模式的構想，將教育選擇的權力賦予家長與學生，使其可以自由選校。就如商家必須推陳出新才能吸引顧客，學校為了爭取學生，就必須強調辦學績效。民主控制模式看似民主，其實卻形成吃大鍋飯的心態，學校只要達到法律所規定的基本標準（如不得拒絕學生入學），就算達成任務而屹立不搖。因此，如何擺脫科層體制與利益團體的影響，使學校成為「績效導向」，乃是刻不容緩之事。

為了倡議市場控制模式，兩人特地以績效表現較佳的私立學校為例加以論證。其指出：「相對的，私立學校運作在另一種機構環境，具有市場的基本特色（分權、競爭、與選擇），因此可被期待產生不同類型的成果。其擁有自主、目標明確、有力領導、教師專業化、團隊合作的傾向，此是公立學校所不太可能具有的」（Chubb & Moe, 1990: 67）。基於此，Chubb and Moe（1990）歸結分析美國私立學校表現較佳，主要原因即在偏向市場經濟模式，認為私立學校經營之特質如下：

1. **自主**：由於較不受到官僚體系的節制，私校之運作較爲自主。如同商業公司，爲了達成既定目標，各種作法皆可嘗試，有的甚至具有爭議性。由於辦學目標相當明確，學校會依照其對「卓越」的定義設定策略，而擁有相當的自主權。

2. **目標明確**：由於並不肩負義務教育的主要責任與市場區隔，私立學校服務對象較爲「小衆」。影響所及，家長與學生之同質性較高，學校也較能依照其需求訂定辦學目標。此目標會隨著市場與顧客需求不斷調整，具有明確與具體的特質。

3. **有力領導**：爲了達成目標，私校校長即成爲專業領導人，而被賦予一定程度的權限。依照市場機制，未能符合董事會期望者，往往必須去職下臺。在如此嚴酷之環境中，校長必須精益求精，對校內事務瞭若指掌，並隨著社會潮流進行適時改革。

4. **教師專業化**：經濟市場講究優勝劣敗，教師若不具有一定程度的專業化，隨時進修調整，即可能中槍落馬。市場的競爭氣氛，促使教師必須形成具有專業知能與行動力的團隊，以爭取組織成員（如家長）之認同。

5. **團隊合作**：由於競爭激烈，單手難敵雙拳，私立學校從校長開始即必須組成高度專業化的團隊。成員之間必須緊密互動與合作，才能達成組織所建構的明確目標。由於私校學生學費較高，必須透過競爭，以辦學績效吸引學生，組織成員較具危機感而願意彼此合作。

依據實施市場控制模式的主張，Chubb and Moe（1990: 221-222）提出以下的教育改革建議：

1. 不受學區限制，學生可被允許越區選擇希望就讀的學校。教育經費依照學生就讀的選擇而撥付給該校。此與Friedman利用教育券形式，將經費直接撥付給家長有所不同。

2. 對於社經不利於偏遠地區學生，爲增進其選擇學校能力，政府在經

費許可下應盡可能提供其交通設施。

3. 各州政府應成立相關資訊中心，以提供各學校辦學資訊，並安排家長訪問所欲選擇的學校，以使其瞭解辦學實情。此類資訊中心應扮演家長與學校之間的橋樑，以協助家長作出理性判斷。

4. 各校可自行規範遴選學生的標準，但不可訂定具有歧視色彩的規定。

5. 學校可自行決定相關收費的標準。

6. 學校之申請程序，應保證所有學生具有公平機會進入希望的學校就讀。

7. 對於不適合該校學習環境的學生，學校應有將其退學的權力，但不能是主觀與恣意的（arbitrary and capricious）。

當實施中央集權教育行政制度的國家辯論教育權主體之歸屬時，地方分權的美國與英國，則將精力集中於民主或市場控制之論爭。依照Friedman與Chubb and Moe的分析，公立學校在民主控制模式之下，鮮少有翻身的一天。私校之教師並非較為優秀，其所以績效較佳，乃是因為體制之別。私校強調分權、合作、與競爭的特質，明顯傾向市場控制的運作。民主與市場控制各自塑造出不同的組織表現，因此教育改革必須從轉換體制著手，而非只是隔靴搔癢在既有僵固的體制中進行變動。市場控制強調教育改革不在討好官僚體系與利益團體，而在回應家長與學生的需求。因此，傳統公立學校不應享有依學區分發的特權，而必須直接面對顧客（如家長）的褒貶與選擇。透過教育選擇權的行使，家長一來可以確保子女的入學權益，二來可以強迫學校脫胎換骨提升績效。

市場控制模式在1990年代之後，成為美國教育改革的顯學，一時頗有席捲乾坤之勢。順應潮流，聯邦與各州政府紛紛推出家長教育選擇之類型，其中如教育券計畫、磁性學校（magnet school）之設立、特許學校之開放、在家教育之擴大等。然而，由於牽涉到整體教育制度的改變，反對者自是不會甘拜下風束手就擒。歷年來，利益團體（如教師工會）全力防堵類似計畫

的實施，雙方激烈交手，戰況煞是精彩。正反相關論點將在第二章詳細說明。

第五節 教育選擇之經營類型

如前所述，教育選擇權的爭議主要在實施義務教育的中小學教育。基於社會正義的維護，國家必須提供國民一定年限的免費與強迫教育。其利益雖佳，但卻只能維持最低限度的水準（只能保障有學校可讀），而無法滿足家長的多元需求。尤有甚者，社經地位較高之家庭，群聚房價昂貴的明星學校社區，而令貧窮家庭落入文化不利的公立學校。凡此種種，皆使得傳統公辦教育受到極大抨擊。實務上，教育選擇權牽涉到教育與學校類型的建置。不同設計之間互有利弊，端賴家長與學生的需求而定。

一、義務教育階段學校經營類型

分析教育選擇權，必須先瞭解提供教育的場域與類型。自1970年以來，各國針對中小學教育，所設計的教育（學校）類型繁多（詳見表1.2）。其中係以經營型態與經費來源兩者分類，計可歸納為以下四大類：

表 1.2　各國義務教育組織經營類型表

經費來源＼經營型態	政府經營	非政府經營
政府經費	1. 傳統公立學校 2. 另類公立學校（特色學校如磁性學校）	1. 公辦民營學校或教育實驗計畫（如特許學校） 2. 教育券學校（包括允許使用教育券入學之公私立學校）
非政府經費	暫時由政府託管之非公立學校（如接管違法或營運出現嚴重問題之私校）	1. 在家教育 2. 傳統私立學校（如教會學校） 3. 另類私立學校（如華德福學校）

(一) 政府經費政府經營型

此類學校主要爲傳統的公立中小學，經費來自政府，也由政府負責經營。由於配合學區制的實施，此類學校又叫「鄰居學校」，多半鄰近學童的居住社區。其爲義務教育的主幹教育系統，但也因爲強制入學無法令家長自由選擇學校，而造成極大爭議。

相較之下，磁性學校則爲美國特有產物，其興起於1970年代，成爲「種族融合」（desegregation）政策之下所產生的特殊公辦學校。當時美國法院下令運用校車接送方式，迫使居於郊區的白人子弟就讀以黑人爲主的學校，因而引起社經地位較高家長的集體出走。爲了扭轉此種頹勢，美國法院允許各學區依據個別狀況成立磁性學校（詳見Morgan v. Kerrigan判例）。顧名思義，磁性學校成立之目的乃在吸引對一般學校不滿之學生。基本上，其有四項特徵：(1)擁有主題式的特色課程（如藝術、科技），或是特殊教法之建構採用（如蒙特梭利教學法）。(2)必須採取自願式種族融合政策。(3)家長有自主選擇權利。與(4)可以招收學區以外的學生。

磁性學校興起於特許學校之前，兩者最大差別乃在前者依舊由政府（學區）直接經營，後者則允許私人或民間團體的介入經營。磁性學校希望藉由特色課程與辦學，吸引由於強力推行種族混合政策而出走的白人家長，能夠重回公立學校系統。

(二) 非政府經費政府經營型

此類學校極爲少數，多半爲暫時由政府託管之非公立學校。其原因如私立學校董事會出現重大缺失，或是在營運上出現嚴重問題。爲顧及學生之就學權益，政府必須加以接管以維持一定之運作。基本上，其性質乃是暫時，等待問題解決後，政府多半會退出而將經營權交還給合法之私校董事會。

(三) 政府經費非政府經營型

此類學校包括各種公辦民營學校（主要以特許學校爲主），與允許使

用教育券入學之公私立學校。特許學校的經費主要來自政府，但卻可以經由授權而由民間私人所組成的委員會加以經營。其目的在引進企業的自由市場精神，因此必須接受政府定期評鑑以確保所約定的辦學績效（如學生學習成就）之維持。特許學校的經營權限根據各州立法而有所差異，其多半擁有權利遴聘學校教職員，或是交由民間設立之「教育經營組織」（Educational Management Organizations，簡稱EMO）負責經營。

在另一方面，由於市場導向的教育券制度目前較少有國家採用，所替代的多爲社會正義導向的教育券。其經由立法在少數地區實施（如美國Milwaukee地區），學生（多半爲社經地位很低者）可持有所獲得之教育券，選擇進入自我選擇的辦學優良學校，其中不乏老牌的私立教會學校。相關詳情請參閱教育券一章。

(四) 非政府經費非政府經營型

此類學校大致包括在家教育、傳統私立學校（如教會學校）、另類私立學校（如夏山學校）、與補習教育（shadow education）。其中傳統私立學校不乏辦學極爲優良者如「菁英住宿學校」（elite boarding schools），提供社會有錢階級子弟的主要受教場域，至今仍爲家長心中的熱門學校（美國學生進入公私立學校就讀比例請參見表1.3）。與之相較，另類私立學校則興起較晚，經營者多半具有特殊之教育理念。其中如英國之夏山學校、德國之華德福學校皆有其教育之堅持。至於在家教育則牽涉學校較少，多半由家長進行發動。在家教育將家長之義務教育選擇權放大到極致，由家長自行教育子女，但政府仍保留一定之監督評鑑權利。補習教育則是在正式學校教育之外，尋求進一步的教育協助（如聘請家教、進入補習班），以追求學生在學習上的更佳表現。

綜上所述，各國國情不一，所設計的學校類型互有消長。例如在實施地方分權的美國，特許學校類型如雨後春筍般興起，東亞地區國家的補習教育卻往往蓬勃發展，甚而被視爲是在國際成就測驗中（如PISA）屢創佳績的主因之一（Bray, 2011）。

表 1.3　美國學生就讀公私立學校之比例（1899-2022）

學　年	公立學校（千／人）	私立學校（千／人）	就讀私立學校比率
1899-1900	15,503	1,352	8.0%
1909-1910	17,814	1,558	8.0%
1919-1920	21,578	1,699	7.3%
1929-1930	25,678	2,651	9.4%
1939-1940	25,434	2,611	9.3%
1949-1950	25,111	3,380	11.9%
1959-1960	35,182	5,675	13.9%
1969-1970	45,550	5,550	10.8%
1979-1980	41,651	5,000	10.7%
1989-1990	40,543	5,599	12.1%
1999-2000	46,857	6,018	11.4%
2008-2009	49,266	5,707	10.4%
2009-2010	49,373	5,488	10.0%
2010-2011	49,484	5,391	9.8%
2020-2021（預估）	52,688	5,287	9.1%
2021-2022（預估）	53,113	5,331	9.1%

資料來源：U. S. Dept. of Education, National Center for Education Statistics (2012).

註：1. 私立學校泛指公立學校之外的所有學校。

　　2. 1980 年後的資料包括更多種類之私立學校（如另類學校）。在與其他時期比較時應特別注意。

　　3. 在 2009-2010 年間，就讀私立學校的學生，77% 是宗教性質的學校，23% 是非宗教性質的。

二、選擇學校的考量因素

　　教育選擇權的考量因素牽涉頗多，大部分研究則集中於選擇學校之因素探討。早期研究如Maddaus（1990）發現影響之因素包括教學品質、學校所

在地（即與住家之距離）、學生學習成就、學校學生之組成特性、是否已有子女或親戚就讀、學校之宗教派別、與學費之高低等。其中，學校品質被列為是最重要之因素。

之後，經濟合作暨發展組織（Organization for Economic Co-operation and Development，簡稱OECD）於1994發表報告，列出針對家長教育選擇權之議題，會員國家長之選校因素。其中美國家長主要以教師素質、學校紀律常規的維持、學校課程、與班級大小為考慮因素。學制與文化不同之法國，其家長選校考慮因素依次包括學校與家之距離、學校教學品質、是否提供多元課程、學校之社會聲譽、與初等學校的連結程度、子女之喜愛程度、學校考試成績、其他子女是否就讀、班級平均人數、與學校紀律常規的維持（OECD, 1994）。基本上，兩國之影響因素大同小異，僅是在排序上有所差別。

東亞地區由於升學主義瀰漫，家長選校之因素即有所不同。張炳煌（2000）以臺灣公私立國民中學家長為調查對象，發現家長進行學校選擇之事實早已存在。高社經地位、都會地區之家長則居於有利之地位。在影響選校之八個因素部分，依序為：(1)學校教師教學認真。(2)學校常規秩序良好。(3)學校教學正常。(4)子女在該校可以快樂學習。(5)學校設備較佳。(6)認同學校的辦學理念。(7)學校擁有高升學率。(8)交通或接送上的方便。較之於歐美國家，教師素質、學校紀律、學校課程、學校教學品質等辦學績效的指標，均為家長重視之共同因素。然而，臺灣較為強調與升學具有高度相關之因素，如學生課業成績，反映出在文化上之差異。

三、教育選擇權的改革走向與策略

家長教育選擇權的爭議，隨著社會的日趨多元而更加激烈，其導火線多集中於公辦學校績效之不如人意。改革者批評公立中小學具有強制分發與獨占市場的優勢。雖然辦學績效不彰，但卻不愁學生來源，根本缺乏自我改進的誘因。此外，不同背景的家庭需求不一，政府應提供多元選擇以保障學生

受教權。實務上，傳統公辦與學區分發的義務教育體制，顯然並不符合家長之期待。

　　基於此，要求重視家長教育選擇權的學者，即紛紛起而設計各種改革方案，以期引進自由市場機制，逼使公辦學校經由競爭而積極改進。1980年之後，各種改革倡議傾巢而出。數其犖犖大者，包括成立非傳統學校、學校公辦民營、打破學區界線、在家教育、私校學費抵免賦稅、與教育券方案等，均造成一時之風潮。影響所及，傳統公立學校受到極大挑戰，但相關改革計畫也引發相當程度的爭辯。

　　為因應社會與家長的訴求，各國在義務教育階段，近年多被迫採取不同策略，以提升家長教育選擇權。1990年以降，綜合各先進國家的作法，大致可分為公共選擇走向（public choice approaches）與市場選擇走向（market choice approaches）兩大類。基本上，公共選擇走向較偏向教育組織內部結構之重組與再造；市場選擇走向則著重進行外部環境的改變，以開放教育市場做為主要手段，希望達到促成競爭與改革的目標。

　　實務上，公共選擇走向的改革主要在政府經營組織（如傳統之公立學校）或公辦民營之教育系統（如特許學校）中進行。換言之，其改革仍多在傳統的教育體制中，幅度不會過度激進。其目的一方面在維護學校的公眾利益（如社會正義），一方面希望擴充家長的教育選擇權限。其主要作法大致有以下四種：

(一) 家長參與教育決策權利之擴大

　　持國家教育權理論者認為既然家長已將子女託付給學校，就應尊重其專業，不該介入其決策運作。人民教育權理論則力主家長不該被排斥於教育過程之外，所以參與決策乃是天經地義。因此，先進國家如英國、美國，除擴大家長在一般公立教育的參與權利外，對於各種非傳統教育（如在家教育、特許學校）之建構，更是積極要求家長的參與，以瞭解其實際需求。臺灣在1999年所修訂的《教育基本法》與《國民教育法》，皆明文規定家長在學校校務會議與校長遴選委員會中，必須有一定比例之代表，以對家長參與重

大教育決策的訴求加以回應。此外，各國家長會與家長團體的成立，對於重大國家教育政策也產生一定程度的影響力。

(二) 體制外另類教育之建構實施

義務教育以往被人詬病最多者，即在其統一的制式組織運作。公立學校囿於政府法令與體制，在結構上多半趨向同型化，對於具有特殊需求之學童與家長往往力有未逮。針對於此，各國即在現行公立學校體制下，准許成立非傳統學校或各種教育實驗。其中如在家教育、磁性學校、另類學校（如華德福學校）、與各種教育實驗計畫等，以提供對傳統教育不滿之家長的另一種選擇。以下即以在家教育為例加以說明。

在家教育又可稱為在家自學（homeschooling），係指學生放棄進入一般學校就讀機會，而以家庭或社群為主要學習場所的教育類型。在義務教育階段，選擇在家教育的家長，多半抱持與主流體制風格迥異的自主學習教育思潮，或是基於特殊需求（如特殊兒童之教育），必須選擇在家教育的形式。

由於個別家庭單打獨鬥，很難提供足夠的知識與經驗，現今在家自學多半採取結合多個家庭組成社群，以相互分享並積極利用社會的各種資源教育子女。實務上，互助社群的運作顯著影響在家教育的績效與成敗。反對在家教育者多半指控學生的社會化不足，難以適應現實的殘酷社會。其指出在家學習缺乏同儕團體的互動，可能會造成孩子孤立的性格與對子女的過度保護。在家教育的績效相關研究由於抽樣不同而未有所定論（Ray, 2000; Rudner, 1999），但在特定成就測驗（如SAT）上，在家自學者之平均分數較一般公立學校學生為高，卻低於私立學校的學生（Belfield, 2004）。

根據美國國家教育統計中心（National Center for Education Statistics）的調查顯示，2002-2003學年度，約有170-210萬學生接受學前至高中階段的在家教育。在家教育法律辯護協會 （Home School Legal Defense Association）則發現美國在家教育之人數每年增加比例，各州約介於7%-15%之間。此外，調查也顯示家長決定放棄一般正規學校教育而選擇在家教育的原

因相當多樣。其中主因包括對學區學校的辦學績效不滿、擔心一般學校之管教問題（如毒品、安全、與霸凌現象）、希望加強提供孩子在信仰與道德上的指導、與持有特定教育理念不見容於傳統學校等。

(三) 公辦民營制度之實施

部分公立學校雖辦學不力，但令其停辦卻可能造成學區學生無校可讀之窘況。為不使資源與設備閒置，公辦民營不啻為另一種選擇。一般而言，公辦民營有民間承包、管理合約、BOT（build-operate-transfer）、與特許學校等不同做法。政府可藉民間之力量豐富學校內涵，以提供家長更多選擇。

在公辦民營的學校中，特許學校最受家長矚目。其為英文charter school的譯稱，也是自1990年以來，美國眾多公辦民營模式中的主流學校類型。特許學校係由美國各州政府通過立法，經由相關委員會審核之後，允許私人或團體（如家長、教育專業團體、非營利機構）興辦與經營學校，並由政府負擔教育經費。此種公辦民營的特許學校，可不受一般教育行政法規的限制，但必須定期接受評鑑，以確定雙方約定之教育績效是否達成。基於其為例外特別許可的經營模式，因此外界稱之為「特許」學校。

特許學校之設立，乃在希望避免傳統公立中小學的官僚保守作風，希望引進私人經營的創意與彈性。基於此，各州政府通過特別法律，授予特許學校經營者不同程度之彈性權限，以促使特許學校可以依照需求，制訂特色課程與管理模式（如課程設計、教學模式、與教師薪資制度等）。原則上，特許學校必須接受所有申請者，不得有任何種族或學生成績的限制，所需經費則依據學生人數多寡，由當地政府編定教育預算支出。

第一所特許學校為1992年創設的聖保羅市立中學（St. Paul City Academy，位於明尼蘇達州）。至2012年，美國特許學校學生為190多萬人，約為全國學生人數之3.92%，並有40多州通過特許學校法。特許學校與主管政府之間乃是一種契約關係，期間多為三至五年。學校必須在契約規定時間內，經由評鑑以確定達成雙方認可的經營績效。近年來，特許學校因評鑑結果不佳而停止興辦者，也有一定之數量。

(四) 學區彈性化

如前所述，義務教育階段各國多實施學區制。為維護子女的福祉，家長在選擇住居時，往往會考量地區學校的聲望與表現。此種「孟母三遷」的現象，使得好學區之房價急遽上升，常令弱勢家庭望屋興嘆，而形成大者恆大的態勢。民主社會中，貧富人民隔離而居，嚴重戕傷弱勢學生的就學權益。為解決此種問題與順應家長的需求，學區彈性化即成為較無副作用的改革選項之一。其作法為打破學區入學限制而互相開放，以產生彼此競爭的效果。家長若不滿意所在學區內的學校，可被允許越區就讀。基於此，先進國家（如美、英、日等國）近年即紛紛開始實施學區彈性入學政策。相關作法如重新調整學區範圍、放寬入學條件、成立自由學區、或是由數個學校組成彈性學區等，以增加家長教育選擇的機會。為顧及社經地位與種族之平衡，各國在實施過程中皆有相關配套措施之制訂。

實務上，其類型可包括學區內就讀彈性化（intra-district choice）與學區間就讀彈性化（inter-district choice）兩大類。前者係指在考量種族與社經地位的平衡前提下，允許家長將子女送往學區內任何一所公立學校就讀。學校類型可為一般學校、另類學校（如磁性學校）、甚或是公辦民營的特許學校（Goldring & Smrekar, 2000）。後者則更為放寬學區限制，允許學生可至州內任何學區的公立學校就讀。自1990年開始，美國已有愛荷華（Iowa）、明尼蘇達（Minnesota）等七個州首先行實施。實施後成效未如預期，真正跨區之學生甚少。主因乃在家長需要負擔更大成本（如交通食宿費用），加上擔心子女舟車勞頓，以致意願不高。與之相較，臺灣也有類似設計，但大多以縣市為範圍。少數學校基於特殊原因（如學生減少、進行特色課程、推行教育實驗計畫等），而將學區擴大至全縣市，而形成所謂的「自由學區」。依照規定，居住於縣市內之學齡兒童，皆有就讀之權利。

顧名思義，市場選擇走向強調注重市場機制之運作。其主要藉由將政府經費投注於非公立教育組織的手段，促動教育之市場機能，以擴大家長教育

選擇權限。原則上，接受政府經費者，必須遵守一定規範與護衛公共利益。
實務執行上，可包括以下方案：

(一) 開放市場鼓勵私人興學

傳統義務教育為確保國家公民之養成，各國多半採用公辦形式；但也因
其獨占之態勢，產生不求進步與績效不佳之弊病。針對於此，鼓勵私人興學
即成為開放市場的重要策略。配套措施如對校地設備規定的鬆綁、補助私立
學校經營等。私立學校的設立，往往在辦學上較不受官僚體系之牽絆，可提
供家長另一種選擇，並促使公辦學校在競爭中力求改革。

(二) 教育券計畫

首先由諾貝爾經濟學獎得主Friedman提出。其精神乃在製發教育券給學
童家長，其憑此即可抵免學費，學校再以所收之票券金額向政府換取同額經
費。願意參加計畫的學校，必須首先符合基本條件（如不能有任何形式的歧
視），然後各自在自由市場體制中競爭學生。由於家長持有教育券，選擇主
權操於其手，可以憑藉自由市場運作機制激發學校符合其需求而進行改革。
此外，對於不同社經背景之家庭，也可藉由給予教育券之多寡，進而平衡貧
富差距。實務上，早期市場導向教育券計畫因行政配套措施不足，試行後引
起極大爭議。加州與明尼蘇達州分別於1978與1980年舉行公民投票，試圖
將教育券制度納入州憲法中，但均未獲得通過，僅在各州進行小規模的實
驗。目前實施的多為社會正義導向的教育券計畫。

(三) 賦稅抵減

相較於教育券，賦稅抵減（tuition tax credits）牽涉之教育運作較少，
而主要在稅賦制度上進行改革。其形式相當多元，但主要可分為個人教育支
出抵免（personal-use tax credit）與捐贈抵免（donation tax credit）兩大類。
前者允許個人（多半為家長）將子女教育支出自所得稅收入淨額中扣除，以
減少繳稅之金額。抵免之項目依照各地區規定有所差異，其中包括學雜費、

書籍、電腦、教材用具等。學校類型部分，美國各州有的排除教會私立學校，有的則規定不限學校，但多訂定有抵免上限。捐贈抵免則為個人或商業組織捐款給政府所核定的非營利教育組織，以扣抵一定數額之賦稅。基於專款專用的原則，政府可以利用捐獻金額補助社經地位較低家庭，以使其子女有更多的就學選擇。

四、小結與本書基本架構

　　近年來，教育選擇權已成為各國教育改革的重要議題。其主因乃在傳統公辦教育的績效不彰，與家長的多元教育需求。然而，改革並非易事，常因牽動社會主流價值觀而阻力重重。相關措施如另類教育之建立、公辦民營之實施、教育券方案之推出，多半只是雷聲大雨點小，改革規模較小且多被定位為「實驗」性質。此種情況往往令人質疑學生是否真正受惠？或是家長的教育選擇權獲得彰顯？制度改變本來就極為困難，其衝撞社會不同團體的利益，最後往往陷入眾聲喧嘩、各說各話的窘境。

　　基於此，本書在導論之後，第二章即先從教育選擇權之爭議加以敘述，分別從不同價值觀（自主、績效、平等、民主）的觀點，分析不同學派的主張與論點。在之後章節中，再依次說明在教育選擇權之訴求下，各國政府所創建之教育類型。由於傳統公立與私立學校已有多本教育行政著作有所述及，因此本書將以非傳統之教育類型進行分析。其中包括公辦公營之磁性學校（第三章）、公辦民營教育之類型（第四章）、公辦民營教育之特許學校（第五章）、教育券計畫（第六章）、在家教育（第七章）、與另類教育（第八章）。雖然就數量而言，傳統公立學校依舊獨領風騷，但其近年來卻遭受強大批判。雖然部分類型（如教育券）仍止於小規模之實驗階段，但其自由市場之訴求卻始終不墜。此即是教育選擇權的議題魅力，且讓我們在以下章節中逐一探究。

第二章

教育選擇權之爭議

　　馬來西亞（Malaysia）地處東南亞，係由多個種族組成之國家，其中馬來人約占47%，華人24%，印度人7%。馬來西亞境內各個民族之宗教、語言、文化形成多元之態勢，但其教育政策卻背道而馳，堅持實施單一化政策。《1956年教育委員會報告書》發表之後，政府規定除教育部同意豁免之學校外，所有學校必須以馬來文進行教學，造成堅持以華文作爲主要教學語言的獨立中學教育體制的出現。

　　獨立中學簡稱「獨中」，係由馬來西亞華人民間贊助成立之中學總稱。其分布於各州，數目約在60所上下，運作乃由「馬來西亞華校董事聯合會總會」（United Chinese School Committees Association of Malaysia）負責。其辦學主旨乃在發展中華民族母語教育、傳承中華民族文化、與培育民族子女。

　　由於華文並非馬來西亞官方語言，不接受政府要求改制之獨立中學，就無法獲得相關補助，而必須在經濟上自力更生。因此，獨中之運作除學費收入外，也必須進行對外募款，財政上相當艱困。此外，除了以華文教學，獨中也有其特有之考試機制，學生必須參加「獨中統一考試」（Unified Examination Certificate，簡稱統考），方能取得畢業文憑。由於獨中文憑並不受官方承認，因此畢業生在本國升學與就業困難，多半須至海外國家繼續升學。其中又以中國大陸、臺灣、香港、與新加坡爲主，畢業生遍布世界各地，然而就是無法在本地立足。

　　長期以來，獨中被認爲是當地華人接受母語教育之堡壘。然而，在國家單一語文政策之下，執政黨（巫統）常指控其爲「華人極端主義」（extremist Chinese），認爲其教學內容偏重中國歷史，形成教育之種族隔離。由於政府對獨中的發展處處加以箝制，造成每年只約有十分之一的華人小學畢業生選擇進入獨中就讀。

　　身爲民間華人抵制國家語言政策所形成之學校，獨立中學人士主張依據1996年巴塞羅納《世界語言權利宣言》，國家辦學應在語言、教育、與文化實施多元主義。事實證明，教育的單一主義與同化政策只會導致民族分裂。相反的，只有多元主義和寬容原則才能保證學生的權益。一個多元民族

國家，必須實行「多元文化並存」的政策，才能使各族人民相互瞭解而團結一致。因此，國家應該創設多元語言與文化的教育環境，而非只是挑起種族情緒。

馬來西亞華文獨立中學系統的出現，顯示政府教育選擇權相關政策的擬定，若與部分社會成員所持之價值觀背道而馳，即會產生激烈抗爭之結果。馬來西亞政府強迫實施單一化政策，遂使主張多元語言與文化主義的部分華人家長不畏強權，另起爐灶加以對抗。其付出代價極為慘烈，除高昂學費外，尚須讓子女離鄉背井，遠赴異國繼續深造。是何種力量讓其如此堅持，說穿了即是其內心所秉持之價值觀。華人家長深知以母語教學方能確實傳承自我文化，因此堅持多元文化並存的教育政策。

教育選擇權牽涉國家的重要教育政策，其制訂與執行與其所處社會之價值觀息息相關。基於特定的時空與文化，個別社會依其屬性與目的形塑不同價值觀，進而決定重要政策的走向。在另一方面，主導政策執行的政府也必須透過管道與各方互動，經由主動的探尋與反省，瞭解政策與社會基本價值觀的對應關係，進而酌情調整，以增進社會對政策的認同程度。

環顧近年各國教育政策與制度之更迭，其正反論爭多半環繞自主（多元）、績效、平等、民主等四個普世價值觀。以下即以教育選擇權為主軸，分析敘述其在各個價值觀的影響下，所產生之不同見解與主張。其彼此之間交錯複雜，必須在不同時空與文化脈絡中加以檢視。茲分述如下：

一、自主（多元）

辯論焦點乃在國家是否具有管制教育的正當性。其牽涉到國家教育權與家長親權之間的平衡議題。此外，由於人民有受教育之義務，為幫助弱勢家庭，政府介入教育之底線劃定也是一大難題。

「自主」牽涉到受教者選擇教育類型的自由程度（freedom of choice）。在義務教育階段，其多由家長代為執行。實務上，自主之訴求往往與「多元」之理念相結合，此因國家如果能夠提供多元教育機會，家長自

會根據子女需求，卯足全力為子女選擇最適合的形式，以追求最大私人利益（private benefits）。實務上，達到自主之目標必須搭配兩項條件：(1)家長必須享有能夠負擔的多種教育選擇，其中如在家教育、另類教育等。此條件特別重視家長之負擔能力。此因即使有多種形式的教育可供選擇，但若家長無力負擔也是枉然。(2)家長具備足夠能力與資訊以能適切行使選擇權，此類似Tooley（1997）所指出之「選購能力」（purchasing power）。實務上，社經地位居於劣勢之家長，即使希望貫徹家長教育選擇權，但多半力有未逮。此條件強調政府與家長之互相配合。政府必須利用各種管道（如創設諮詢機構）提供相關訊息，家長則必須關心教育並有能力篩選資訊，兩者配合方能達到自主之目標。

針對教育選擇權之議題，多半集中於政府應否全面掌控義務教育之爭辯，也就是國家教育權與家長親權之間應如何取得平衡。實務上，創建多元的教育體制與組織，家長才能享有真正的教育自主。如果政府過度掌控教育之形式（如傳統之公辦義務教育），人民在缺乏選項下，只能無奈接受獨占但績效欠佳之學校教育。然而，從另一面分析，選項過多也會使家長疲於奔命。在選擇過程中，除了必須勞心勞力外，家長是否具有適切的選擇能力（尤其對低社經地位之家庭），也是令人矚目與爭辯之議題。

二、績效

辯論焦點乃在教育是否應成為自由市場。其牽涉到市場機制與自由競爭之議題，以及教育市場化是否一定能促進績效之疑義。

績效牽涉到教育實施之產出。基本上，教育組織應利用其分配資源，進而運作產生最大效益，並可以量化與質化的指標加以評鑑。教育選擇權在績效議題上之爭議，多在選擇權之擴大（如形成自由競爭市場）是否可以增進績效。理論上，市場機能可以導致優勝劣敗的效應。教育組織在強大的生存壓力下，方能一掃積弊，拼全力奮戰。然而，此種訴求在教育現實環境中，卻不見得能劍及履及。例如：制度上享有較大辦學自由度的非傳統學校（如

特許學校），雖提供另類的教育選擇，但其產出之績效程度，目前仍未有所定論。

　　實務上，針對教育選擇權之議題，績效之爭辯主要集中於公辦學校是否真的表現不佳，各種非傳統教育選擇權策略（如教育券、特許學校）是否真能創造契機等議題。支持公辦教育者雖然承認與私立學校相較，或許平均辦學績效不孚眾望；然而，此乃導因於公辦學校無法篩選學生（如對特殊教育之負擔），與必須應付眾多利益團體（如教師工會）所致。如果將辦學條件拉平，私校與非傳統學校之績效恐怕就必須打上問號。此外，花費大量人力物力實施非傳統教育計畫，其成本利益分析結果是否合理，也引起極大的關注。

三、平等

　　辯論焦點乃在為達成教育平等，家長教育選擇權是否可被限縮？此外，為達成社會正義，促進教育平等之形式與手段應為何？

　　平等牽涉到受教者能否享有公平之教育機會與資源。理論上，人人應該享有同等之教育對待，但事實上並分如此。目前教育組織中基於性別、宗教、社經地位、種族等因素，仍存有不平等之現象。教育選擇權近年在平等上爭議最大者，乃在不同學校天差地別的表現。弱勢者控訴所讀學校因循苟且不求進步，學生無法有效學習而萬劫不復。如何衝破制度之桎梏，利用擴大家長教育選擇權之手段進行改革（如各種形式之教育券計畫），已成為各國激烈爭辯之教育議題。

　　實務上，界定「教育機會均等」之意涵往往相當困難，其牽涉到人民對於社會正義（social justice）的定義與看法。教育選擇權之實踐是否能彌平各種因素（如種族、社經地位）所形成之不公平現象，往往牽涉到多層面的不同詮釋。即以教育券為例，如果採取自由市場的方式，低社經地位之家庭往往面臨「看得到卻吃不到」的窘境。此因辦學較佳者多半集中於私校與都會地區，即使握有教育券，低社經地位之家庭也可能基於交通與額外支出因

素而困在當地，根本無法享受教育券所希望達成之目標。

四、民主

辯論焦點乃在促進社會民主與凝聚力之前提下，教育是否可以商品化？其牽涉到教育商品化（commodification）是否毀壞教育原先所具有之本質價值議題。

民主牽涉到公民意識與社會凝聚（social cohesion）的養成。基本上，政府興辦學校（尤其是義務教育）之主要訴求，乃在提供適切教育經驗以使學生具有公民素養，並期待其未來在民主社會中形成凝聚力。因此，教育之目標並不止於專業能力之養成。通過各種課程、活動、教育經驗之參與，希望學生瞭解身為公民之權利義務，並能積極參與社會事務而促進民主發展。針對民主之價值觀，教育選擇權之爭議焦點即在選擇權之擴大，是否戕害民主社會公民凝聚力量之形成。例如依照極端自由主義之主張，政府根本無須興辦公立教育，應任由具有市場淘汰機制之私校負責。然而，其實施後果極可能導致學生因其社經背景而產生物以類聚的現象。其中如特殊宗教信仰學校、貴族學校等出現，可能會對社會民主素養之形成有所傷害。在此背景之下，擴大家長教育權即經常遭到維護民權人士之反對與抵制（Gintis, 1995; Peterson, 1998）。

實務上，民主議題的爭辯，多半集中於教育是否應該商品化之議題。無可諱言，家長對於子女教育選擇權之行使，多半基於追求「私人」的最大利益，如果推之於極端，則公眾之利益即可能蕩然無存。以在家教育為例，部分家長存有特定之意識型態（如宗教或教育理念），堅持將子女留在家中自行教育。此種舉措，往往令人產生學生未來是否能融入社會與支持民主共識之質疑。此外，如果教育過度商品化，民主社會之公眾價值是否會受到戕害，也成為爭辯的主題之一。

第一節　自主：政府管制教育之爭議

　　從歷史的觀點而言，教育子女在古代多屬私人或家族事務，政府較少進行干預。民族國家（如普魯士）興起後，基於富國強兵之理由，國家開始以創建學校爲手段以控制教育之實施。在義務教育階段，當今各國政府多以確保教育機會均等爲訴求，大量創建公立中小學，並以學區分發入學作爲主要實施手段。此種制度在第二次世界大戰前多無爭議，甚而被認爲是形塑民主國家的必要條件，並漸漸形成「人民有受教育義務」之共識。影響所及，公辦教育的盛行逐漸擠壓其他興辦類型教育（如私立學校）的空間，進而產生獨占或寡占的態勢。人民在既定學區中，除了公辦教育，幾乎沒有其他選擇。

　　戰後社會急遽變遷，家長對於教育之需求趨向多元。政府以公辦學校管制教育選擇的作爲受到激烈挑戰（Hughes & Silva, 2012）。反對者主張其根本缺乏正當性，乃是國家侵害家長教育選擇權的不當作爲，堅稱現代民主法治國家，政府對於人民應以不干預爲原則。即使要介入，也必須是例外情況而非常態。原則上，如果政府不要過度介入，市場自然會依據家長的需求，產生不同的教育經營類型。實務上，家長的自主性即可獲得充分保障，而能依據子女的需求獲得最大的利益。

　　事實上，即使在現今公辦學校獨占鼇頭的義務教育市場，家長仍基於以下不同訴求，處心積慮爲子女爭取一定程度的教育自主權：

1. 宗教信仰訴求：不同宗教信仰的家庭，深怕一般學校「汙染」子女心靈，接受到與信仰相異的理念，因此堅持進入宗教團體所興辦的學校。以往西方教會學校的興辦，晚近回教學校的興盛，皆是基於信仰訴求而應運而生。實務上，其特殊意識型態與教材內容之堅持，常與推行社區民主共識的政府當局有所摩擦與爭議。

2. 文化傳承訴求：在多種族與文化的國家，部分家長（尤其是少數族

群）非常重視其文化傳承的必要性。實務上，在教育上即牽涉到教授之語言與內容。家長深知如能以其母語教學，才能確實傳承獨特文化。因此，即使在獨尊英語的美國，華人族群依舊堅持創設假日母語補習學校，以讓子女學習母國文化。然而，基於多種原因（如種族融合之前提下，教授語言必須統一），部分國家強力實施義務教育語言統一政策。在此情況下，堅持文化傳承的家長即必須另闢蹊徑，尋求他種形式的學校就讀。馬來西亞之華人雖占一定比例，但馬國政府卻堅持在公立中小學以馬來文進行教學。部分華人只好進入政府不補助之獨立華文學校就讀。由於其文憑不為政府承認，其畢業生無異就業市場之人間孤兒，此類學校家長堅持文化傳承的意志令人動容。

3. 就學正義訴求：由於社經背景之差異，往往使得就學正義僅呈現表面化的現象。在義務教育階段，各國政府雖然廣設公立學校，以供各學區之學齡兒童就讀，但在辦學品質與資源投入上，仍有顯著之差距。部分國家（如美國）甚而在達成種族融合之學校教育上力有未逮，更遑論能夠真正達成各學校就學正義之理想。影響所及，明星學區與學校，即成為望子成龍家長追逐之標的物，無所不用其極希望子女能夠擠入名校。此種現象在文憑主義高漲之東亞地區國家尤為明顯。

4. 辦學績效訴求：為追求一定的教育平等，現今各國義務教育之實施，大半採用公辦與學區分發的形式。由於近乎獨占與缺乏競爭，辦學績效低落者不在少數，其中又以低社經地位之偏遠地區更為嚴重。當家長發現子女被分發至「淪陷區」時，除極少數能夠負擔大量就學成本，轉入私立學校或越區就讀之外，其餘多半無計可施而消極的坐以待斃。此種現象晚近終於激發家長之群起抗議，強烈主張應拒絕入學，以迫使辦學低劣學校之淘汰。其對於傳統的強迫分發政策進行挑戰，希望藉由另一種形式教育（如特許學校）的出現，確保辦學品質，以服膺提升家長教育選擇權之訴求。

5. 教育理念訴求：近代相關教育思潮勃興，其中成爲派別與主義者
不在少數。其中如自然主義（naturalism）、進步主義（progressiv-
ism）、行爲主義（behaviorism）、精粹主義（essentialism）、批
判理論（critical theory）、後現代主義（postmodernism）等。與學
者相比，家長雖然無法形成一家之言，但卻多少受到不同教育理念
之薰陶，進而影響其爲子女選擇教育時的決策。例如傾向自然主義
者，多半較傾向如英國夏山學校（Summerhill School）之教育主張，
甚而選擇在家教育之形式。教育理念訴求之差異，深深影響家長對
於何謂「理想教育」之認知。

　　然而，即使家長基於以上訴求，拼命爭取子女的教育選擇權，但卻必須
付出極大代價。越區或就讀私校皆是所費不貲，如果選擇非社會主流的教育
機構（如特殊宗教學校、在家教育等），也需承受教育行政官僚的干預與騷
擾。最慘的是子女所受教育不受當局認可，小則文憑不被政府承認，大則家
長可能因爲觸法而身陷囹圄。凡此種種，皆使部分人士質疑爲何子女受教，
家長不能享有絕對的自主。其主張孩子是自己的，家長自會拼盡全力爲子
女求得最大利益；政府要做的就是盡全力創建不同經營模式的教育型態與機
構（Hargreaves, 1995）。如此說法看似頗有道理，但實務上卻未必可行。
歸其原因主要有二：(1)親權的行使不代表家長擁有絕對的教育選擇權。(2)
教育自由市場可能產生市場失靈（market failure）的現象。以下分別加以敘
述。

一、家長親權與教育選擇權

　　力主教育選擇權應歸於家長之學者，多半由倫理與法律層面所衍生之親
權加以論述。就前者而言，其中如經濟學大師Friedman（1962）爲擺脫公辦
教育學區制對於父母之限制，即提出家長擁有「養家育兒基本權利」（the
right to raise a family is fundamental）的說法。主張如果國家享有對其子女

受教之控管權利（如強迫其進入所指定之學區就讀），乃是對家長養家育兒權利的侵犯，而使其喪失完整性。因此，政府不能剝奪家長對其子女在教育選擇上的權利。另一位學者Lomasky（1987）則說得更直接，其主張子女之誕生乃來自父母，因此養家育兒乃是超越時空的人類行為。由於子女乃是父母之愛情結晶，其自會為其爭取最大福祉，其中即包括受教之選擇。此外，Brighouse and Swift（2006）也認為親子關係之存在，對於形塑子女之價值觀有極大重要性，不可等閒視之。

依據以上學者之說法，可以瞭解其主張基於父母的特殊角色，進而擁有對子女教育選擇的特殊權利。Friedman（1962）即將此種邏輯推至極致，堅信養家育兒與形塑子女價值觀乃是環環相扣緊密結合。如果國家主導教育選擇，必會藉著學校之受教內容深切影響子女價值觀。影響所及，一方面可能使學生受到特定意識型態之宰制（如獨裁國家），也會產生對於父母養家育兒之基本權利的否定。

在法律部分，基於家長教育權之特殊性質，各國多半將家長教育權界定為是一種義務性的權利。例如德國《基本法》第6條規定「扶養與教育子女為父母之『自然權利』（naturliches Recht）」，認為家長教育權來自父母之「親權」，乃是先於國家而存在的權利。然而，同條文也規定「扶養與教育子女為父母之自然權利，亦為其至高義務。」此外，日本《民法》第820條也規定「行使親權者，享有監護及教育子女的權利，並負該義務。」臺灣《民法》第1084條第2項也有「父母對於未成年人之子女，有保護及教養之權利義務」之規定。中國大陸也在《義務教育法》第11條規定：「父母或者其他監護人必須使適齡的子女或者被監護人按時入學，接受規定年限的義務教育。」

由上述條文中，可知各國多規定父母同時享有教育子女的權利與義務；換言之，父母負有行使此項權利的義務。家長教育權並非是對於決定子女教育權利的無限上綱，而具有一定之限制性。此與部分人士主張基於親權所衍生之絕對家長教育權有所不同。其原因可分為以下兩點：

(一) 家長教育權之行使須以子女福祉為前提

依照相關法律之立法要旨，家長教育權並非強調父母對子女的支配，而在追求子女幸福以保障其利益，具有服務與利他的特質。雖然子女之身出於父母，所衍生之親權乃是先於法律而存在的自然權，但其本質卻具有強烈之公益性而非毫無限制。因此，當有家長濫用權利而與未成年子女之權益發生衝突時，政府即應適度介入。其中最明顯者即在立法監督家長權利之行使，以保障子女的權利。例如德國《基本法》第6條即規定父母與教養子女之權利行使應受國家之監督。此外，如臺灣《民法》第1090條對父母濫用親權的監督，《兒童福利法》第5條規定「兒童之權益受到不法侵害時，政府應予適當之協助與保護」，皆說明家長教育權受有限制，國家並負有監督及保護的義務。基於此，家長在行使相關權利時，必須以子女福祉作為前提，而非一味濫用。以國民教育為例，父母若主張自行在家教育，即必須證明其作為（如教授之形式、內容）必須符合教育理念。換言之，為保障受教者之學習權益，國家應視情況加以監督。

(二) 家長教育權僅為親權之從屬權利

無可諱言，父母在形塑子女價值觀上具有特殊之地位。十月懷胎後親密互動，進而形成親子關係，使得子女在人格培養上深受影響。然而，此種關係是否意味著其在子女教育過程中的獨霸地位，則令人有所質疑。例如學者Brighouse（2000）即主張父母在其子女教育上僅享有「特殊權利」（special title），而非「獨享權利」（exclusive title）。換言之，其認為父母藉由各種家庭活動形塑子女價值觀，但不應故步自封，限制子女在其他環境（如學校）中發展。學生應自主並廣泛的接觸各種價值觀，以確保其進入社會後之適應力。基於此，Brighouse即主張將親權之中心內涵（養家育兒之自然權利）分成「與子女建立親密關係之權」（the right to have intimate relationships with their children）與「控制子女教育之權」（the right to control over one's children's education）兩部分，並且主張前者才是父母親權中之

「根本權利」。至於控制子女教育之權卻是一種「從屬權利」，必須在有助於教育品質改善與社會正義實現之下方能行使（Brighouse, 2002; Brighouse & Swift, 2003; Brighouse & Swift, 2006）。換言之，控制子女教育之權乃具有特殊性與有限性，必須在一定前提（如教育正義）之下，家長方能加以行使。

二、教育市場失靈之疑慮

主張家長應在教育選擇權上享有絕對自主的學者（如Milton Friedman），多半主張教育之實施應該形成自由市場，由家長依據子女特殊需求加以選擇。其在經濟學上的立論乃在社會運作可以根據供給與需求而形成完全競爭市場，其中生產者追求利益極大化，消費者追求效用極大化，而達到最佳資源分配的境界。價格如同一隻看不見的手（an invisible hand），主導市場經濟活動，所有人各取所需而皆大歡喜。

然而，實務上由於各種因素，部分自由市場運作會面臨市場失靈的窘境。當其發生時，國家基於保護人民利益即有介入市場的必要，而成為國家管制正當化的主要理由之一。至於何謂市場失靈，精確之定義，學界看法不一，但多同意其乃是「自由供需法則無法有效配置資源，導致市場無法達成預期最大之經濟效率現象。」定義經濟效率的指標也有多種，其中如社會公益之極大化，或是傳統自由經濟學之規模經濟（economies of scale）皆是通用之指標。

造成市場失靈的可能原因頗多，其中如獨占、外部性、排他性、資訊不完全或不對稱等因素。當市場失靈發生時，為了達成資源配置之一定效率，政府即可能必須加以干預。晚近社會發展更為多元，傳統自由經濟理論所難以解決的社會正義問題，也增加政府出面化解調控的理由。換言之，市場失靈使得政府在市場經濟中扮演之角色更形吃重，但其行政效率卻也引起諸多質疑，其中如對公立中小學辦學績效不佳即是一例。

檢視教育組織之運作，所以產生市場失靈的可能原因，計有獨占性、公

共性、外部性、與資訊不足性等四項特性。由於教育具有這些特性，國家即必須介入而擁有管制的正當性。以下即以各國義務教育興辦之現勢，分析說明其是否具有以上之導致市場失靈的現象。

(一) 獨占性

獨占（monopoly）一詞係指特定商品市場中，僅存在單一或少數提供者，導致由少數賣者主導的市場狀態。環顧歷史，各國在十九世紀義務教育興起之前，教育之興辦多半呈現教會或私人獨占的局面。第一章中曾述及古代歐洲與中國皆多認為接受教育是一種私人事業，家長必須承擔支付報酬給教師的責任，形成富裕之家子弟，方能有錢有暇讀書。在歐洲，由於基督教獨大，教育之實施主要為教堂附設學校與修道院，受教者侷限於貴族與修道者。

在此情況下，教育市場即頗具獨占性的色彩。少數教育提供者（賣方）決定內容與價格，受教者（買方）難有選擇的機會。以歐洲中古時代為例，基督教會壟斷教育，非一定身分的人民難以得到機會入學，且內容幾乎皆為神學教育。基於此，為了富國強兵與增進全體人民的幸福，各國於十九世紀開始介入教育。政府強力主導學校制度之建立，並由國家提供經費加以管理，其目的即在培養國民的基本素質與維護社會正義。影響所及，公辦教育（尤其是義務教育之中小學）在教育市場中扮演舉足輕重之角色，甚至竟倒轉形成公立學校獨占的態勢，進而遭到部分家長的抗議。各國政府當年基於私部門獨占之原因介入教育，如今卻也以相同理由被檢討，其背後原因值得玩味。

(二) 公共性

就經濟學的角度而言，公共性即牽涉到特定財貨是否屬於公共財（public good）的議題。長久以來，教育財（educational good）係屬何種性質，中外學者有多種看法。理論上，公共財係與私有財（private good）相對，兩者原則上可以是否具有排他性（exclusivity）與敵對性（rivalry）加以區

別。排他性係指可以利用付費之價格機制，防止他人坐享其成，分享相關財貨之服務與利益。例如私人的保全服務，未付出一定代價者，即無法得到關照。敵對性則指特定人財貨與服務的消費，將會減低他人得以分享的數量。例如熱門音樂團體的演唱會門票，歌迷必須拼命搶票方能入內。此因座位有限，買到票之一方同時會減少他人購票成功之機率。私有財即具有排他性與敵對性的特質。例如個人花錢購買的食物、衣服、與房屋等皆是。私有財的特點在於只有特定擁有者方能使用特定財貨，且當其使用時，其他人並無獲利之可能性。

相對之下，非排他性係指財貨之供給，無法禁止任何人使用與分享利益。其原因為技術上無法達成或是成本過高。例如社區消防隊的服務，人民有所需求即可得到回應，無須付出額外代價。非敵對性則指財貨可以同時供應眾人使用，且不會損及其中任何人的使用數量與效用。例如電視轉播的球賽、公共免費的下載電腦程式等。公共財即應具有非排他性與非敵對性的特質，其可被每個人同時使用，且不減低他人享受其利益的機會。例如空氣、國防、法律保護等。

傳統上，部分學者（尤其是國家主義）基於社會發展，主張政府必須提供具有非排他性與非敵對性的義務教育，其目的並非追求最大之經濟利益。義務教育應是免費、免試、與強迫的。由於保障所有學齡孩童之受教機會，辦學之成本利益分析多半不符合經濟效益，如無特殊誘因，難以吸引私人加入經營。因此，政府必須強力介入提供此類教育公共財，經費來源則為全體人民的稅收。

以上說法卻遭到其他學者的質疑。除非是在實施共產主義的國家，各國多有非政府經營的學校組織存在（如私校）。相對於公立學校，私校之制度、師資、設備等皆有所不同，且可以高昂學費排除低社經地位學生之參與，具有部分之排他性。此外，即使同樣是公立學校，學區較佳之房價高昂，同樣排除偏遠學生就讀。基於此，蓋浙生（1993）認為教育為「準公共財」（quasi public good）。此外，由於教育所產生之經濟效益部分歸屬於個別學生（如學歷高，未來就業薪資相對也高），因此Levin（2001）主

張教育財為「混合財」（mixed good），同時具有私有財與公共財之性質。綜上所述，義務教育是否完全具有無排他性與無敵對性之特性，而成為國家介入教育的充分理由，未來仍有其討論空間。

(三) 外部性

外部性（externality）係指單一或多人之經濟行為，透過非市場因素而對第三者產生正面或負面影響。其具有一定之抽象性，難以直接以市場價格來決定價值，以致行為者並未獲得獎賞或懲戒。相關例子在日常生活中頗多。在庭院中植栽桂花，除家人可以欣賞外，路人也能聞到花香，此即為正的外部性。又如工廠排放廢氣，污染環境而造成他人身體不適，即產生負的外部性。

由於外部性會影響第三者的權益，於是產生政府是否應該介入之問題。理論上，若任由人民自行決定會產生外部性的行為，則可能造成對他人權利的侵害。例如政府若不訂定排放標準對工廠進行檢查，則其超標排放之廢氣，則會影響附近居民之健康（雖然很難斷定其確實負面效應）。在教育部分，其是否產生外部性效果也引起眾多討論。基本上，由於各國以往採取菁英制，接受高等教育之人民控制在一定比例，形成所產生之利益多歸屬於受教者（文憑高收入即高）的現象。相較之下，其所產生之外部性效果，即比以培養基本國民素養為目標的義務教育為低。環顧歷史，各國義務教育制度之建立，多在希望培養民主社會人民之自治精神、倫理道德、與生活知能，以產生多元的文化價值觀。理論上，人民受教後可以具有民主與法治的素養，進而使社會發展更上軌道。如此而言，義務教育的實施除嘉惠個人外，對於整體國家社會的運作也有所助益，其正面外部性不容忽視。

基於此，各國對於義務教育多採取積極介入的政策，希望藉由立法強制人民受教的手段，積極擴大教育所產生之外部性。然而，此種看法卻受到部分學者之質疑。其同意義務教育會產生一定程度之外部性效果，但卻不認為公辦教育應該獨占而限縮家長教育選擇權。其主張非政府經營之教育組織（如另類學校、私立學校）運作，依舊可以造福社會。國家在制定法律之

時，應考慮形成自由競爭市場的可能性。不能因為外部性之原因，就強迫家長驅使子女進入公辦學校就讀。

(四) 資訊不足性

資訊不足性乃是政府介入教育的另一種理由，其牽涉到資訊不對稱的問題。在自由市場中，當交易之一方擁有較充足資訊時，即可能欺瞞資訊不足之他方而獲取不當之利益。例如股票交易若頻頻出現「內線消息」，則會使得交易公平性大打折扣。在此情況下，不易獲得資訊之一方（如低社經地位之家庭），即可能產生無法理性決策之現象。解決之道，外行人除將自身之權利委由他人代為履行外（如接受個人委託之投資經紀公司），政府出面加以處理也是重要途徑。

實務上，教育制度愈多元，家長選擇時所需之資訊數量就愈大。除非買賣雙方對於市場資訊獲得充分瞭解，否則很難進行公平的交易。基於各種限制（如家長專業不足、無暇參與校務），教育市場本就具有資訊不對稱之現象。影響所及，弱勢家長所獲學校資訊有限，難以為子女做出適當選擇，而必須依靠國家的介入。其方法如公立學校之建立與公開資訊，立法實施評鑑以揭露所有學校的辦學績效等。目的即在提供相關資訊給家長，以避免基於社經背景不同所產生之教育機會不公平現象。至於政府介入之程度，則必須視實際情況而定。

📚 三、小結

綜上所述，不論從家長親權之範圍或教育市場失靈之疑慮，皆提供了政府限縮家長教育選擇權的正當性理由。其中如教育具有公共財色彩，且可能因為資訊不對稱而使得弱勢家長權益受到損傷，也使得政府在義務教育階段必須扮演引導的角色。然而，引導與壟斷之間有相當程度的差距。政府管制的程度如果無限上綱，一方面嚴重斲傷家長之教育選擇權，也容易形成單一與獨斷的態勢。多元的民主社會中，個人偏好有所不同，加上各個利益團體

彼此傾軋掣肘，造成政府政策之擬定不見得基於理性考量。因此，政府即使有介入引導教育的正當性，但其管制的程度卻需細心思維。

　　基本上，政府管制過當，往往引起侵犯人民基本權利的疑慮。以教育選擇權為例，政府在介入之時，筆者認為應考量以下原則：(1)考量管制之目的是否合乎民主社會追求之目標（如達成社會正義）。(2)思考如果放寬管制，是否會傷害人民的公共福祉。(3)確立管制本身只是手段而非目的之信念。(4)儘量在維持人民權利的前提下，將管制規模減至最小。

第二節　績效：教育自由市場之爭議

　　第二次世界大戰之後，教育學者對於義務教育應該公辦或私辦的議題爭論不休。公辦教育建立之初，原本具有崇高宏遠的理想，其希望藉由國家參與經營的形式，避免私人或財團利用市場優勢，掠奪資源而獲得不合理利潤，以致影響弱勢家庭子女的權益。然而，公辦教育在缺乏市場競爭與刺激不足的情形下，經營績效往往不彰。基於此，部分學者認為興辦義務教育經費龐大，政府雖有義務提供人民受教機會，卻未必是最適當的經營者。公私立並存的經營制度才是最好的模式，不僅可以吸收民間資源充實教育經費，而且可以因之增進家長教育選擇權之行使。主要推動學者如Friedman（1962）與Chubb and Moe（1990）的主張，請參閱第一章，在此不再贅述。

一、公辦教育績效不彰

　　實務上，各國為確保人民教育機會均等，在義務教育階段多採取公辦與分發的原則，久而久之即形成近乎獨占的態勢，具有齊一性與閉鎖性的弊病。在此制度下，家長教育選擇權之行使，則多半受限於法令（如強迫入學之立法）與經濟因素（如選讀私校必須負擔高昂學費），而未如在自由市場

中購買商品的自由度。此外，由於地域之限制，偏遠或經濟不發達地區往往只有政府「必須」依法投資興學。在別無選擇下，絕大多數家長只能屈就而爲，遑論要求學校辦學之一定績效。因此，部分學者（最著名者即爲M. Friedman）大力主張引進自由市場精神，以打破僵化與壟斷的公辦教育體系，迫使經營者回應消費者（如家長）之需求。其認爲傳統之學區分發制度只是維持表面上的平等，事實上卻使弱勢學生無法進入適合其學習的學校。凡此種種，皆使家長教育選擇權大爲限縮，而爲部分社會人士詬病而急思改革。

除了辦學績效不如理想外，另一個提倡自由市場的原因乃在家長對於多元化教育之需求。第二次世界大戰之前，各國義務教育之普及率多有改建之空間。因此，保障每個學生受到一定年限的教育乃是當務之急，政府較難撥出經費提供不同服務。戰後各種政經思潮勃興，多元社會理念逐漸形成。理論上，民主國家在法令允許下應該致力保障人民最大可能的自由，此即是多元社會精神的展現。人民可以擁有不同的價值標準與最大範圍的選擇自由，只要未對他人權益有所侵害，政府即應努力加以保障。

此種主張應用於傳統公辦義務教育上，即顯得窒礙難行。基於體制與運作模式的僵化，公立中小學多半只能提供齊一化的教育。然而，多元社會必有多樣化的教育需求。單一化的學校選擇對擁有不同價值標準的家長而言，無疑是一種懲罰。舉例而言，東亞文化區之國家深受儒家思想之影響，學校中文憑主義與填鴨主義盛行，完全形成「分數至上」的態勢。一位服膺人本精神與自然主義的家長，面對單一模式的公立學校，自然會發出不平之鳴。近年歐美等國在家教育（homeschooling）的比例大增，也在反映家長對於學區公立學校的不信任。民主社會強調多元與彈性，因此，在滿足人民多元化教育需求的前提下，政府應在其能力範圍之內，提供人民多元之教育體制，並建立具有特色之各類型學校，以滿足家長多元選擇的呼籲。

義務教育階段公辦學校的績效不彰與頹廢狀態，制度學派（institutionalism）學者之論述頗爲貼切。基本上，制度學派將組織變遷視爲是一種獲得合法性（legitimacy）的過程，主要目標乃在追求所處社會對其行爲之肯

定。換言之，組織運作必須配合社會價值與政府規範。在此情況下，組織只要符合所處環境之規範與價值，即使資源之使用與運作未達最大績效，依舊可以運作無礙與平安存活。此種現象，Meyer and Rowan（1977）稱之為「合理性迷思」（rationalized myths）。

　　制度學派貼切說明了辦學平庸學校依舊生存的原因。在制度學派學者眼中，只要領導者之行為能夠符合社會規範與價值，學校之運作與生存即不受影響。細細思量，義務教育能夠提供學童基本的學習機會乃是社會的基本價值觀。就此而論，辦學平庸學校（尤其是偏遠地區）之存在價值即有所確立，批評者實難以績效不彰的理由而倡議廢校。此外，校長在學校進行決策時，必須參酌教師、家長、乃至社區之價值觀與意見，至於其是否為最有績效之作法，則非主要之考慮指標。為避免爭議，公立學校傾向提供齊一、標準化、與缺乏彈性的教育服務。

　　隨著社會的多元化，此種僵化發展的義務教育即引起極大爭議。為確保子女福祉，絕大多數家長堅持應送子女進入辦學品質最佳的學校。然而，當家長發現按照學區制分發之學校未如理想時，其選擇多半只有轉入私校或越區就讀，此皆必須付出相當大的代價。公辦中小學品質改善腳步之遲緩，激起家長不滿而群起抗議。其認為應藉由選擇權懲戒品質低劣者，以拒絕就讀的手段使其自然淘汰，而非如目前的強迫性分發。此種理念在1980年代之英、美先進國家相當盛行，遂使政府做出體制上的改革，除提升家長教育選擇權之外，並希望進而促動學校之間的競爭。

　　在行政運作上，國家主導的公辦學校教育制度，在當時百廢待舉基礎教育不普及的年代，確有其篳路藍縷之功。其採用層層體制與內容標準化的手段，確實在實施之初發揮劍及履及的作用。然而，隨著社會的多元化與複雜化，官僚體制的公辦教育型態，已無法達成幫助學生個別性發展的目標，進而導致對其績效不彰與不符社會需求的強烈批評。此外，由於評鑑制度缺乏與科層體制的僵固化，公立學校之經營者並不會因其績效良窳而加薪或得到額外獎勵。在缺乏自由市場的競爭下，績效低落者依舊安坐其位，改革創新的動機自也蕩然無存。

➤ 二、新自由主義與市場機制

實務上，評定辦學績效的指標甚多，但又以學生學習成就（student achievement）最受社會與家長矚目。1983年，美國教育部發表「危機國家」（A Nation at Risk）報告書，指出當時全美17歲青年中竟有13%是功能性文盲，許多授課老師缺乏應有的專業知識、教學能力、與訓練。報告發表後掀起軒然大波，輿論強烈指責公辦中小學的失職。當時主政之R. Reagan（雷根）總統，遂打鐵趁熱推動新自由主義（neoliberalism）的理念，進行一連串的改革措施。

顧名思義，新自由主義乃是一種經濟自由主義的再現，自1970年代開始影響國際的經濟政策。綜合其基本主張，大致有以下三點：(1)強調自由市場的機制，反對國家對於市場經濟活動的干預，強調政府之介入應該極小化。(2)反對貿易保護主義，支持透過國與國之間的協商與訂定條約，消除貿易藩籬，打通國際以進行自由貿易分工。(3)支持私有化，反對政府過度干預與經營，以利用競爭增進組織績效。

如上所述，極端的新自由主義反對任何形式的社會主義保護政策，其中如最低工資規定與勞資集體談判的制度。其主張自由貿易與不受管制的資本流動，認為此會創造最大的國家利益。要達成此目的，必須將政府之介入程度極小化，如建立「小政府」而縮減開支並因之縮減稅賦的徵收。新自由主義相信自由市場的運作會自然產生最大產值，因此，政府施政應儘量民營化，消除不當保護促成競爭。此種看法，1980年代在英、美兩國大行其道，甚而被貼上柴契爾主義（命名自1979-1990年擔任英國首相之Margaret Thatcher）或雷根經濟學（美國）的封號。

應用於教育領域上，1980年代新自由主義的主要訴求即在打破傳統公辦學校獨占的態勢。作法主要為法令鬆綁（deregulation）與民營化（privatization）兩者。希望藉由市場機能的重新啟動，自然淘汰辦學欠佳的公立學校，以回應提高家長教育選擇權的要求。

實務上，歐美諸國依其國情，在教育行政與管理制度上，開始進行以下

轉變：

1. 重視「績效導向」的經營模式：如果政府主導所產生之利益不如預期，可將部分經營角色與功能轉移至非政府組織或私人，以減少原由公部門承擔的功能。換言之，政府應逐漸放棄扮演主要或唯一教育經營者的角色，而將部分業務轉介給非政府體系之私部門，以促進競爭提供人民更有品質之服務。

2. 強調「多元選擇」的訴求：主張將部分教育之服務經由各種形式如外包承攬、特許模式、BOT、教育券等方式，移轉給私部門承攬經營。此種方式可增加消費者（學生）的教育選擇，並藉著法令的鬆綁，提高學校辦學的自主性。

3. 主張「市場競爭」的機制：希望藉由打破國家的管制與獨占，引進私部門力量，以促進公私立辦學之公平競爭。以往由於法律規定保障公立學校的獨占，使得私校多半居於劣勢。新自由主義主張必須進行改革，賦予私部門相同權限，辦學經費則應該依照學生入學人數多寡決定。如此才能透過家長的消費選擇，促使學校奮力改革，以提供符合家長的教育服務。

三、改革之方向與作法

　　歸納以上各國在教育體制上的轉變，可以歸納出兩大方向：(1)供給導向（supply-led）。即採用多元發展的政策，以各種方式創建與傳統公立學校不同的教育類型，以擴大家長選擇的多樣性，避免齊一化所造成之停滯不前弊病。(2)需求導向（demand-led）。即藉由消費者的選擇傾向，營造自由競爭的氣氛，以凸顯辦學具有特色者，並迫使學校經營者必須兢兢業業，否則就可能被淘汰出局。基本上，供給導向講究多元，需求導向則強調競爭，兩者看似不同，實務上卻是一體之兩面，相互有密切關聯。

　　此種打破教育一元化的訴求，也為世界組織所發表之報告書中所重

視。例如World Bank（1991）在比較各國公私教育制度後，認為面對目前社
會的發展，自由競爭的市場制度（competitive market）乃是提供最佳教育品
質與最有績效之方式。政府責任在於推動民間（私人）參與之自由競爭的環
境，政府只有在市場失序時才宜積極介入。在其報告書中，World Bank認同
私部門興學的利益，強調教育經營的多元發展，可以增進人民接受教育的自
由程度。其後，Van Der Gaag（1995）為World Bank研究各國健保與教育制
度後出版報告書，指出私立教育的興起已是世界各國不可避免的趨勢。除非
政府全額補助私立學校，否則，公私立部門角色的調整將是遲早必須面對的
議題。他針對公私部門應扮演的角色，其歸納提出四項具體建議：(1)政府
應將重點放在能夠表現最佳的部分，無須事事干預。(2)政府應保障每一個
學生的基本受教權。(3)高等教育經費必須因應現況發展，並將公共資源分
配給最必要的基本服務。(4)促進多元的教育供應系統，改進公立學校獨大
之問題。

　　在實際執行上，美國自1980年代中期開始戮力改革，嘗試為學校組織
再造與經營型態的革新尋找另一出路。其主要目的乃在維護公私立學校學生
教育機會均等，並同時提升總體教育成效。其手段之一即在引進非政府部門
（如社區與家長團體）的參與經營，降低政府負擔，提供家長多元選擇機
會。影響所及，公立學校民營化運動遂成為顯學，不僅推動速度加快，民
營化的形式也由傳統的承攬外包、BOT、特許學校，乃至引進私人管理公
司經營公立學校等形式，皆引起社會不小之關注與衝擊。其中如1991年創
辦的「愛迪生計畫」（Edison Project），即是結合政府力量與民間資源以落
實公辦民營政策的重要案例。在改革方向上，美國在1990年代進行第三波
教育改革，採用「系統革新」（systematic reform）的觀念。其被稱為第三
波，乃在與第一波（由上而下）與第二波（由下而上）的改革方式有所區
隔。此種對於整體系統進行革新的策略，主張政府應先透過共識，找出適合
學生的學習目標。接著以此目標為中心，統整相關課程、人事、財政等教育
政策，以配合與強化所定目標。最後，再以各種實質作為來資助學校完成改
革目標。學校的責任則在根據自我特色來發展課程、教學計畫、與教學模

式，以能系統性的改變學校體質而達成改革目標。

　　隔洋之英國在第二次世界大戰後，力推福利國家的理念，對於各級教育大量擴充，卻在1970年代之經濟不景氣時期面臨財務不足之窘境。當時，民眾對於大量投資卻表現平庸之公立學校深感不滿，認為政府介入程度過深而應有所調整。適逢1979年以M. Thatcher為首之保守黨在大選中獲勝，立即引進新自由主義的經濟概念，積極推動市場導向的教育政策。此在1980年教育法（The Education Act 1980）中，即已初現端倪，其條文授與家長參與學校之權限。地方教育行政主管機關應該提供充分資訊（包括入學程序、考試成績、與學校課程等），以協助家長為子女選擇適當學校。此法限縮地方教育主管機關的權力，並使家長教育選擇權的議題浮上檯面，成為日後教育改革的重點（謝廣錚，2000）。

　　經過數年執政，保守黨再於1988年推出《教育改革法》（The Education Reform Act 1988），積極落實教育組織的市場機制。其主要政策有兩大部分。首先，進行一定程度的開放入學政策（open enrollment），明定除非學校當局能證明既有空間與設施已達飽和，無法容納更多學生，否則不得要求家長將學生分配至人數較少之學校。此舉在某種程度上具有市場機制的色彩。辦學優良者吸引學生而門庭若市，不佳者則因門可羅雀而必須戮力改革。其次，法案也規定撥款給學校經費之85%，必須依照註冊人數為基準。傳統上，公立學校與受公家補助之教會學校，係由中央政府提供80%經費，地方行政當局（LEA）則負擔其他20%。1988年之教育改革法則規定LEA在分配中央撥付之經費時，85%必須以該校註冊學生數做為基礎。主要目的乃在營造自由市場的競爭精神，獎勵辦學績優之學校。值得注意的是，1988教育改革法也允許「直接撥款學校」（grant-maintained school，簡稱GM）的創建。規定300人以上之中小學，只要50%以上之家長投票贊成，即可自行脫離地方教育當局的監管資助，而改由中央政府直接撥款。換言之，其可透過家長多數決，越過地方層級而使學校成為中央直接補助學校。此種新類型學校在經費上可以脫離LEA的控制，而直接由中央依其註冊人數給予經費，因此在運作上更有彈性。GM學校型態雖因行政實施之困難，而於2000

年左右終止，但其對英國中小學經營與辦學績效之要求，卻產生深遠影響（Feinberg & Lubienski, 2008）。

在臺灣，1990年代受到政治解嚴與社會民主化的衝擊，傳統學校組織生態急遽改變，家長對於教育選擇權之爭取也日益高漲。行政院教育改革審議委員會遂於1990年發表「教育改革總諮議報告書」，其中即建議對於民間興學與辦學的鬆綁。方案如政府提供誘因、擴大民間資源、給予私人興學與私校辦學之自主空間、開放私校設立、私校學費酌予管制等。此外，允許在國民教育階段，可有實驗學校與非學校型態之私立教育形式的存在，皆對市場機制之引進教育有所助益。之後，臺灣出現各種形式的公辦民營學校，其訴求即在希望創建具有競爭、彈性、與績效的教育生態，以符合當今民主時代潮流與社會多元發展的需求。

四、教育自由市場之利弊得失

綜上所述，營造自由市場機制成為追求教育績效的主要手段。支持者認為只有自由競爭，學校經營者才會產生動力進行改革。此種觀點是否成立，學者之間仍是爭執不休。然而，在實際執行的教育計畫中，卻發現低社經地位之家庭往往未受其益，其中原因之一即為資訊不對稱。此因奔忙於生活，弱勢家庭難有餘力蒐集各校辦學資訊，很難為子女做出最佳選擇。即使家長有此意願找尋較佳學校，但可能必須越區就讀之交通與住校之額外花費，也令貧窮家庭看得到卻吃不到。再以教育券計畫為例，其實施包含私校，使得本來必須自我負擔高額學費之高社經家庭獲得補助，自然更對辦學較佳的私校趨之若鶩。此舉無異是拿納稅人的錢去補貼有錢家庭，使其更加盤據優良學校，而形成社會上流階級。整個情況與批判理論所詬病的階級再製，簡直就是如出一轍（Apple, 1996）。論者痛批自由市場追求公平性的假象，實際卻是擴大社會階級之間的鴻溝。強勢家庭占盡便宜，家貧學生卻在自由平等的大帽子下，活活被犧牲而不自知。

在另一方面，在所謂之「自由市場」運作下，教育績效是否增進也是家

長關注的議題。在綜合分析美國特許學校的辦學成果後，Berends, Springer and Walberg（2008）發現與一般公立學校相比，其績效不見得較高。主因之一即在知行未能合一，特許學校經營者即使明白高績效學校的特徵，也無法在實際執行時加以實踐。此外，Hess and Loveless（2005）也指出，學校選擇改革方案中之成功案例多半是獨立現象，很難複製於其他學校。

綜上所述，隨著社會的變遷，教育制度必須時時進行調整以符合人民的期待。為確保受教者的福祉，家長教育選擇權被視為是一種基本權利。然而，教育體系畢竟與一般商業市場不同，牽涉到眾多政治與經濟因素的考量。自由競爭是否適行於性質不一的公私立學校或不同類型的教育計畫，實是需要深入思考的議題。各國國情差異頗大，如何提升家長教育選擇權，適度引進競爭機制，深深考驗主政者的智慧。

第三節 平等：社會正義之爭議

引起教育選擇權爭議的另一層面乃是教育平等的追求，其相關論文又多與「社會正義」（social justice）的議題密切呼應。理論上，政府應根據個別學生需求提供適當資源，以使其潛力能夠充分發揮。然而，由於定義之不同，學者對於如何達成教育平等的主張卻是大異其趣。例如學區制與公立學校的存在，目的即在保障學生的基本受教權，但卻因其績效不彰，而使得無錢進入私校的家庭陷入困境。在另一方面，各種擴大教育選擇權的措施如特許學校之興辦，是否真能達到所期望的績效，目前仍未有所定論。肯定的是，教育平等與家長選擇權之間存有競合關係，無法使得不同背景的家長完全滿意。此因為實踐教育平等，政府必會限縮部分家長的教育選擇權。最極端例子如1960年代美國以校車運送學生至指定學校，以達成種族融合就讀的政策。此舉引起當時白人家長激烈抗議其教育選擇權受損，紛紛將子女轉進私立學校。凡此種種，皆使教育平等訴求與家長選擇權之間的關係相當緊繃。正反雙方皆高舉平等之大纛，但卻淪為各說各話互不相讓。本節以下即

分別簡述社會正義的意義、相關學說、與相關實施措施之評述。

一、社會正義學說簡介

教育平等乃是實踐社會正義的重要手段之一。「正義」一詞在不同時代雖有不同解釋，但多圍繞於平等、公正之概念。例如Aristotle（亞里斯多德）即認為正義乃是人人應得其所應得，以獲得最終目標的幸福。正義之種類繁多，分別隸屬於政治學、倫理學、經濟學、與法學等領域。其中如形式正義（formal justice），係指制訂相關司法審判程序的公正處理法則，以符合正當與無私的目標，因此又被稱為是「法律正義」。但因其訴求多止於「法律之前人人平等」的一致性審訊要求，未必能保證產生真正正義的結果。與之相較，實質正義（substantive justice）則希望透過社會制度與針對特殊情況之考量，進而合理分配相關社會利益與資源。其又被稱為「分配正義」，根據個人的真實價值與社會貢獻結果，以判斷是否符合正義原則。

實務上，教育平等的達成與分配正義有極為密切的關聯。教育乃是公共投資的大宗，如何適當分配資源給不同背景的個體，將資源優先提供給最需要的人，乃是達成教育公平均等的先決條件。黃嘉雄（1998）以教育成果來衡量教育機會均等，認為可分為四種：(1)強烈式人道正義（strong human justice）：係指不惜一切投入資源，以使不同先天條件的學生在平均教育成就上能夠趨近相同。(2)弱勢人道正義（weak human justice）：適當採取差別待遇政策，針對教育條件弱勢者投以較多資源，以使其教育成就能夠趨近其他條件有利者的表現。(3)功績主義（meritocratism）：提供相當資源給每位學生，其成就基於努力與能力可能有所差異。主張只要投以一定均等之資源，即可稱為是一種教育機會均等。(4)功利主義（utilitarianism）：資源投入係以學生所能產生之效益多寡而定。由於個人因接受教育所產生之效益也能同時造福社會，因此產生效益較大者應得到更多資源，反之則應較少。

當代探討正義基本哲學理念的學說繁多，相關學者彼此辯論極為激烈。限於篇幅，以下僅就影響現今教育選擇權的理論加以敘述。基本上，其

可包括兩大學派：(1)以公平性（fairness）作為判斷正義的標準。以J. Rawls（羅爾斯）為主，旁及R. Dworkin（德沃金）與H. Brighouse（布里格豪斯）的主張。(2)以合法性（legitimacy）作為判斷正義的標準，以R. Nozick（諾錫克）為代表。若以上段所述之四種分類來論，Rawls偏向兩種人道主義，Nozick則與功績主義與功利主義相近。以下分別加以敘述。

(一) 自由主義與 Rawls 之正義論

　　歐洲自啟明時代以來，以個人為出發點的自由主義開始蓬勃發展。自由主義強調個人權利的維護，堅信個人權利如果能夠充分實現，公共利益（common good）自也隨之實現，深具「沒有個人，哪有國家」的色彩。早期的自由主義可以英國哲學家J. Bentham（邊沁）與J. S. Mill（彌爾）為代表。兩人以福利或效益（welfare or utility）作為標準，主張判斷行為的適當程度，乃基於行為結果所產生的效益大小，提倡追求「最大幸福」的可能性。基本上，Bentham認為能夠產生快樂的行為即是善的行為，行為若能增進幸福則為正確的，主張人類行為的動機強弱，乃決定於所產生快樂的程度，是否能促進幸福即成為判斷個人行為的標準。幸福不僅牽涉行為當事人，也涉及受到該行為影響的他人。快樂可以精密計算，其為牽涉人類行為之所有個體的快樂與痛苦的總和。痛苦被視為是「負的快樂」，因此兩者之間可以互換計算，能夠達到「最大幸福」的行為即是最好的，所以政府在不限制個人自由的前提下，應確保最大多數人獲得最大幸福。Mill則進一步將幸福之範圍限定於「高尚」的幸福。認為政府負有引導人民追求高尚幸福的責任，但發展個人自由應以不妨礙多數人最大利益為前提，因此必要時可加以縮限。

　　由於將追求幸福視為是行為的最高準則，Bentham與Mill的學說又被稱為是功利主義。其主張在表面上頗具客觀性與合理性，但在實務執行上卻產生不小爭議。前已述及，功利主義認為國家相關行為（如分配資源）的合理性，應該根據其所產生的幸福總量為依歸。由於國家行為影響眾多的個人，因此總體最大幸福量的追求，往往無法保證個人權利之應有保障。此因總體

雖最大，但個體之幸福卻是有上有下。尤有甚者，政府可以宣稱基於社會整體利益，個人權利的犧牲乃是合理之事。影響所及，多數人的偏好成為對少數人的合理壓制。在行為過程中，人變成手段而非目的，如此論點其後即引起其他自由主義學者的質疑，其中最著名者為即為哈佛大學教授Rawls（1971, 1999）與其著作《正義論》（*A theory of justice*）一書。

在書中，Rawls援引Locke（洛克）與Kant（康德）的看法，提出「無知之幕」（veil of ignorance）的概念。其係指個人如果對於相關自我與他人之資訊如階級、智力、心理傾向、與善惡價值等全然無知，方能無私推演出公平分配的正義原則。在此種境界中，所發展出來的正義原則才不會基於特殊利益而產生偏見。在現實社會中，脈絡（context）有所變換，不同人即會產生不同判斷。基本上，正義可透過對於個人權利的重視而達成，無須經過傳統自由主義所宣稱的功利分析。此種「權利優先論」（the primacy-of-right theory）認為正義乃是社會運作的基本道德，如同真理對思想體系一樣。非正義的法律與制度，不論如何有效也不應加以肯定實施。由於Rawls對於正義的達成提出新的見解，而被稱為是新自由主義。

檢視相關著作，Rawls係以「正義即公平」（justice as fairness）作為正義理論的主軸，認為社會之不公平必須藉資源之重分配來解決。其學說有兩大部分，首先為「自由原則」（liberty principle），主張個人均擁有與他人相容之最大平等的基本自由權利，其中如公民的政治權利、財產權利等。在此原則下，Rawls認為只要是「身為人」應享的權利即是基本自由，且個人享有之基本自由乃是平等的，基本上不存在特定人享有較多基本自由的理由。此外，除非個人之基本自由侵害他人基本自由，因而造成彼此之間更不自由時，方能取得減少基本自由的正當性。換言之，基本自由只有在基於其本身之理由時，才能夠被合理限制。

第二部分Rawls的主張係針對「社會與經濟不平等」的主題加以論述。其中又可分為兩個子原則：(1)機會平等原則（principle of fair equality of opportunity）：係指每個人應享有同等機會以發展生涯。其條件為社會可以確保各種發展機會（如工作職位），能在公正與平等的場域中開放給所有

人。實務上，一個社會唯有盡力排除各種個人無法掌控並妨礙其獲得公正資源分配的因素，真正的社會正義才會實現。(2)差異原則（difference principle）：主張社會與經濟的不平等，應以對處於最不利地位者施以最有利之方式來處理。要注意的是，差異原則之實施，乃是以能夠對不利者產生最大效益作爲前提，而非補償分配不利地位者無限制的資源。

綜觀Rawls對於正義的論點，其主張自由僅能在可以創建更多自由之前提下被限制，而非在增加社會所獲利益之訴求下。正義唯有在完成改善每個人福祉的行動後（尤其是對居於不利地位者）才能實現。基於此，Rawls因而認爲不均等的分配社會資源（如受教機會與內容），若能比均等的分配產生更大效益時，其行動仍是公平與正義的。例如高等教育機構爲社會不利者（如少數族群、家境貧寒學生、偏遠地區學生）保留一定就學名額的作法，Rawls應會給予一定程度的認同。其雖是不均等的分配（因有特定保留名額），但卻可促成社會多元化與階級流動性，所以應被歸爲是正義的舉動。

此外，Rawls（1993, 1999）認爲教育之價值不應只植基於表面的經濟效益，而應同時注重社會文化的建構。對於社會處境最不利者，教育必須爲其導引出自信與存在價值。因此，教育資源的分配，不能只關注預期之生產與收益，而應兼顧教育對於公民個人發展與社會文化傳承的貢獻程度。

與Rawls正義理論相近者，身爲英美兩國法理學界重量級學者的R. Dworkin（德沃金）即爲箇中翹楚。Dworkin（1978）提出「權利命題理論」（rights thesis），主張以平等（equality）爲核心的權利基礎理論，認爲每一個人民皆享有「以平等之身被對待」（treatment as an equal）的基本權利。因此，個人權利之考量應優先於社會整體效益，每個人都有權要求獲得平等的尊重與對待，政府對每個人應給予平等的關注。Dworkin主張自由與平等兩者乃是相容而非相互矛盾的道德價值，形成其所謂之「平等自由主義」（egalitarian liberalism）論述。

基於對於平等的重視，Dworkin（1978）希望政府能夠給予社會每個人平等關懷與尊重（equal concern and respect），並以一貫原則的態度認眞看待公民的基本權利。國家統治的正當性必須奠基於兩個倫理原則之上，其中

包括：(1)內存價值原則（principle of intrinsic value）：係指每個人生命皆有其同等且客觀之重要性。(2)個人責任原則（principle of personal responsibility）：係指每個人皆負有實現自我完美人生目標的責任。換言之，國家應該同等關注每個人的基本權利，並以平等為核心，強調與重視每個人追求美好人生所應善盡的倫理責任。實務上，國家創造機會以讓個人皆能平等開展自我理想之同時，也必須正視其實現與否，應基於個人能夠操控的因素所決定。由於社會中仍存有部分個人無法掌控的因素（如原生家庭、社經地位、文化不利等），Dworkin因此主張政府可以各種資源之投入，以消弭人民基於立足點不平等所產生之問題，以達到「資源的平等」（equality of resources）。其看法與Rawls多有相似之處。

在相關著作中，Rawls與Dworkin皆未直接針對教育實踐進行論述，與之相較，英國學者H. Brighouse則著力頗深。在其主要著作如《教育選擇與社會正義》（*School Choice and Social Justice*）一書中，曾使用大量篇幅針對教育選擇與社會正義兩者之間的關係進行評述（黃啓倫，2007）。基本上，Brighouse對於正義的看法，主要承繼Rawls的理論，但卻進一步對於「教育機會平等」的實踐加以深入探討。整體而言，Brighouse（2000）認為檢視「機會平等」的概念，必須以個人的「整體生命」（whole lives）為基礎，而非只是在特定時間點上的「分散互動」（discrete interactions）。實現「整體生命的機會平等」（equality opportunity over complete lives）才能真正達到機會平等的目標。

以上說法看似抽象，Brighouse（2000）即舉一例加以說明。在勞動市場中，各國政府多訂定所謂之就業反歧視（anti-discrimination）條款，規定雇主無正當理由不得基於無關工作表現之因素（如性別、種族等），對員工進行差別待遇。此種作法表面上符合機會公平的原則，然而Brighouse（2000）卻認為如此界定過於薄弱，無法標舉社會正義的真諦。其以Julian與Sandy兩位具有相同天賦與志向的應徵者為例，前者家貧，10歲之後即無法再繼續升學；後者則一路升上哈佛大學法學院並取得學位。在此情況下，即使一家徵才的法律事務所切實遵守反歧視條款，但Sandy的雀屏中選應已

成定局。即使Julian不會基於無關工作表現之因素遭受歧視，但Brighouse卻難以認同兩人享有機會平等的說法。此反應了其認為檢視機會平等必須植基於個人整體生命，而非只是聚焦於分散之個別競爭點上（如應徵之當時）的主張。基於此，Brighouse大聲呼籲政府必須關注人民賴以成長與生存的制度脈絡，因其會決定社會利益的分配，並深深影響個人之整體生命發展。

在相關著作中，Brighouse（2000, 2002）舉出兩種作法可以消弭教育之實施，所造成機會不平等的現象。第一種頗有齊頭式平等的意味，即主張完全限制所有人的受教機會，以確保個體不因受教品質之差異而對其生涯發展產生阻礙。此種追求「單純平等」（mere equality）的作法，無異過於消極，並且完全無視家長教育選擇權的存在。因此，除了部分共產國家採取國家經營的一致性教育外，此種作法多不為學者所接受，認為其難以施行與無法增進社會正義。

第二種作法則採取差異式走向，主張可在部分人的早期生涯給予較多機會，其他人則在人生後期獲得較多機會。平均而言，此也算是一種機會平等。如何判斷先後得到機會之次序，Brighouse（2000, 2002）即舉出義務教育之實施可有以下三種判定是否不平等的指標：(1)分配教育資源給個別孩童所形成之不平等，與其家庭財富的差異具有正相關。生於家庭愈富有的孩童，所得到的教育資源愈多。(2)分配教育資源給個別孩童所形成之不平等，與其家長教育成就的差異具有正相關。孩童之家長教育成就愈高，所得到的教育資源愈多。(3)分配教育資源給個別孩童所形成之不平等，與孩童的能力差異具有正相關。能力愈高的孩童，所得到的教育資源愈多。

如果一個國家之義務教育符合以上指標，即形成教育機會不平等的現象。針對於此，Brighouse（2000）提出兩點建議如下：

1. 具有相同天資但隸屬不同社會階級之孩童，應獲得完全相等的教育投資。然而，如果出身富有的孩童能在學校外獲得額外教育資源，政府就必須透過學校教育，另行分配資源，加以補償出身寒微但天資相同的孩童。

2. 特殊障礙的孩童應比一般正常孩童，獲得更多教育資源的分配。此外，在一般正常孩童之中，能力偏低者也應比能力較高者，獲得更多教育資源之分配。

實務上，Brighouse的主張已部分實現，其中如特殊教育之實施，學校補償教學的設計等。然而，由於各種因素之干擾（如公私立辦學績效之差異），距離教育機會平等的理想尚有一段距離。基於積極實現社會正義，Brighouse（2000）認為家長教育選擇權應視情況有所限縮。此因孩童所分配之教育資源多寡，常取決於其家長之財富地位與教育成就，政府若一味傾向市場機制，居於弱勢孩童之受教品質就令人憂心。基於此，Brighouse主張家長教育選擇權並非絕對，因其並非是產生親密親子關係的必要條件，而必須以「實現教育正義」作為最終目標。因此，家長教育選擇權乃是一種附屬的權利，其內容則是可以限縮的。

(二) 社群主義對自由主義之批判

以Rawls正義理論為首的新自由主義希望針對人類資源分配議題，發展出相關平等與正義的「普遍性」（universalistic）概念，以對現行制度良窳加以評斷。此種走向，後來引起社群主義（communitarianism，或稱社區主義）學者的強力批判。其主要倡導者如M. Sandel（桑德爾）、A. MacIntyre（麥金泰）、M. Walzer（華爾澤）等認為新自由主義之理論建構有其重大限制，因其忽略社群對於個人之文化認同的重要性。新自由主義認為個人自由權利乃是實踐社會正義的首要價值，但社群主義卻高舉社群的地位，凸顯個人與社群之間的關係，強調公共利益才具有最高價值。

綜合社群主義學者的主張，可以清楚看出其對新自由主義所抱持的個人基礎主義有所質疑。由於亟欲產生「普遍性」原則，新自由主義對於個人所處之不同脈絡（context）的社群往往較不重視。社群主義因而批評新自由主義對於個人與社群之間的關係引述錯誤，主張個人之自我價值並非先天存在，而是其與社會交會後的產物，並由社群之共同文化所形塑形成。自我的

本質並非先天決定，而是有其一定之社會性。此外，社群主義學者認為個人必須發展「發現自我」的實踐理性。換言之，個人必須先瞭解在現實中的地位與角色，方能決定未來應做之事，並進一步在社群中發揮影響力並共同建構文化。就此而論，個人在社群中並非只能有消極的自我，也可以積極參與社群文化的形塑。就此而論，社群主義學者即聲稱處於社群之外的觀點並不存在，個人行為之產生乃是與社會脈絡交織而成。就正義議題來論，其並非只是單純的哲學論證，而必須經由文化闡釋的角度加以論證。

　　針對社群主義的批評，Brighouse（2000）加以澄清，強調即使是一般政策的規劃也不宜被特定的社會理念所牽絆。其舉出後現代主義與社群主義皆屬於所謂的相對主義，認為世上並無普遍的真理。社群主義所不若後現代主義的激進，但其遵循社群文化的主張卻容易引起問題。Brighouse（2000）指出在任何一個社會中，皆同時存在正反不同的道德價值觀，如果「我們只將自我信念附屬於社會本身，則會失去在眾多分歧主張中之判定立場」（p.4）。因此，Brighouse認為在價值多元複雜的現代社會中，具有前瞻性的政策制定必須超越社會現狀（status quo），以更具普遍性的價值觀為依歸。否則，在社會各利益團體相互衝突的訴求之間，執政者很難加以權衡，最後可能淪為安於現狀的窘境。以家長教育選擇權為例，家長之權利與社會正義之維護之間充滿矛盾，若只是一味顧慮社會現況，就可能失去前瞻性，無法超越時代進行改革。

(三) Nozick 的合法性主張

　　與Rawls相對的，即是Nozick以合法性作為判斷正義標準的主張。其為1950年代之後放任資本主義（或放任自由主義）的代表，強烈反對社會福利主義（賴光祺，1997）。兩人之主張天差地別，但皆有一定之擁護者，對於制訂教育行政制度之影響頗深。Nozick（1974）在《無政府、國家、烏托邦》（*Anarchy, State and Utopia*）一書中強調以個人權利為中心的社會正義論，主張個人合法所得之物，乃其不可侵犯的權利。只要符膺合法取得與轉移財貨的程序，即是社會正義的實現。

理論上，Nozick（1974）借用J. Locke（洛克）的主張，以說明個人能夠正當宣稱對某物具有所有權的條件。Locke認為，只要一個人將自我勞力運用在尚未被他人擁有的自然資源中，就能合理宣稱對該物的所有權。Nozick則進一步加上兩個條件：(1)付出的勞力必須讓自然資源的價值增加。(2)在取得該物所有權後，必須確保他人能夠取得自然資源的程度不受影響。在此情況下，除非個人自願分配所得給他人，國家不應介入社會財富重分配的過程。最好的政府乃是干涉人民最少者，其主要功能僅在消極保護人民的生命財產，儘量不要試圖去彌平社會財富分配的差距。

基本上，Nozick（1974）的主張日後雖受到批判，但大致可歸納為以下三點：

1. 個人所有權（包括權力、財產等）乃是神聖不可侵犯的。只有在個人能夠完全自由處理其相關所有權時，才符合道德正義的原則。
2. 最少功能的國家乃是最理想的。只有在保障個人免受侵害，而必須對他人進行限制時，國家才需進行介入而對他人進行補償。其他對於個人所有權加以干預之行為，皆是不恰當的。
3. 個人在持有與轉讓財產之過程上具有合法性（legitimacy），即形成所謂的「持有正義」。但其先決條件為不使他人之情況變差。

綜合上述主張，Nozick認為人類之不公平乃導因於個人能力與成就的差異，造成之因素有先天與後天的。社會資源的分配（如受教與就業之機會）應由個人依其能力來掌控，政府不應強力介入。強迫性的重新分配乃與正義的原則相牴觸，只要有一定公開公正的程序，每個人所受之待遇應該相同，不該因其特殊背景而受到優待。由此而論，Nozick反對為特殊個人設立保障名額的制度，認為一切應以同樣標準競爭，能力高的人即獲得其應得之資源。

㈣ Rawls 與 Nozick 主張之應用

實務上，Rawls與Nozick並未直接對教育提出主張，但兩人之主張對於教育卻有顯著影響。如果將兩者的看法應用於極端，Rawls的論點即可能形成類似「人民公社」組織之建立。小孩自出生時即應被抱離家長，以減低因家庭社經背景所導致的不公平。政府應出面成爲所有孩童監護人，所有學生被強迫在環境條件（如設備師資）皆達相同水準之學校就讀。在另一方面，Nozick的主張則幾乎否定公立學校的存在價值。既然社會資源的分配，應由個人依其能力爭取，則公辦教育之重分配功能即蕩然無存而無須建立。個人應利用其家庭資源，自行選擇並支付成本進入適合自我能力的私立學校，有爲者自應獲得更多資源與機會。

綜而言之，Rawls與Nozick兩人在教育上的爭執焦點，即在社會福祉與個人權益如何取得平衡的問題。Rawls主張基於平等原則，國家介入教育事務有其正當性，如果任憑家長之教育選擇權無限擴大，必會因社經地位之不同，而形成學生受教權利之差異（尤其在義務教育）。反之， Nozick卻堅稱國家在任何情況皆不具干預之理由，而應任憑家長在教育市場中按其意志自由選擇。換言之，既然政府不需介入教育事務，也就不應有公立學校之存在，一切應依市場之供需加以決定。

在相關實例上，美國政府於1960年代後期實施種族融合就學政策（de-segregation）引起極大爭議。當時民權運動勃興，政府使用校車強迫運送學生至其家長厭棄的學校就讀，Nozick即指控此是國家嚴重侵犯家長教育選擇權的行爲。在另一方面，Rawls站在消除社會不平等之立場，卻主張其應是可以接受的政策。再以私立中小學高學費之爭議爲例，由於政府已用納稅人的錢興辦公立學校，因而對私校多採取不補助原則，其學費偏高乃是常態。針對於此，Nozick卻堅稱家長選擇私校乃是其天賦權利。如今其不但必須納稅支持公立學校，卻因公校辦學績效低落而必須將子女送入私校，同時另行負擔高昂學費，無疑是一種懲罰與侵權行爲。換言之，當政府公辦學校績效不佳，人民因而面臨兩難局面時（讀公立怕水準低，讀私立卻苦學費高），

整個教育體系按照Nozick的理論，即應重組成為教育自由市場，經由自由競爭形成優勝劣敗。一味保護績效不彰之公立學校，只是使教育品質更形降低。Nozick的主張在日後出現之市場導向教育券計畫中最被彰顯（詳見第六章）。

在另一方面，Rawls堅持家長教育選擇權之行使，只有在促進公共福祉之前提下才可擴張。如果只造成單獨個人利益的獲得，則應有所節制。Nozick則認為家長教育選擇權之真諦，乃在家長能夠自由選定最適合子女之教育實施。主張一旦個人權益得到伸張，從長遠的角度來看，公共福祉即能增進。此因每個人都能得其所好，自然社會問題會逐漸消失無形。

當然，在實際教育之運作中，沒有任何國家獨採取Rawls或Nozick的主張，而多半遊走其間。以美國為例，在義務教育階段，一方面尊重家長的教育選擇權（可以送子女進入私校），一方面卻給予一定限制（如立法規定不補助私校使其學費高昂）。其理由即在義務教育之對象為全體學生，應盡量給予平等的學習環境，而由政府設立公辦學校，較能維持其公平性（雖然部分學者認為只是表面上的平等）。相較之下，美國高等教育則明顯傾向Nozick的看法，允許公私立學校在自由市場中，進行激烈競爭。政府之責任乃在創建多元種類的大學（從學術傾向之綜合大學至職業導向的社區學院），以提供不同能力與性向的學生加以選擇就讀。此種作法不但使得美國高等教育形成百花齊放的態勢，也促使學校經營者奮力改革以適應競爭激烈之市場。

📚 二、教育平等與家長教育選擇權之競合

第二次世界大戰之後，教育平等之爭辯往往與教育選擇權議題糾纏不休。在民主社會中，表面上人人皆有機會尋求最佳權益，但實務上卻非如此。以教育為例，社經地位較高的家長，往往對其子女受教品質更加關注。相較之下，貧窮家庭並非一定不注重教育，但因其資源有限，即使強烈盼望也往往力不從心。英國上流階級往往將小孩送入貴族學校（如Eton公學）就

讀，其同學可能即是皇室成員。物以類聚的加乘效果，使得教育之社會流動功能形同具文。

　　解決之道，政府是否應該實行共產主義，以外力拉齊所有家庭的社經地位呢？歷史證明此無法行得通。在吃大鍋飯的制度下，如果每人所獲利益完全相同，又何必努力讀書以能更上層樓。此外，即使在實施極端共產主義的國家，也無法保證每個人所獲得的教育資源完全齊一。此因人的智力與學習能力乃有高下之別，上智者多成為國家培植的對象，尤其在進入高等教育之後。實務上，無條件之強迫齊頭式平等往往並不可行。以特殊教育為例，視障學生往往需要特殊電腦與點字機等額外設備，其單位成本遠較一般學生為高。此在資源豐沛時尚無爭議，然而一旦不足，到底誰應優先犧牲，常成為主政者的難題（Jencks, 1988）。

　　因此，教育平等的訴求往往成為家長教育選擇的焦點。很少有人不同意平等的主張，但該如何達到則眾說紛紜。尤有甚之，教育學者對何謂教育平等並無共識，在爭辯時常常雞同鴨講，而形成情緒之爭。如前所述，教育具有混合財的特性，乃是個人與社會共同需求的一種財貨。由於其被認為具有「改變國民所得分配」與「促進社會階層流動」兩大優點，因此，教育財貨的分配是否遵循天賦人權中「平等」的宣言，便格外令人重視，也成為當今教育資源分配的重要課題。基於此，以下即以教育平等之訴求為主題，從實務面探究各國（以美國與英國為主）在相關議題上的政策與作為。即使確實的定義難以形成，但讀者仍可由論述中，瞭解當今教育界對達成教育平等訴求的努力。綜觀先進已開發國家之作法，其對教育平等之訴求多堅持以下三個公平性原則（許添明，2003；秦夢群，2012；Addonizio, 2003）：

1. 水平公平：係指「同等特性同等對待」（equal treatment of equals）的概念。其基本原則即在將每個學生視為相等單位，要求其所受待遇（最主要為資源分配）相同；不因其不同背景變項（如性別、種族、居住地區）而產生歧視。實踐於教育運作上，即要求個別學生獲得的教育對待與教育資源應該達到均等的程度。

2. 垂直公平：係指「不同特性不同對待」（unequal treatment of unequals）的概念。其基本原則即在重視個別學生之間的差異，要求應依照不同特性給予不同對待。實踐於教育運作上，即要求特定學生的合法差異應得到確認，並且依其差異給予額外資源分配與對待。例如：給予處於不利地位者更多資源進行補償教育，得以與一般學生公平競爭，即是垂直公平的表現。

3. 適足性（adequacy）：係指對於教育投入與教育成效之間對稱性的重視。其基本原則乃在實踐水平與垂直公平之餘，進一步檢驗投入教育資源後之成效，以瞭解投入與輸出之間的對稱性。以偏遠地區學生爲例，基於垂直公平之考量，其會得到較多補助而使平均單位成本高於一般學生。傳統上認爲此舉已達成教育公平，殊不知因其並未檢視產出績效，往往陷入「空有補助缺乏成果」之窘境。實務上，適足性指標乃在希望學生得到一定教育資源之後，也必須產生相稱之高教育成就。

以上三個公平性原則看似容易，實踐起來卻是困難重重。僅看字面之口號，民主社會之中鮮少有反對者，但如要眞正落實，則往往問題百出形成巨大爭議。環顧過往數十年改革歷史，教育學者無不殫精竭慮，希望能達成平等理想；但鎩羽而歸者卻不在少數。此顯示人類社會與教育制度極爲複雜，改革絕非一蹴而成。在過程中必須時時審度情勢及時變通，方能使結果臻於理想。以下即就在教育領域中，實踐三個公平原則的例證分別加以敘述。

(一) 水平公平之追求：以美國種族融合就讀政策爲例

平等的第一原則乃在避免基於學生之不同背景，而產生歧視的現象。在先進民主國家中，二戰後因性別所產生的受教地位不平等現象已有所改善，但在種族、居住地區等變項上，卻仍存有顯著的不平等。即以美國爲例，其最大問題乃在白人與少數族群學生之融合問題。爲達到學校中種族平衡的原則，其間聯邦政府乃至司法機構均強加介入，但遭到各州與地方學區的強

烈抵抗。雖然大家都同意不應基於學生不同之種族背景，而產生不平等的對待，但在實踐之手段上卻未達成共識。以下即以美國自1960年代以來推動種族融合就讀政策之經過為例，說明落實平等理念的複雜性與困難度。

南北戰爭（1860-1864）之後，美國表面上解放了黑奴，實際上卻未達到種族融合的理想。以戰敗的南方各州為主，遲至1954年，全國仍有17個州立法規定白人與黑人學校必須分立，另外4個州則由地方決定。換言之，白人與黑人學生必須至其種族相同的學校就讀，形成一國兩制的奇怪現象。除學校之外，部分州甚而規定黑人不得涉足白人專用的海灘、公園、與運動場地。

此種分離政策，使以黑人為主的少數民族深覺受到歧視，於是要求打破種族藩籬，在學校中維持一定的種族平衡。如此呼籲，除了希望打破隔離主義，另一原因乃在黑人學生的學習成就遠低於白人學生，部分學者因此主張實施黑白學生融合就讀政策，將有助於提升黑人學生之學習成就。無奈美國教育之權限多掌控於州政府與地方學區之中，當時以白人執政為主的地方政府自然不會輕易讓步。由於時勢所趨，推動改革之原動力遂落於司法單位與聯邦政府身上。

由歷史的觀點分析，反對種族隔離的學校政策由來已久，只是情勢所限，往往難成氣候。最著名的判例首推Plessy v. Ferguson（1896）一案，當時美國聯邦最高法院即認為教育係屬各州之權限，因此對其實施之學校隔離政策並未表示異議，然而卻強烈建議黑人與白人學生必須在同樣教育水準的環境下受教。此種「隔離但相同」的原則，使得二十世紀上半葉的相關抗爭均鎩羽而歸，直到Brown v. Board of Education of Topeka（1954）案的提出，才有重大的突破。

在Brown案中，雙方爭辯的焦點仍在隔離政策是否符合平等原則。贊成者認為既然黑人學生已享有同等資源，就沒有不平等之事實。反對者則力主在憲法的保障下，每個小孩應有同等權力去選擇所有公立學校就讀，且此原則不因其種族與膚色有所差異。美國聯邦最高法院受理此案時，社會風潮已漸改變，民權運動日興。經過討論後，最高法院做出劃時代之判決，認為學

校隔離乃是違憲之政策。在判決中大法官認為任何小孩若被否定受教之權，則其未來之成功機會令人質疑。此一受教機會，由州政府加以提供，乃是一種權利且必須以平等的形式為之。

基本上，1954年的Brown案成為黑人家長爭取教育選擇權之濫觴（秦夢群，2006）。最高法院法官當時雖判定學校隔離政策違憲，但並未下令進行實質行動。直到次年（1955），另一Brown案再度上訴（即Brown II），最高法院才諭令隔離政策必須廢止，但基於茲事體大，改革應本於「慎重的速度」（deliberate speed）進行。此種判決逐使南方各州政府心存觀望，並制定各種法律對抗法院命令，使得隔離政策的廢止困難重重。此外，為防止公立學校之「淪陷」，部分州如Alabama、Georgia、Mississippi則刻意將公立學校關閉但同時進行補助政策，以讓白人家長得以將子女送入不受法院判決拘束的私校。此種另類的白人家長教育選擇權行使，完全無視黑人學生的需求。在另一方面，境內之私校也以各種行政措施防止黑人學生「滲透」就學。此種演變逐使其後推動之教育券政策受到波及，黑人家長指控私立學校加入教育券之選擇範圍，使其權益更加受損。至此，白人與黑人家長各自宣告其有堅持之教育選擇權，衝突在所難免而一觸即發。

面對白人地方政府之抵抗，社會暴亂四起。黑人遍地抗爭，其中又以1957年在阿拉巴馬州小岩城（Little Rock）最為嚴重。迫於形勢，法院與聯邦政府開始採取積極措施以迫使主張隔離主義者就範。1964年，美國聯邦國會通過劃時代的「民權法案」（Civil Rights of Act），禁止在公共營造場所、學校、與職場中的歧視行為。其中第四章規定聯邦檢察總長可以主動為歧視之一方提起訴訟，以解決以往黑人無錢無勢而無法興訟的窘境。第六章則更進一步，禁止對任何實施種族隔離的地方學區給予聯邦經費的補助。此招最具殺傷力，此因各州與地方經費有限，推動重大教育改進計畫，往往必須仰賴聯邦之補助。聯邦政府雖無直接控制教育之權限，但以資源補助為誘餌，卻使得地方政府不得不低頭。

在此同時，以聯邦最高法院為主的司法單位也開始出擊，冀望能確實打破種族隔離的藩籬。在Griffen v. County Sch. Bd.（1964）一案中，最高

法院認為採行補助白人家庭進入私立學校，以暗中抵制種族平衡判決的作法乃是違憲。在Alexander v. Holmes County Sch. Bd.（1969）一案中，最高法院法官「強烈」命令所有地方學區立即終結黑白分立的雙重學校制度，進而採行種族融合的就讀政策。到了Swann v. Bd. of Edu.（1970）案時，九位法官一致同意必須採行更廣泛的措施以徹底廢除隔離政策。此案中，種族配額（racial quotas）的理念首次被提出，主張所有公立學校應有其合理的種族平衡原則。為達此目標，校車運送政策（busing）於焉產生，並在此後十數年之間引起巨大風暴。

此因美國在二戰之後，大都市如紐約、芝加哥等之市中心逐漸老舊殘破，社經地位較高之白人家庭多半遷居郊區，空出之房舍則漸由少數民族遷入，因其售價較為便宜。影響所及，即形成學區之間種族的自然失衡現象，再加上官方的種族隔離政策，情況已到必須下猛藥的嚴重地步。校車運送政策即是強迫當時黑白分立的學校，將其原屬學生分送到彼此之處就讀。由於部分學校距離學生之居所甚遠，因此必須使用校車加以運送。當時美國各州多提供義務教育至18歲，原則上乃希望小學至高中學生在指定學區就近入學。如今為達到種族平衡，學生被強迫運至他處就讀，家長反彈聲遂拔地而起。

歸根究柢，美國聯邦政府與司法體系採取如此激進作法，除了廢除種族隔離制度勢不可擋之外，也與當時教育情勢有密切關係。在通過民權法案後，聯邦教育部為瞭解實施後之成果，特地委請社會學教授James Coleman進行分析。研究規模相當龐大，參與學生高達57萬人。藉由普查與資料分析，變項如學生成就、學生背景因素、資源分配、教師素質皆被納入其中，以求得彼此之間的關係。結論報告於1966年出版，這即是著名的Coleman Report，對此後之教育社會學、教育經濟學研究產生極大影響與爭辯。根據分析結果，Coleman（1966）之主要發現如下：

1. 在當時，大多數的黑人與白人學生在種族隔離的學校中就讀，但就學校設施與教育資源分配而言，兩類學校並無顯著差異。

2. 學校的資源輸入（如設施、教育員工、建築等）相關因素，對於學生之成就影響極爲細微。

3. 黑人學生的學業成就與表現，顯著落後於白人學生，且有日益惡化之趨勢。

4. 家庭背景乃是決定學生成就的首要因素。來自富裕家庭的學生，其表現顯著較佳。

在當時，Coleman報告著實批駁了Plessy v. Ferguson案中所主張的「隔離卻相同」理念，並對紛擾社會投下巨石。過去認爲黑人只要在同等資源之學校就讀，就無歧視之事實。Coleman報告卻發現學校資源多寡根本無關緊要，重要的是家庭背景。在當時，白人家庭社經背景普遍較黑人高。種族隔離政策造成弱者恆弱的僵局，因此必須加以打破。

於是，在1970年代初期，美國各地方學區在法院命令與聯邦政府壓力下，開始徹底實施校車運送政策。其間引起抗爭無數，最著名的如1974年波士頓事件。當時承審法官嚴格下令執行運送政策，黑人學生坐在校車中，窗外卻有示威者之怒吼與投擲石塊，全市幾近陷入無政府狀態。

校車運送政策僅實施數年，後遺症即開始浮現。首先，由於運送費時，大多數黑人學生必須忍受長途跋涉之苦。再者，本來並不實施種族隔離的北方各州，如今卻需符合一定比例的種族平衡配額，進而被強迫至他處就讀，因此又引起中產階級白人的抗議。其認爲原本學校中就無隔離事實，如今卻要硬湊一定數量的少數民族學生，造成子女必須到市中心就讀的窘狀，實在令人難以理解。最後，面對此種被指控爲「執行過當」的校車運送政策，富有的白人家庭在無計可施下，多半選擇走爲上策，以避免遭受池魚之殃。

此種現象，Coleman, Kelly and Moore（1975）在其第二次報告中以實際數字加以驗證。其認爲由於白人之出走（White flight）之現象，使得種族隔離情況更加嚴重。Coleman之發現引起支持校車運送政策學者的激烈抨擊，詳情可參閱Ravitch（1993）的論文。然而，經過時間考驗，Coleman的

發現終於獲得證實。Armor（1995）的大規模調查指出自1968-1989年，白人學生在大型公立學校的就讀率由73%降至52%。換言之，社經地位較高的白人逐漸轉向私校。無法負擔高昂學費的家庭，只好無奈留在公立學校，校車運送政策至此可說是功敗垂成。

此外，以往認為維持種族平衡，就能促進少數民族學生成就的說法，也遭到極大的質疑。例如Rossell（1999）研究密蘇里州堪薩斯市1954-1996年的資料，發現花了18億美金做校車運送，市內學校依舊不能達到種族平衡。更糟的是，黑人學生學習成就依舊低迷。州政府花了大把銀子於運送學生上學，成績卻乏善可陳，主張不如拿此款項投資於其他教育活動，或許更為恰當。

由於反對聲浪高漲，聯邦政府與法院遂改弦更張，不再堅持校車運輸政策。國會於1974年通過「平等教育機會法案」（Equal Educational Opportunities Act）時，即聲明未達種族平衡之學區並非違法（非指種族隔離政策），並規定除非其他反隔離途徑被證明失效，否則校車運送政策不應貿然為之。至1980年代，Reagan總統主政，保守主義捲土重來，其時最高法院也因其提名數位新任者而有所改變。在Missouri v. Jenkins（1995）一案中，以Rehnquist為首的多數最高法院法官即不同意在以黑人為多數的學校中，其成就一定差的說法，相當反應了當時社會的思維。

進入1990年代，社區形成以居住區域為別的自然分立。至1995年，在以黑人居於多數的學區中，其子女所占比例仍高達67.1%。西班牙裔的更明顯，竟有74.1%之多。凡此種種，皆顯示種族分讀的情況依舊存在，特別是在強制實施校車運送政策之後。事實上，強制式的種族隔離已成昨日黃花，黑人為主的學校仍可見白人學生，但往往只是零星點綴，難以達成所謂的種族平衡。

綜觀歷史，自1954年Brown案之後，消除學校因種族因素所形成的分立，乃是美國政府力求教育平等的最大作為。其間高潮迭起，衝突不斷。基於利益與立場之南轅北轍，白人與黑人家長在教育選擇權的堅持各有不同，因而造成試圖達到教育平等過程中的爭議。見微知著，分析其發展歷程，筆

者有以下發現：

1. **教育平等的意義複雜且多樣**：從相關案例中，可以瞭解每個人都同意平等之訴求，但要如何做則無定論。此凸顯教育平等概念的複雜性。在Brown案之前，社會認同輸入相同資源即算平等。既然白人與黑人小孩皆具同等資源，就無須有所爭執。然而，主張廢除種族隔離制度者卻有異議，堅信結果才是最重要的。因此，種族平衡配額概念於焉產生，顛覆了傳統對於平等的想法，並挑戰教育應成為自由競爭市場的理念。凡此種種，皆顯示社會對於教育平等之概念有所歧異。政府在推動教育平等之時，應採取小幅度干預以維持自由市場機制，還是大力介入強迫制度進行變更？此中拿捏，主政者必須察納民情，才能扮演適當角色，尋得殺傷力最小的平衡點。

2. **激進策略破壞有餘，建設不足**：種族隔離政策落伍且不人道，廢除乃是世界潮流。Brown案之逆轉，可視為美國民主進步之明證。然而，為了徹底達到種族平衡，斷然實施校車運送策略卻相當不智，原因即在其強烈侵犯了家長教育選擇權。人類生來有其自私之一面，原本子女可在住家附近就學，如今被強迫轉移他處，簡直視家長之權利於無物。不少家庭就是因為圖個好學區，才願意在房價高昂地區忍痛購屋。如今碰到不盡人情的政策，痛心之餘，連原本贊成廢除學校隔離政策的家長也加入抗爭，無異製造出更多敵人。此外，校車運送成本高昂與學生學習成就依舊不振，皆成為推動政策者的夢魘。如此發展，顯示處理爭議性很大的個人利益問題，激進策略往往成效不彰。此雖帶有些許悲觀主義的色彩，但往往卻是殘酷的事實，主政者必須加以正視。

3. **學校之實質比表象更為重要**：綜觀相關案例，可以看出校車運送政策之不當，乃是推動結果失敗的重大關節。當時美國聯邦政府一意要求學校達到種族平衡，堅信如此即可提升黑人學生的成就，但結果證明並非如此。其原因就在太注重各種族學生的表象人數，而

輕忽學校實質運作的改進。家長認為白人區學校水準本來較高，黑人學生之加入就是拖垮表現，我的小孩又怎能到水準更差的黑人學校。子女的青春只有一次，因此許多富有白人家庭乾脆將子女轉到私校，使得公立學校之表現更是雪上加霜。本來不錯的學校降至普通，差的更未見起色，實在令人扼腕。教育之終極目標乃在提升而非打壓，採用降低全體表現水準的政策，實在是過於消極。將心比心，做為一位黑人家長，除關心子女就學不會有種族歧視外，更在意學校在提升學生成就時所做的努力。換言之，表象之維持並非不重要，但學校實質之進步卻能得到家長更多肯定。

(二) 垂直公平：學區教育經費重分配

第二個教育平等的主要訴求乃在重視個別學生之間的差異，並依照其不同特性給予不同對待。其中所指之對待在實務上多為教育資源的分配。此因在民主國家，表面上人人皆有向上機會，但實際上基於財富與社經地位之差異，弱勢族群在生涯發展上往往居於下風。在教育平等的追求過程中，貧窮或低社經地位的學生多成為改革之焦點。原因即在以教育選擇權而論，其家長經常居於劣勢。雖然國家並未刻意歧視，實務上低社經家長卻有其先天限制，其中包括：

1. 低社經家長無力在發展健全的社區購買高價房屋，因而只好將就於資源較為匱乏的學區。
2. 低社經家長無力負擔高額學費，讓子女進入辦學嚴謹的私校就讀，只能將就於表現平庸的公立學校。
3. 低社經家長缺乏適當能力與知識，以引導子女選擇適當學校，尤其是在提供多元選擇的環境中。
4. 低社經家長無法對學校運作做積極的參與，以致只能被動的接受安排。

　　以上四種限制，對於低社經地位家長的教育選擇權殺傷力頗大。四者並非完全獨立，往往環環相扣、彼此相關。二戰之後，新興社區不斷興起，並形成因房價高低而形成的社群隔離現象，此在人口稠密的大城市最為明顯。世界級大都市如紐約、東京、倫敦，皆有高級住宅區與貧民區之分立。低社經地位家長財力有限，多半只能「逐低房價而居」。由於資源的不當分配（例如貧民區設立之圖書館多半較少），貧窮學區之學校長期處於文化劣勢，學生成就往往低落。此外，在義務教育時期，除了學區之公立學校外，家長尚可將子女送入私立學校，但因其學費高昂，也非低社經地位之家庭可以負擔。影響所及，其只能別無選擇進入辦學未如人意的公立學校。

　　面對1980年代後所興起的多元教育選擇趨勢，低社經地位家庭依舊處於劣勢。新的改革措施如建立另類教育機構（如特許學校）、開放多元管道升學、教育券之實施等，皆需要適當的資訊與配套計畫。家長必須具備一定能力，才能在眾多選擇中，為子女覓得最佳教育機會。無奈的是，低社經地位家長多半教育水準不高，且忙於生計，鮮少有時間關心子女教育。影響所及，其教育選擇權自然受到限制。Gewirtz, Ball and Bowe（1995）以英國為樣本，探討1990年代實施教育改革後的情況。其發現受教最少的家長，除了低社經地位外，在選擇子女入學途徑上，也居於絕大劣勢。原因乃在其無法負擔品質高但較遠的學校，往往只能屈就於距家較近的學校。即使子女適合某類學校，但多因交通或住宿之額外花費而必須忍痛犧牲。多元化教育選擇的目標，乃在使家長能為其子女擴大選擇機會。但此項立意，顯然對於低社經地位之家庭難以產生實益。

　　再說參與學校事務之議題，其本是家長對於推動學校改革的最直接途徑。傳統上認為家長不應過分介入學校運作，只要配合學校運作即可。此種觀念在1980年代後已有所改變。繼之興起的另類學校如美國特許學校與英國「直接撥款學校」（直接由中央將經費撥給學校），皆要求家長充分參與，甚而親自加入經營學校的行列。在多元的前提下，家長不再被動，而必須積極參與而成為改革的催化劑。1980年代流行的經營理念如全面品質管理（total quality management）、學校本位經營（school based management），均強調家長扮演的積極角色。藉著參與的過程，家長在一定程度上可直接行使教育選擇權，而不再受制於學校官僚體系。可惜的是，此對低社經地位家庭卻是口惠而實不至。生活維持已很困難，哪有閒情參與校務！學校表現績效即使不如人意，也只能聽天由命看子女的個人造化了。

綜上所述，可知家庭的社經地位實對家長教育選擇權影響甚大。值得注意的是，雖無明文限制，但迫於情勢，低社經家長仍被迫放棄其權利。此也是新馬克斯主義與衝突學派的學者所一再指陳的，教育往往成為社會上流階級宰制窮人的工具。基於此，為消除教育資源分配因家長社經地位差異所造成的不公平，先進國家無不努力發展應對策略，以消除其弊病，最常使用的首推補助制度。其邏輯為既然貧窮學區無法在資源上與富有學區並肩，只好由上級政府給予額外資助。理論上，資源較少學區之學生成就不見得較低，但兩者卻有極大相關度，尤其是在文化不利與少數族群聚集之區。針對此種現象，美國最先即試圖透過各種補助機制加以改善，但最後成效卻未如人意。以下即就其歷程加以敘述。將再一次看到平等概念的複雜性與達成的困難程度。

依據法令，美國的教育行政實施地方分權制度。換言之，地方學區對於中小學教育掌有最大權限，但同時也負有籌措經費的責任。各州情況雖有程度上的差別，但多以地方財產稅做為教育經費的主要來源。顧名思義，財產稅牽涉當地居民所擁有的財產價值，其中又以房地產為大宗。社經地位高之地區，人民願意以高價購買房屋，其每年所付之財產稅較多，也豐沛了教育經費。反之，老舊與低社經區域因房價低廉而吸引低收入戶，但也因稅收短缺影響教育經費之籌集。學生單位成本偏低，進而形成弱勢家庭享有較少資源的窘狀。

為平衡學區之間在經費上的不平等，做為上級的聯邦與各州政府均擬定特定的補助政策。二戰之前，聯邦政府甚少涉足地方教育與加以補助。及至1960年代民權意識日興，國會於1965年通過「初等與中等教育法案」（Elementary and Secondary Education Act，簡稱ESEA），目的即在對貧窮宣戰。法案中規定對低收入戶學生進行補助，以平衡富有與貧窮學生之間的

差距。實施一年即花費20億美金，並使得聯邦政府開始插手地方中小學教育。

　　聯邦政府的補助多為專案性補助，從早期的視聽教具、隔空教育、科學教育、乃至後來的資訊教育。受補助之學區必須專款專用，不得挪用為他項費用。由於補助對象鎖定低收入家庭，因此除公立學校外，私立與教會學校學生也可得到補助，但必須直接用於學生身上，私校與教會學校不得以其做為行政用途或教師薪資。根據ESEA之規定，聯邦政府對低收入家庭學生一視同仁，但明令不得對非公立學校本身加以直接補助。

　　實施經年後，負責ESEA補助計畫的聯邦教育部（U.S. Department of Education）宣稱補助成果已有所顯現。其在1999年公布的調查中，發現最窮學區的四年級學生，於1992-1998年之間閱讀分數大有進步，一時之間頗令人振奮。但細加分析，卻發現低收入家庭學生測驗分數雖有增加，但仍不足與其他類別學生相抗衡。在同一時間，高收入家庭子女進步更大。影響所及，低收入家庭學生仍有70%低於門檻要求水準，境況令人擔心。

　　雖然成效未達顯著，但基於政治考量，聯邦政府仍繼續進行補助計畫，國會議員也不放棄為母州爭取更多資源。然而，在消除因財富不均所造成的不平等問題上，州政府的角色遠比聯邦重要。此因即使有所補助，聯邦政府經費也從未超過所需預算的10%。相較之下，州政府對於地方學區的補助更有劍及履及之效。由於各地方學區貧富不均，州必須對資源不足者加以補助。基於此，各州均依照特定公式以決定金額大小，但由於種種因素（如有的學區實在太窮，再補助也難與富有學區並肩），學區之間的差異仍大。Wise（1968）即指出即使經過補助，各學區經費數額仍有一定差異。Coons, Clune and Sugarman（1970）也發現個人財富乃是影響公立學校表現成就的重要指標。在貧窮學區（多為低收入家庭與少數民族聚集之地），即使設備與師資資源相同，學生之表現仍舊瞠乎其後。

　　為達到最低限度的平等，教育學者開始對於州政府施壓，希望能改變補助公式，給予貧窮學區更多資源。囿於官僚體系與政治現實，最初推動效果極為有限，最後促使法院介入，訓令州政府必須限期改革。然而，經費分配

本來就非易事，資源有限而各方爭之。多補助貧窮學區，就代表其他學區必須犧牲。口號叫得響，做起來卻大打折扣，由於本位主義作祟，多數議員抱著自掃門前雪的心態支持，貧窮學區改善有限。

行政措施無效，改革者只好訴諸司法以尋求救濟。在Serrano v. Priest（1971）一案中，加州最高法院判決州政府的補助公式明顯歧視窮人子弟，因此違反憲法第十四修正案的平等保護條款。此案之影響甚大，自此開啓社會對財富不均教育不平等現象之重視，也促使國會於1974年通過「平等教育機會法案」（Equal Education Opportunities Act）。Serrano案之後，已有數十個州經由司法判決被諭令修正其教育經費補助公式，其中不乏大州如加州（1976）、德州（1989）、與麻州（1993）。詳細情形可見Inman（1997）對於Serrano v. Priest一案影響的研究。

綜觀當今美國50州之法律，均制訂有不同的經費補助模式，其中如基礎補助制、比率均等補助制、學區權力均等制等。分析其補助內容與指標，大致可歸納爲兩大系統：(1)擴大支出型：作法爲不動其他學區，僅針對貧窮社區加以補助。由於花費日增，州之補助經費也水漲船高。原則上，州政府會先訂定最低支出標準，無力靠徵稅以達此數字的學區，即可接受等同差額的補助。至於可自籌高於此標準的學區則任其使用。基本上，此制並不能達成眞正的公平，只是把貧窮學區拉至最低水準，但由於牽動最少，反而成爲較受觀迎的模式。(2)劫富濟貧型：作法爲州政府依據所有學區之財產總額除以總學生數，以求得平均經費之數額。此制規定任何學區不得享有特權，不足之處由州補助，有盈餘者則必須繳出，希望達到學區權力均等的精神。此制雖可達到齊頭式平等，讓每個學生享有相同的教育經費，但實際執行卻頗爲困難。富有學區多採取變通措施如降低稅率以爲對抗，部分議員也認爲不符合自由市場精神。影響所及，眞正採用此型補助的州並不多，且多半必須在實施前設計各種配套措施。

如此大費周章進行經費補助模式之改變，其成效是否能消除資源不平等所產生之問題呢？相關分析可參酌Evans, Murray and Schwab（1997）的研究。其針對1972-1992年16,000個學區做調查，發現由於法院的強力介入，

貧窮學區的經費確實增加11%。然而這些經費多半是經由立法命令外加的，也就是屬於上述的擴大支出型。由於富有學區的經費並未被削減，因此不平等現象雖已有所調整，但在財政體質上並未有根本的改變（富有學區還是資源多多）。此種現象存在於市中心／郊區，或是城市／鄉村之不同學區中，而後者多存在於少數民族較少的州。Goetz and Debertin（1992）即針對肯塔基州做研究，發現即使在新的經費補助制度下，鄉村地區所享有的經費仍舊居於劣勢，其原因即在居民的財富水準較低。

(三) 適足性的要求：學生學習成就的檢驗

基於垂直平等的追求，美國各州紛紛立法額外補助弱勢學區與家庭。實施經年後，選民開始懷疑政策的成效。換言之，對於貧窮學區，是否給錢就能解決問題？答案幾乎是否定的。根據Guthrie（1997）的調查，自1950年代開始，美國中小學學生單位成本扣除通貨膨脹因素，竟然暴漲四倍之多。然而同一時期，低收入家庭子女的成就卻未呈現等值的成長。其中隱藏之訊息耐人尋味，也激起社會對於適足性的重視。適足性強調教育資源分配不僅應注重投入經費數量之公平，更需適度調整，以使不同特性與程度之學生，皆能達到與其接受經費之相稱表現。與水平公平與垂直公平相較，適足性更重視投入與產出之間的適切性。傳統上認為對於弱勢學生只要給錢即可，對於補助是否花在刀口上卻往往加以忽略，最後形成資源的浪費。基於此，相關研究即應運而生。

適足性的倡導者特別重視學生之學習成就。此因經過數十年的大量資源投入，其產出效益應有一定之水準。然而，從相關研究分析，似乎並不理想。Carter（1984）首先指出，接受補助的學生只比其同學在學習上稍快，但其成長並非是持續的。針對三十年花費780億美金的補助計畫做整體檢討，Borman and D'Agostino（1996）利用後設分析的方法，比較接受補助與未接受補助學生的學習成就。結果發現除少數特定計畫外，兩者之間的成就並未有顯著差異。聯邦政府花了大把鈔票，但實質上並未得到預計的成果，低收入家庭學生的學習成就依舊低迷。

　　由於經過多年針對水平與垂直公平的教育改革，並未促使公立學校之實質表現有所提升，美國各級政府於是改弦更張，發動公立學校體制外的改革。其希望提供誘因以提升學生學習成就。自1980年代開始成立之磁性學校、特許學校、另類學校（如側重數理、藝術課程之學校），目的即在實施績效導向，納入適足性的概念。相關努力仍在進行中，其成效值得追蹤觀察。詳細情況請參閱以下數章。

(四) 小結

　　由以上敘述中，可以清楚瞭解自1970年代，美國在尋求教育平等上所做的種種努力。首先，為積極落實水平公平與民權法案的精神，聯邦政府與各級法院聯手推動學校之種族融合就讀政策，甚而利用校車強迫將學生運送至指定學校就讀。此種作法無異是對家長教育選擇權的侵害，最後造成社經地位較高家長紛紛將子女轉入私校就讀的後果。表面上達到水平公平的要求，但相關論文結果卻顯示成效並不顯著。

　　之後，由於對於垂直公平的要求，各種對弱勢學區與家庭進行額外補助的政策傾巢而出，但最後並未產生突破性的改革。如果沒有法院的介入，各州推動的腳步可能更加緩慢。表面數字上，貧窮學區確實得到額外較多經費，但對消除不平等的問題，卻往往有力不從心之感。此因弱勢家長多居住於只有公立學校的貧窮學區，根本難以擁有多元選擇。加上公辦學校往往因為官僚體系的廢弛，而無法有效運用補助經費。凡此種種，皆造成弱勢學區學校依舊表現欠佳的窘境。

　　影響所及，美國政府在教育平等的追求上開始進行適足性的檢驗。換言之，當學區接受額外資源分配時，即負有接受評鑑之義務。即使是弱勢學區，除非能展現一定程度的進步，否則就無法受到持續之補助。1990年代，由於公辦學校即使在得到額外資源後依舊績效不彰，因此美國各州政府立法准許非傳統學校之設立。其中如最受人矚目之特許學校，也在適足性的要求下，必須在一定期間依照合約接受評鑑。其成效參差不齊，證明並非是解決教育平等問題的萬靈藥。

　　檢視歷年美國各級政府針對平等與社會正義之作為，其所以會力有未逮，行政執行上可歸為以下兩個原因：

1. **政治體制與運作的不配合**：政治學之相關研究多發現社經地位較高之人民，會握有較多的政治權力。其透過各種選舉，形成特定的利益團體。如果沒有法院之諭令改善，州議會多半處於被動地位。消除不平等，往往代表同時必須削減既得利益者的權力，當然不受其歡迎。民主政治中，有錢與有勢多半緊密結合，抗爭性之強度可想而知。有趣的是，法院命令必須修正的補助公式，乃是經過州議會所通過，如今被迫修訂而自打嘴巴，議會配合度當然較低。影響所及，劫富濟貧的方案幾乎無法過關，即使勉強通過，也往往面目全非。各派議員討價還價，通過之內容多與原始版本大異其趣。如此強烈的妥協色彩，自然造成改革的巨大阻力。不幸的是，教育改革往往無法避免政治遊戲的騷擾。

2. **官僚體系的作祟**：即使貧窮學區得到較多補助，也因為主政之官僚體系的低落行政績效，而使得補助的效果難以形成，此在大型市中心學校最為明顯。首先，官僚體系之疊床架屋，不但支出浮濫，也使得補助款真正能夠支援學生的數量大為縮減。再者，即使有餘錢，行政者卻多無遠見，只是一味添購無用設備而令其棄置報廢，卻在教學提升上一無所成。投入的補助宛如無底洞。部分學區（如新澤西州的Jersey City）因為太腐敗，竟被州政府收回權力自行加以管理。凡此種種，皆造成貧窮學區的學生成就依舊低落。

　　美國經驗再次證明處理教育平等議題的困難度。實務上，鮮少有人反對給予貧窮學區補助，但分配政策之擬訂卻絕非易事，往往引起各界激烈辯論。如果再牽涉到家長教育選擇權，則更增加制訂政策之複雜度。其中如非傳統學校之興起、私立學校地位之改變、與自由競爭市場之呼籲，彼此之間糾纏不清，也令擁有不同需求的家長無所適從。強調絕對權利的家長多傾向

非傳統教育、教育券、與私立學校之多元選擇；偏向社會正義的家長則質疑多元選擇是否眞能造福弱勢家庭。可以確定的是，此將成爲未來教育學者再三辯論的議題。

第四節　民主：教育商品化之爭議

　　市場機制在教育選擇權之爭議中，常成爲部分學者倡導之精神。其質疑政府藉由各種措施，試圖控制教育之運作。然而，在現實運作上，無論是奉行民主主義、集權主義、資本主義、或社會主義之政府，皆將教育視爲是政府功能之一部分。尤其在義務教育階段，各國政府鮮少會放棄對於教育的管制，而其實踐手段即以興建公辦學校爲主。究其原因，乃在政府（或執政黨）皆有其秉持之特定信念與意識型態，如欲將之確實傳承，學校教育之實施勢不可免。所以即使公立學校出現明顯缺失（如辦學績效低落），各國政府仍多以價值信念之傳承爲由，堅持興辦公立學校，此是一般企業經營者所無法理解認同的。

　　以下即先就教育之民主功能加以敘述，再就相關的商品化問題進行分析。讀者可發現即使民主價值爲大多數人所接受，但在教育上如何實踐卻差異甚大。

一、教育傳遞民主價值的功能

　　除了極少數個案外（如1999年回歸中國大陸前之澳門），各國政府不論其秉持資本主義（如英、美）、社會主義（如中國大陸）、宗教教義（如部分回教國家）、或是獨裁主義，無不堅持政府在公辦教育上之角色。推其原因，乃在希望藉由教育過程，傳遞多數人可以接受之價值觀。此種訴求看似簡單，實務上卻相當困難。因此即使公辦教育之績效每每令人詬病，但仍無法撼動政府辦學之意志。秉持教育自由市場理念的學者，往往質疑政府爲

何需要維持呆滯遲鈍的教育組織，但卻往往忽視政府全面退出教育經營之後果。

事實上，社會乃由各類群體所組成，彼此之間之價值觀常有天淵之別而爭議不斷。如果任由民間全權興辦教育，恐會造成極大後遺症。學者Pritchett（2003）即指出不同社會群體基於種族、宗教、政治等因素，無可避免會產生歧異之意識型態。部分社會人士質疑公辦學校績效不彰，因而大力倡議非政府教育形式（如私校、教育券等）之興辦。但其往往忽視政府興辦教育目的主要即在理念之傳承，教學績效乃是其次。

以宗教為例，基於教義之堅持，往往衝擊一般社區之價值觀。近年來，回教移民大舉進入歐洲，並出現多所「私立回教學校」（private Muslim school）。Sandström（2005）即發現瑞典近年所興起之私立回教學校所教授之回教價值觀，即與所在社區價值多所扞格。其所秉持之主張（如體罰學生、女性配戴頭巾等），皆與公辦學校有所不同。影響所及，英國、法國、瑞典政府即立法規定此類學校必須教授所謂的「國家課程」（national curriculum）並接受監督（Daun & Arjmand, 2005）。其目的即在維護宗教自由之前提下，希望下一代藉由教育明瞭所處社會的基本信念與價值觀，而不致成為宗教極端分子。試想如果任憑此類學校家長享有絕對的教育選擇權，在極端價值觀之驅使下（極端人士往往無法容忍異己），其子女極可能成為社會邊緣人，對於社會凝聚與民主發展必會有所損傷，甚而引發內戰。因此，部分學者（如Coulson, 2005）即主張，在凝聚力較低之社會，家長擁有之教育選擇權不宜過高。

此外，學者Wright（1996）則從公民教育出發，凸顯教育對於實踐公共利益的角色。此因現代社會組成分子極為複雜，常存在互為衝突的價值觀。如要彼此尊重和平相處，公民教育之實施勢不可免。經由適當教導與溝通，人民才能在道德與法律之下容忍異己，實踐民主精神以創造公共利益。否則，基於自私之天性，人民可能一意追求自我利益而罔顧他人權益，最後導致社會秩序蕩然無存。

民主社會講究多元溝通之價值觀（當然，民主之定義多由執政黨決

定），各國政府無不希望藉由公辦教育之實施，儘量使受教者養成異中求同的政治態度。在此訴求下，政府與家長在子女教育選擇權上之較勁，即必須依據各方利益尋求平衡點。美國號稱老牌民主國家，但仍不時因特定宗教主張而產生爭議。著名案例如在1972年，威斯康辛州（State of Wisconsin）與其境內的特殊教派團體Amish（國內多將之譯爲孟諾教派）之間，即產生學生入學爭議。Amish爲基督教之一支，堅信現代文明將使人類生活墮落。因此，Amish多以傳統農耕爲主，不使用機械與電器，過著工業革命前的純樸生活。其思想與主流社會有天淵之別。當時根據威斯康辛州之義務教育法規定，學童必須強迫入學至16歲。然而，Amish卻堅持子女在讀畢8年級之後（約14歲），即應回家接受教派所提供的職業教育，以應付未來之傳統農耕生活。雙方主張不同，威斯康辛政府即將家長起訴，認爲其違反義務教育法，堅持學生必須回到一般學校就讀。

　　然而，聯邦最高法院並不同意州政府之主張。多數大法官認爲州政府可強迫學生接受基本教育，但卻必須與家長之宗教理念取得平衡。經過審酌調查後，大法官認爲Amish所提供之職業教育並非不妥適，州政府宣稱之利益受損並不明顯。因此，州政府無權將家長起訴。然而，大法官也明文指出，此項判決乃基於對Amish宗教自由的尊重，僅適用於傳統孤立的社區，並非認定家長即可依其自我信念爲子女安排教育，而完全不顧州政府的規定（Wisconsin v. Yoder, 1972）。

　　綜上所述，政府擁有一定程度教育選擇權之原因，即在希望藉由公辦教育傳遞普世價值，以防止激進家長迫使子女接受特定的價值觀，進而「再製」其意識型態而無法與社會共容。平均而言，長久以來公辦教育績效多半未達家長期待，然而政府所以不鬆手，即在公辦教育所踐履民主理念之功能，遠比其培育學生技能重要。此牽涉到社會和諧與民主進展，也是國家必須肩負之責任。

📚 二、教育商品化之爭議

然而，強調公共利益的政府控制模式，近年來卻受到學者的質疑，認爲其對家長教育選擇權有所侵害（Belfield & Levin, 2002）。首先，政府控制模式往往成爲國家「宰制」人民的工具。此在目前猶存之獨裁或共產國家中顯而易見。在國家至上的前提下，爲追求所謂的公共利益，人民必須無條件接受各種教條，因而失去思想與言論自由。此種傷害絕非家長所樂見。

其次，政府控制模式很容易形成公辦教育之獨大。市場派學者如Friedman（1962）即指出教育之功效可及於整個社會，因此政府應資助學校運作，但卻反對政府扮演獨大的角色。其立論乃在公立學校長久的績效不彰。在義務教育階段，公辦學校擁有固定學生來源與政府經費，即使缺乏競爭能力，依舊能屹立不搖。因此，爲淘汰辦學不佳的公立學校與提升家長教育選擇權，市場派學者倡行教育應引進市場自由競爭機制。1970年代之後，先進國家所推出之改革如教育券、特許學校、在家教育、另類教育、自由學區等，目的即在實踐自由市場精神，以希望汰弱留強。這些作法無異是將教育商品化，引起正反雙方之激烈論戰。

反對教育商品化的學者McMurtry（1991）首先指出，分析教育與市場在目標、功能、與運作上的內容，發現兩者根本是背道而馳而互斥的。主要差別如下：(1)市場之目標乃在追求最大利潤，教育卻在推動知識啓發。(2)市場的推動活力乃在滿足個人慾望，教育卻在發展理解力，即使並非是人人所喜歡的。(3)市場經營方法乃在買與賣，教育之方法乃在主動滿足學習者的學習需求。(4)市場的判別標準乃在商品的良窳與顧客滿意度，教育乃在其吸引度與公正性。基於以上差異，McMurtry堅決反對教育之完全商品化，認爲如此會摧毀公立學校教育系統。

基本上，反對教育商品化的學者主張部分社會行爲乃具有其特定內在價值，若是執意將其商品化而由市場主控其價值高低，則會喪失其既有之本質價值。商品化代表可全面在市場中以金錢交易，此會使得本來基於道德與理想之行爲，產生價值淪喪的後果（相關個案請見表2.1）。社群主義學者

表 2.1　金錢獎勵學習計畫之爭議

《時代週刊》於 2010 年 4 月 8 日出刊之雜誌中，以一篇名為「應該賄賂孩子以求其表現良好嗎？」（Should kids be bribed to do well in school?）的文章作為封面故事。其中報導利用獎金制度，以激勵大都市中貧民區孩子學習的計畫。此種付錢以改善學生成績的想法，係由哈佛大學經濟學教授 Roland Fryer Jr. 所提出，其在基金會支持下，在美國四大城市進行實驗。總共花費 630 萬美元獎勵金，涉及 261 個學區之 18,000 名學生（主要來自低收入之少數族群家庭）。四個城市包括紐約、華盛頓特區、芝加哥、與達拉斯，Fryer 允許各個城市自主設計有效的獎勵（付錢）方式，以促進學生的學習成效。各城市計畫如下：

1. 紐約：參與計畫學校學生在標準測驗成績優良者，每次考試，四年級學生可得 25 美元，七年級可得 50 美元。平均每個七年級生平均可得總金額 231 美元，直接撥入其定存帳戶，至畢業時才能領取。
2. 芝加哥：參與計畫學校成績優良之九年級學生，依照 A、B、C 之等級分別獲得 50、35、20 美元，頂尖學生一年獎勵可接近 2,000 美元。其中一半撥入定存帳戶，畢業時才可領取。
3. 華盛頓特區：參與計畫學校之中學生在五個項目（包括出席率、良好行為、繳交作業）表現優良，每兩個星期可領 100 美元。其他一般學生則僅獲得約 40 美金。
4. 達拉斯：參與計畫學校之小學二年級學生，讀完一本書且通過相關之電腦小測驗，即能拿到 2 美元。

參與計畫的學生必須在學年結束時參加 MCAS 全國標準化測驗，以與參加計畫之控制組學生比較，檢驗其成績之進步程度。

結果顯示紐約與和芝加哥地區的學生皆因獎金之提供，明顯在出席率與上課態度上有所改善，但其學業成績（MCAS 測驗分數）卻完全沒有改變。華盛頓特區的學生在一般行為上有所改善，部分學生（如男生、行為有問題學生）的閱讀成績有所提升。達拉斯學生表現最好，約有 85% 學生明顯提升閱讀能力，改善程度等同五個月額外上課的功效。此外，達拉斯計畫平均在每個學生僅花費 14 美元，成本與效益之間相當理想。

基本上，Fryer 進行了一個教育商品化的實驗，成為當代較為激進的教育計畫。此種以現金作為「獎勵」學生學習的政策，往往觸碰到道德的爭議。教育之目標乃在引導學生實踐份內之事，如以金錢誘導，很可能成為一種賄賂，成為扼殺學生自省與自動精神的劊子手。然而，在另一方面，其是否真的一無是處，值得教育商品化之正反雙方細細思量。

付錢給孩子以試圖改善其學習成績是否有效？是否會產生價值淪喪的後果？身為教育工作者，您的看法為何呢？

Sandel（2012）以腎臟買賣為例，認為其可能會造成不公平與腐化之後果。本來腎臟為人體器官之一部分，以往多由捐贈者提供，但在某些開發中國家（如印度），卻基於金錢需求而有所交易。由於出賣者多為無立錐之地的貧戶，其出賣並非出於自願（迫於生活所需），因而產生不公平之爭論。此外，此種買賣臟器之行為，基本上嚴重物化與貶低人類的價值。將腎臟當成一般備用零件進行交易，會出現腐化的疑慮。因此，將特定涉及基本權利之財貨進行買賣，即使是在公平議價的前提下，其既有價值仍會遭到貶抑，而排擠掉原本之倫理考量。

進一步分析反對教育商品化學者（如Molnar, 1996; Paris, 1995; Strain, 1995; Wright, 1996）的主張，其多憂慮過度擴張家長教育選擇權的結果，必將導致教育之市場化，進而嚴重扭曲教育之本質。歸納相關學者之看法可有以下三點：

(一) 商品化摧毀教育的既有價值

主張教育乃是神聖不可侵的，教師之付出除物質報酬外，尚有一份精神上的堅持。如今將教育變成買賣行為，其原有本質即蕩然無存。以往師生關係不講利害，商品化後學生則被界定為顧客。學校扮演賣方，必須傾全力討好買方，雙方之人際關係純粹只有交易。教師領多少薪水，就做多少事，其行為世俗如一般商賈，會失去「有教無類」的決心。本質上，教育事業多帶有理想色彩，若成為純粹之買賣形式，某些堅持就不存在了。

學者Titmuss（1971）即以大眾捐血行為為例，指出市場化會嚴重傷害人們捐血的熱誠。其比較英國與美國的制度，發現前者之血液來源均來自無酬之捐贈者，而後者部分卻購自營利之血液銀行，來源多為貧窮與弱勢之族群。Titmuss因而主張此即形成一種剝削行為，產生新的被壓迫階級。此外，一旦血液成為可以定期買賣的商品，捐血救人的神聖情操即大打折扣，不急用錢的人又何必捐血。因此血液市場之形成，必定削弱具有利他主義之捐血行為價值，因而只能在特殊情況下，允許小規模的買賣以救急。代理孕母的情況也是如此。如果大量開放，則嬰兒就如商品般可以買賣，嚴重顛覆

原本父母子女之間的關係，破壞了親情的神聖性。此皆爲商品化後所造成的負面效應。

(二) 商品化造成惡性競爭

如果教育商品化，則必須彼此競爭，以迎合顧客的口味。屆時學校的理想色彩將蕩然無存，一切向錢看。本來學校乃傳道授業之處，如今則必須花費大量精力與金錢自我推銷，否則即可能面臨淘汰。商業市場的運作，廣告乃是必要之舉。各商品鼓起如簧之舌，極盡全力吹噓自我，其眞實性常爲大衆所懷疑。如今學校也加入戰團，必將影響其理想與運作。一來學校較難以實際成品呈現（如教育理念即不易具體化），容易流爲表面吹噓，學生（顧客）不見得能窺其眞貌。二來學校應有其辦學理念，而其不見得見容於社會大衆。例如主張均衡發展，可能即不討好升學掛帥的家長，但卻有其一定之教育理想性。如今一切商品化，學校必將走向極端世俗，一切以消費者喜好馬首是瞻。影響所及，必將造成惡性競爭難以顧及公共利益，學校教育也失去引領社會趨勢的理想性。

(三) 商品化加深教育之不平等現象

如果教育商品化，則其等級必將公開被評比呈現。高社經家長追逐提供「最佳品質」的學校，就像在市場中挑選水果一樣。資源豐富的學校（多位於大城市高級住宅區）成爲特殊階級子女的禁臠，明顯造成不公平現象。商品市場中講究一分錢一分貨，高檔名牌服飾動輒數萬元，地攤貨則可能低至不符成本，但品質低劣。購買者依其能力選擇所需，身著華服除引人側目外，對於生命成長並無一定助益。教育則不同，孩子青春只有一回，所受教育之良窳，實對其未來成就影響甚巨，不可等閒視之。教育商品化，全依辦學之「品質」（由顧客自由心證）來選擇學校，無異對原本即處於不利地位之學校落井下石，更進一步傷害基於不利因素（如路途遙遠）而必須困在「品質較差」學校的學生。本來其就居於劣勢，透過商品化，此種不公平現象將更是雪上加霜。

　　面對反對者的指控，贊成教育必須適度商品化的學者則提出辯駁。例如Brighouse（2000）即認為商品化不見得會使得教育的理想降低，反而可能會有所助益。其以藝術品市場為例，指出大多數藝術家創作的動力乃在美的追求，其間雖必須出售作品換取報酬以維持生活，但基本上不失其理想本質。投資者則不同，其購買藝術品的主要目標即在求其升值，以賺取中間差價。比較之下，藝術家與投資者的動機乃是南轅北轍，根本無法相容，但在實務上，彼此之運作並未發生巨大衝突。此因藝術品與一般商品不同，有其美學之意義。投資者在買賣交易時，必須充分瞭解作品的美學價值，如此才能在長時間投資中獲利。譁眾取寵的作品也許風靡一時，但卻經不起時代的考驗，要獲得專業的美學評價，必須借助藝術家之意見。因此，Cowen（1998）即主張藝術品之商品化並未減低其美學價值，反而是市場促動了藝術品的流通，使世人更有機會與其接觸。就此而論，藝術家與投資者的關係應是相輔相成，兩者之間即使訴求不同，但卻可相互合作。

　　在商品化可能造成惡性競爭欺瞞大眾的疑慮方面，Brighouse（2000）則辯稱經濟學上所謂之「完全市場」（perfect market），在教育運作中鮮少出現。此因各國政府透過各種法令與政策，或多或少對於教育之實施進行介入，其中明顯的如評鑑制度之執行。基於此，Brighouse主張只要透過適當的評鑑機制加以管制，即使採取營利導向（如私校之營運），也對實現教育理想並無大礙。此種評鑑機制如政府定期評鑑各級學校，並將結果公諸於世，讓家長對於重要資訊如學生成就、財務收支等容易取得而有所瞭解。如此作法乃是提升家長教育選擇權的一大助益。只要公正評鑑並揭露訊息，所擔心之不實廣告欺瞞大眾的憂慮即可加以消除。學校種類甚多，即使係以營利為最高目標，只要學校之運作資訊公諸於世，家長心中自有一把尺，自會盡力為子女覓得最佳去處。就此而言，市場化所造成之惡性競爭應不會出現。

　　歸結贊成教育商品化學者的看法，其論述可總結如下三點：(1)即使在現行制度中，由於參與者之需求各異，教育之部分商品化已是事實而難以避免。(2)教育商品化如能運作得當，反而能活絡教育在實務上之運作價值。

(3)只要透過適當的機制進行管制，商品化不見得會侵蝕教育之理想性本質。其結果端賴相關配套措施之安排。

 三、小結

　　分析以上教育商品化正反雙方的意見，實務上皆各有部分道理。正反雙方代表市場機制與政府控制兩大主張。其為目前教育行政運作的兩大策略，各國多在其間遊走，鮮少採取任何一方之極端模式。實務上，市場機制與政府控制之間絕非只是「零和遊戲」（zero-sum game），兩者之間絕非完全互斥。即使是贊成市場化與商品化的學者，也多半同意政府在民主制度下，對於教育之實施訂定相關法令。歸結相關理論與實務運作，對於教育商品化，筆者之看法如下：

1. **教育商品化需有配套措施**：反對教育商品化的主要理由，乃在強調教育必須以推動民主與公共利益為主要目標，因此不宜過度市場化與商品化。尤其在義務教育階段，站在國家立場，除了希望學生養成基本能力（如語文、數理）外，更重視人民之民主素養與道德的養成。然而，此種訴求卻不應過度強勢，以致造成缺乏競爭績效不彰的後果。公共利益固然重要，但也不能忽視家長之私人利益，而任由不思進步的學校予取予求。因此，教育全面商品化雖不可行而必須有所限制，但其限制程度大小，則端賴政府之配套措施（如評鑑制度）的內容與實施成效。

2. **商品化在多元社會中必須具有正面意義**：無可諱言，在目前各國教育制度中，教育已部分具有商品化色彩，其中又以高等教育最為明顯。商品化可能使教育部分精神價值喪失，但在另一方面，教育也必須多少具有商品的特性，方能真正達成既定之目標。此因在當今多元社會中，由於經濟能力的提升，家長已經無法滿足於單一或僅能提供「基本水平」的教育。除了傳統制式之課程教學外，家長

希望更多的創新。影響所及，部分學校（尤其是私校）在市場機制之驅使下銳意改革，除在教學內容力圖突破外，也積極延聘優秀教師以吸引學生。此種過程具有正面意義，也相當程度反映了市場之「價值帶動品質」特性。部分家長願意花費更多金錢，將子女送入其認為品質較佳的學校，無意之間已把教育當成商品。這種趨勢在未來教育種類多元化的情況下，將更為普遍。一味高舉反商品化之大纛，卻任憑學校有恃無恐的因循苟且，必將遭致宣稱擁有教育選擇權家長之強烈抨擊。

第五節 結語

　　在以上四節中，分別針對自主、績效、平等、與民主之基本價值觀，進行其與家長教育選擇權之間的辯論焦點與正反雙方的論點。相關摘要詳見表2.2。二戰之後，先進開發國家無不卯足全力，希望能在教育選擇權的議題上有所突破。時至今日，雖然各項改革措施如雨後春筍般興起，但由於整體之績效尚未彰顯，因此部分學者瀰漫一股悲觀氣氛。其認為教育選擇權根本無具體實現的希望，代表學者如Wilson（1991）的看法。其指出一個人若無基本能力去完成特定工作，即使提供再好的機會也是徒然。就如一位色盲患者，即使透過親戚找到一個高薪評論書畫藝術的工作，實務上卻難以勝任。機會雖已出現，但如果缺乏能力把握，實與沒有一樣。Wilson的論著主要在批評「教育平等」乃是一個前後矛盾的觀念，實務上弱勢團體根本看得到卻吃不到。此種看法對於反對擴大教育選擇權的學者影響甚巨。此因教育平等乃是倡導選擇權的重要訴求，如果目標難以達成，又何必白花精力去擴大教育選擇權！

表 2.2　教育選擇權在不同價值觀之爭辯摘要表

價值觀	辯論焦點	正方意見	反方意見
自主	人民有受教育之義務，國家具有管制教育的正當性。	基於教育之公共財性質與市場失靈之疑慮，政府有其限縮家長教育選擇權的正當理由。資訊不對稱常使弱勢家庭權益受損，因此政府在義務教育必須扮演引導介入的角色。	政府管制可能無限上綱，容易形成單一與壟斷的制度。民主社會家長之偏好各有不同，政府應限縮管制規模，允許多元教育形式，以供家長選擇。
績效	為追求表現績效，教育應成為自由市場。	公辦教育績效不彰。教育如形成自由市場，可以增進學校績效，擴大家長之選擇權。自由競爭機制能夠產生優勝劣敗的效應，迫使學校改革創新。	自由市場只是創造公平假象，實際卻擴大社會階級的鴻溝。弱勢學生由於種種不利因素，往往在自由選擇的大帽子下被犧牲。此外，並無證據確立自由市場必會增進教育績效。
平等	為達成教育平等的目標，家長教育選擇權可被限縮。	為促進社會正義，政府可以視情況限縮家長教育選擇權。只有能夠增進公共福祉而非獲得單獨個人利益的前提下，家長教育選擇權才可以被擴大。	一旦個人權益得到伸張，長遠來看，即能增進公共福祉。教育選擇權之核心乃在使家長能夠得其所好，自由為子女選定最適合教育，因此不應被隨便限縮。
民主	為促進社會民主與凝聚力，教育不應商品化。	教育之目標並不止於專業能力之養成，還必須培養學生身為公民之民主素養與價值觀，以共同形成社會凝聚力。教育如果商品化，將造成惡性競爭，加深教育不平等現象。	目前各國教育已部分具有商品化色彩，其具有「價值帶動品質」之特性。只要搭配適當配套機制，商品化可以活絡教育之價值，並提供家長多元選擇。

　　為何其認為無實現希望呢？此即牽涉到教育選擇權存在的本質與精神。簡而言之，給予家長更多的教育選擇權利，目的乃在激發其內在教養子女的動機，進而利用管道為子女選擇最佳教育環境。理論上，服務的對象應包括所有家長，但實際上卻非如此。學者（如Fuller & Elmore, 1996; Lutz, 1996; Moe, 1995）皆曾指出高社經學生會群集資源豐沛之學校（特別是私

校），卻讓低社經者「困在」辦學不佳之公立學校，宛如形成另一種的社會隔離。換言之，其認為擴大教育選擇權根本無法增進教育的公平正義。

基於此，以上學者認為教育選擇權根本無法使弱勢家庭受益，卻可能使其更加受害。表面上給予機會可以自由選擇學校，但基於種種限制，弱勢學生根本沒有能力去行使此項權利，名實難以相符。實務上，家長教育選擇權之彰顯乃在希望對於不同特性者，給予不同對待。因此，針對條件不利者之激勵，使其教育成就能夠達到參與社會競爭的基本水平，乃成為重要的目標。然而，以教育券制度為例，其實施後卻造成高社經家庭湧向私校之後果。此因以往因學費高昂，其是否就讀私校尚須細細思量。如今提供教育券之補助，負擔較低之下，首要選擇當然是辦學良好之私校。影響所及，公立學校只剩弱勢家庭（收入低、少數族群、居於文化不利地區）之學生，其崩盤之日就在眼前。支持擴大教育選擇權的學者多希望以市場機制來刺激學校競爭，但反對者卻認為其只會圖利高社經家庭。弱勢學生只能撿拾殘羹剩飯，未蒙其利反受其害，因此深切懷疑完全開放教育選擇權的功能。

平心而論，在環境限制下，希望所有家庭皆能享受教育選擇權之利益，確實有所困難。弱勢家庭、少數民族、獨大的公立學校系統三者糾結在一起，所產生的問題絕非實施教育券，或是建立特許學校所能解決。高社經家長不論政府設計何種制度，多會憑藉其優勢資源而加以調整。即使保持現況，允許公辦學校獨大，其依舊可將子女送入學費高昂的私校。反之，低社經家長忙於生計，縱然開闢多元教育系統，其是否有能力為子女做最佳決定，往往令人質疑。居住地往往限縮貧窮家庭的選擇，而必須遷就於離家最近的公立學校。宣稱人人都有機會是一回事，實務上是否能達成又是另一回事。我們不能因為可能會產生弊病，就全面否定教育選擇權的功能，但在實施時，卻必須搭以完整的配套措施，才能避免美意成空。配套措施可能違背自由市場機制的訴求（如只允許一定收入之下的貧窮家庭參與教育券計畫），而令力挺擴大教育選擇權的人士氣結，但也是無可奈何。在接下幾章討論1960年代後之教育選擇權相關改革措施中，將可清楚看到此種妥協色彩的存在。

第三章

磁性學校

面對社會之多元化與家長教育選擇權之激烈爭取，傳統公辦學校基於種種限制，在績效上頗有潰不成軍之勢。面對各種新興教育型態之出現，公立學校並非皆是坐以待斃，部分仍有改革之佳作出現，其中磁性學校足堪爲代表。

簡而言之，磁性學校乃是公辦教育之特色學校（也可稱爲公辦另類學校），改革內容與步調完全由當地教育行政主管機關主掌。其促使公立學校成爲設立特色學校之濫觴，各國近年來皆依需求有所建置，只是有不同名稱而已。以下即就磁性學校之源起、目標、發展、與績效等層面加以分析敘述。

第一節 磁性學校的源起與發展

磁性學校（magnet school）又被翻譯爲磁鐵學校、磁力學校，主要發展於美國，也成爲世界各國設立公辦特色學校的先河（張明輝，1998）。基本上，其是一種政府在既有公立學校體制中，刻意創設具有特色之另類學校。顧名思義，物體具有磁性，即表示擁有吸引他物之能量。磁性學校之創建主因，即在吸引特殊團體的學生。前已述及，美國於1970年代強力廢除種族分離制度，甚而不惜利用校車將各族群學生強迫送至指定學校就讀。影響所及，不願就範之白人學生大量外逃至其他城市，或是乾脆就讀私立學校。此種「白人出走」（White flight）現象，迫使當時之美國政府改弦更張，進而採用更具人性化的策略吸引各族群學生就讀，以達成「反種族隔離」（desegregation）與學生組成多元性的既定政策。磁性學校即在此種背景下應運而生。

一、磁性學校的設立目的與特色

美國聯邦政府於1976年通過「磁性學校援助方案」（Magnet School Assistance Program，簡稱MSAP），作爲聯邦政府補助各學區成立磁性學校的法源。推動磁性學校援助方案的主要目的，在1994年所通過之《改善美國學校法》（Improving Americas' Schools Act）中有所詳述。其中包括以下四點：

1. 保持一定少數族群學生之數量，以減少、降低、或防止其在中小學中被孤立之程度。
2. 在磁性學校中發展特色課程與教學，以加強學生之學科知識，與幫助學生獲得有用及具有市場競爭性的職業技能。
3. 發展與設計創新的教育方法。
4. 磁性學校之建立可以幫助地方學區達成系統性的改革，並提供學生達成州所設定之學術成就績效標準。

基於以上之設立目的，較之於傳統公立學校，磁性學校即具有以下特點：(1)設有特色課程（如藝術、數理）或是特殊教學方法（如蒙特梭利教學法），以吸引不同族群學生就讀。(2)入學方式能夠促進志願性的種族混合政策。(3)由個別家庭自由選擇是否加入就讀。與(4)允許學區以外之學生就讀。

根據以上特點，可知促進種族融合與提供特色教育，乃是磁性學校的兩大主要訴求。實務上，磁性學校並非一定侷限於學校之形式，具有特色之教育方案如高危險群學生方案、資優學生方案等，皆可被視爲是MSAP的補助對象。因此，磁性學校的形式大致可分爲「全校性方案」（whole school magnets）或是「學校中方案」（program within school）兩大類。目的乃在以不同辦學特色吸引各類族群學生，並以多元形式提供學生多元選擇。全校性方案之磁性學校並無入學學區之限制，鄰近學區經申請入學核准後，皆可轉入磁性學校就讀。實施學校中方案之學校，則規定學區以外的學生必須提出申請，學校有名額時才能得到入學許可。此外，參與全校性方案之磁性學校學生，必須完全參與學校所實施之特色課程。與之相較，採行學校內方案

的磁性學校,僅有部分學生視其需求彈性參與。實務上,全校性方案多實施於小學,學校中方案則較盛行於中學。其原因乃在小學課程較為基本,適合整體之規劃。及至中學,課程趨向複雜,因此挑選其中學習領域建立特色方案(如科學、藝術),較能符合不同性向之學生學習需求。

近年來,磁性學校的入學政策已有部分改變。傳統磁性學校多以特色課程吸引不同族群與性向之學生就讀,學生主要來自學校鄰近地區,多半採取申請與超額抽籤方式之制度。然而,由於部分磁性學校辦學極為績優,吸引學生之申請數量逐年遞增,造成其開始採用他種方式篩選學生。其中如加入學生學術表現、師長推薦、與入學測驗成績之考量。少數學區則完全以學生學術表現為考量,而放棄抽籤入學政策。以教育資賦優異學生之磁性學校為例,其中如位於維吉尼亞州(Virginia)之「湯馬斯傑佛遜科學與科技高中」(Thomas Jefferson High School for Science and Technology),近年來已順應趨勢訂定各項學術指標,以作為篩選學生之依據。

基於各學區之不同需求,磁性學校之辦學特色極為多樣。有別於傳統公立學校,磁性學校提供多元自由的教育課程與教法。採取抽籤或甄試方式篩選申請入學之學生。學校經費雖然來自學區,但辦學主導權限卻較高。學校有以特殊學生(如學習不適應者)為辦學主體的,也有以特殊專長(如科學、體育、表演藝術)為特色的。由於希望能夠海納百川,吸引不同族群學生就讀,因此磁性學校多無學區的限制。學生可以依照需求申請入學,如果僧多粥少,則必須公開以電腦抽籤決定人選(張明輝,1998;Blank & Archbaid, 1992)。

在磁性學校援助方案通過之後,磁性學校在各州開始蓬勃發展。基本上,大都會地區乃是磁性學校成立的大本營。此因第二次世界大戰之後,白人多搬遷至新興之郊外社區,原本之市中心逐漸殘破,而成為少數民族(尤其是黑人)聚集之地。磁性學校之成立目的主要在藉由特色之建立,進而吸引各族群學生就讀。因此,在種族分配極不平衡之大都會地區,自然對磁性學校的成立較為青睞。例如:在位列美國40個最大學區中的洛杉磯學區(Los Angeles Unified)之磁性學校學生比例,即占全體學生的三成以上

（詳見表3.1）。

表 3.1　美國 40 個最大學區在 2008-2009 學年度之磁性學校與特許學校之數量表

	學區名稱	所在州	磁性學校數量	磁性學校比例	磁性學校學生比例	特許學校數量	特許學校比例	特許學校學生比例
1	New York City Public Schools	紐約	141	9.4	14.1	0	0.0	0.0
2	Los Angeles Unified	加州	141	16.4	34.8	150	17.4	8.5
3	Puerto Rico Department of Education	波多黎各	○	○	○	○	○	○
4	City County School District 299	伊利諾	288	45.7	46.7	30	4.8	6.9
5	Dade	佛羅里達	83	16.7	30.1	77	15.5	6.9
6	Clark County School District	內華達	0	0.0	0.0	13	3.7	1.3
7	Broward	佛羅里達	46	15.2	20.5	55	18.2	7.3
8	Houston Independent School District	德克薩斯	○	○	○	33	11.1	6.4
9	Hillsborough	佛羅里達	29	10.2	13.1	26	9.1	2.5
10	Hawaii Department of Education	夏威夷	○	○	○	31	10.7	4.1
11	Orange	佛羅里達	0	0.0	0.0	20	8.5	1.7
12	Palm Beach	佛羅里達	28	11.3	20.1	34	13.8	4.3
13	Fairfax County Public Schools	維吉尼亞	68	35.2	33.8	0	0.0	0.0
14	Philadelphia City Schools District	賓州	26	9.5	8.2	0	0.0	0.0
15	Dallas Independent School District	德克薩斯	○	○	○	1	0.4	0.4
16	Gwinnett County	喬治亞	x	x	x	2	1.7	0.4
17	Montgomery County Public Schools	馬里蘭	18	8.8	10.8	0	0.0	0.0
18	Wake County Schools	北卡羅萊納	35	22.4	21.6	0	0.0	0.0
19	Charlotte Mecklenburg Schools	北卡羅萊納	53	31.9	32.3	0	0.0	0.0

（續上表）

20	San Diego Unified	加州	31	14.2	15.4	37	17.0	10.8
21	Prince George's County Public Schools	馬里蘭	25	11.6	18.5	4	1.9	0.9
22	Duval	佛羅里達	55	31.4	36.5	5	2.9	1.0
23	Memphis City School District	田納西	1	0.5	0.6	9	4.5	2.2
24	Cobb County	喬治亞	◎	◎	◎	6	5.1	5.3
25	Pinellas	佛羅里達	26	15.0	25.1	9	5.2	1.9
26	Baltimore County Public Schools	馬里蘭	29	16.9	26.0	1	0.6	0.5
27	Cypress Fairbanks Indep. School District	德克薩斯	○	○	○	0	0.0	0.0
28	Dekalb County	喬治亞	◎	◎	◎	10	6.8	5.4
29	Jefferson County	肯塔基	30	17.2	28.0	○	○	○
30	Detroit City School District	密西根	1	0.5	0.4	0	0.0	0.0
31	Albuquerque Public Schools	新墨西哥	1	0.6	0.0	36	20.7	7.3
32	Polk	佛羅里達	8	5.1	4.8	24	15.4	11.0
33	Northside Independent School District	德克薩斯	○	○	○	0	0.0	0.0
34	Fulton County	喬治亞	◎	◎	◎	11	11.2	7.3
35	Long Beach Unified	加州	27	29.3	45.4	5	5.4	1.6
36	Jefferson county School District No R 1	科羅拉多	0	0.0	0.0	15	9.3	6.1
37	Milwaukee School District	威斯康辛	0	0.0	0.0	44	20.5	14.3
38	Austin Independent School District	德克薩斯	○	○	○	0	0.0	0.0
39	Baltimore City Public Schools	馬里蘭	0	0.0	0.0	25	12.9	9.0
40	Jordan District	猶他	1	1.0	0.9	0	0.0	0.0

x 資料無法適用

○ 該州並沒有明確立法授權建立磁性學校或特許學校。

◎ 沒有滿足報告標準，數據資料缺少 20％ 學校（含以上）。

資料來源：U.S. Department of Education, National Center for Education Statistics, Common Core of Data (CCD), Local Education Agency Universe Survey, 2008-2009.

　　磁性學校之發展雖以各州政府與地方學區為主，聯邦政府之角色也不可忽視。此因反種族隔離乃是1970年代美國所推動的重大政策。隨著各相關法案的通過（如MSAP），聯邦政府可以依法撥款補助設立磁性學校的地方學區。1984年聯邦政府補助約7,500萬美金，至2007年，則增至1億美金。至今幾乎所有主要都會地區皆設有磁性學校，其重要性與公辦民營之特許學校不相上下。

　　在學生之組成部分，Levine（1997）發現超過一半以上之磁性學校位於低社經地位之學區。此外，根據Christenson et al.（2003）之調查，磁性學校學生有73%為少數族群學生，60%接受午餐補助；顯示其在社經地位上較低，且偏向特定族群之學生。就此而論，磁性學校當時希望達成種族融合之辦學目標，似乎並未確實達成，但其以創立特色課程與教育為手段，卻為本來陷於傳統公立學校之弱勢學生，提供另一種教育之機會。

　　美國新聞與世界周刊（U.S. News & World Report）分析美國50個州及哥倫比亞特區的公立高中，發表19,400所高中的辦學績效資料，最後產生2014年美國最佳公立高中名單，以幫助家長進行選校之依據。

　　資料分析分為三大部分。前兩者分別為學生在各州標準化成就測驗（state exams）之表現、學校對於少數族群裔進行教育後所產生之績效。第三部分則為學生參加大學先修課程（Advanced Placement，簡稱AP課程）與國際中學畢業考試（International Baccalaureate tests）的比例及表現。三部分加起來即是學校在促進學生學習上的整體績效。

　　在全國評估中，計有500所高中獲得金牌，特許與磁性學校在其中共占155所（31%），有相當之比例。其中部分磁性學校通過各種學術指標選取具有天賦之學生，成果令人刮目相看。其中如位於德州達拉斯的資優學校（School for the Talented and Gifted in Dallas）連續三年獲得冠軍，即是當地著名之磁性學校。依據學校規定，學生必須至少修讀11門大學先修課程，並與當地大學進行合作研究。學生組成則符合磁性學校之特性，少數族群學生如非裔、西裔、與亞裔學生之比例高達60%。

二、磁性學校的教學理念

磁性學校設立之初衷乃在促成反種族隔離的政策，但因其積極建構特色教育，對於激勵教師教學有所助益，並進一步提升整體學生學習績效。與一般傳統學校相較，磁性學校的辦學理念有其特色，可歸納爲以下四點：

1. 磁性學校成員對於教學方案之擬定具有極大之自主性，不需要事先得到學區之批准。基於特殊需求，磁性學校必須擬定具有特色之課程與教學策略，並設計相關之內容、方法、活動，以達到系統整合之目標。此需要學校行政者與教師的全力投入方能完成。基本上，磁性學校在行政運作上具有「學校本位管理」（school-based management，簡稱SBM）之精神。由於當時設校目標即在符合特殊學生之需求，因此當地之主管教育行政機關多會賦予學校較多之辦學權限，以營造具有彈性之辦學特色。此在人事、課程、經費方面多有所展現，目的乃在創建更佳的辦學績效。由於較具自主性，學校行政對於學生學習所需要之教學環境更能配合，其中如課程規劃、教學設備、乃至教學方法均具有較大彈性。

2. 磁性學校之課程設計強調多元文化內容，以在社區中發展正向的多元種族關係，進一步消弭不同種族之間的隔閡。此外，磁性學校要求家長積極參與學生之學習過程。凡是申請獲准進入學校就讀之學生家長，必須依據學校之教學計畫，配合建立學生之正向學習態度與動機。

3. 磁性學校之教學偏向合作學習，並以小團體討論的方式進行教學活動。學生必須展現其創意與特色，以爭取較佳之成績。磁性學校極爲重視學生學業表現、進步情形、與努力程度。同時，其並非一味迷信團體比較，而是希望學生自我比較當前學業表現，進一步設定努力之目標。

4. 相較於傳統中小學，磁性學校的課程設計必須配合不同成就水準之

學生，分別設計彈性課程內容，並採用多元教學方法，以滿足各種認知能力學生的學習。此外，部分磁性學校會針對學習不適應之學生，進行職業課程的規劃，以使其能夠學習一技之長。實務上，磁性學校會積極爭取所處社區之支持，以運用相關之社區教學資源，積極協助學生學習之成長。

三、磁性學校舉隅

磁性學校種類繁多，多具有推陳出新之課程。部分磁性學校表現獨占鰲頭，有相當傑出之表現。以下即以「湯瑪斯傑佛遜科學與科技高中」（Thomas Jefferson High School for Science and Technology，簡稱為TJHSST）為例，簡介其辦學特色與表現。

湯瑪斯傑佛遜科學與科技高中乃是一所位於美國維吉尼亞州Fairfax學區的磁性學校。其於1985年創立，包含9-12四個年級，2013-2014學年度就讀學生人數為1,844人，教職員工（包括兼職人員）則約有106位。TJHSST原址本有一所傳統高中之設立，名稱即為Thomas Jefferson High School（建於1965年）。後來為推行種族融合政策轉型為磁性高中。美國新聞與世界報導雜誌（U.S. News & World Report）經評鑑後，將該校選為全美2007-2014最好的公立學校之一。

由於TJHSST為一所磁性學校，受到聯邦與科技產業的贊助，具有特定之辦學目標，因此在制度上無法與一般傳統公立高中相提並論。自1985年聯邦政府與州政府制訂協議後，TJHSST即自1988年開始採取特殊的招生模式，開放招生名額至當地6個學區，錄取方式包括入學考試、學業成績、推薦信函、與寫作成績等項目。

在篩選機制上，每年秋季TJHSST開始接受相關學區8年級新生的申請。在繳交報名費用後，所有學生皆需參與入學測驗，其中包括數學、邏輯等標準化測驗，與兩題申論題。除非有特殊情況，申請學生皆必須在初中階段修習完成初級代數課程。之後，學校參酌學生入學考試成績、中學在校成績

等，擇優選出錄取名額三倍的人數。入選者需再繳交教師推薦信、個人表現、與其他榮譽事蹟等，最後經由兩個審查團隊決定錄取學生名單。

一般高中之班級規模，往往隨著入學學生人數而改變，但TJHSST由於實施招生考試制度，因此較能控制班級規模。在每年大約3,000位報名學生中，TJHSST的班級規模從1989年的400位學生，逐漸成長到2009年的450位，與2011-2012年的480位學生。就學校規模而言，大致屬於中型學校。2013-2014學年度就讀學生人數為1,844人。此外，自2007年7月起，學校也規定學生必須維持總成績平均（GPA）在3.0以上（B以上）。未達標準者，必須在學年底強制轉回至學區一般高中就讀。

在學生組成部分，TJHSST在近十年有顯著改變。在2011-2012學年中，全校有三分之二可歸類為亞裔學生，超出Fairfax學區本身之20%亞裔人口的比例。相較之下，非洲裔與西班牙裔的學生所占比例頗小（小於4%），儘管其在當地人口比例分別為10%及16%。在2009-2010學年中，亞裔學生為全校最大的學生族群，約占全校學生之46.38%，白人學生則占43.63%。

在2004年，當地學區教育委員會曾討論，並試圖解決TJHSST對於特定族群或低收入戶招生不成比利之問題。學校原先的入學依據主要是參酌學生入學測驗與初中時期之在校表現，因而導致非洲裔與西班牙裔學生入學人數的顯著下降。為改善此情況，當地學區教育委員會建議學校招生時，應考量性別、族群等因素，以希望能夠達到族群比例平衡之目標。然而，儘管多方努力，在2011-2012學年弱勢學生的入學成長比例仍是有限。此外，非洲裔與西班牙裔雖合計占該區總人口之25%，但入學比率卻分別只有2.42%及3.84%。此種現象，遂引起部分民權團體如「沈默聯盟」（Coalition of the Silence）於2012年對於學校之提告，而引起聯邦教育部民權署（Department of Education Office of Civil Rights）之相關調查。

課程之多元化，乃是TJHSST之最大特色。其擁有種類繁多之數學與科學課程，其中包括有機化學、神經學、海洋生物學、DNA研究、量子機械等課程。除了部分的音樂課、體育課、與語言課之外，該校多數課程都屬於大學先修課的層級（Advanced Placement level）。全體學生在畢業前皆需修

習微積分課程，也需在3年級前修習Java入門課程或其他電腦課程。4年級生也必須參與「高年級科技實驗研究室課程」（Senior Technology Laboratory Research program），該課程要求學生必須花費一年時間參與任何與學校進行合作之研究室。多元領域包括資訊科學、機械、微電子、化學、光學、海洋學、天文、神經學、生物科技等。

在另一方面，學校也開設優良的人文社會與外國語文課程。後者除德文、西班牙文、法文、與拉丁文等傳統課程外，也包括日文、中文、與俄語等。在國際教育方面，TJHSST與俄國「普斯科夫州教育大學」（Pskov State Pedagogical University）合作，每隔年邀請當地學生至校交流。此外，學校語言部門與日本姊妹校「智辯學園」具有長達二十年的合作關係。每年3月，智辯學園推派交換學生與教師前來停留一個月時間，而TJHSST學生則利用暑假時間，前往日本參加智辯學園所開設之暑期課程。

特別的是，TJHSST對於9年級學生提供各種融合課程（如IBET課程，乃是結合生物學、英文、與科技的融合課程）。學生每週皆有數堂課時間接受教師所設計的融合課程。科技融合課程強調製圖、CAD軟體設計、與基礎機械技能。人文科目的融合課程則提供給10與11年級的學生。其他如CHUM計畫，即是將化學相關內容融合至10年級學生的人文課程。原則上，TJHSST所有畢業學生皆需完成進階級的數學、電腦科學、地球科學等修習，畢業時可獲得維吉尼亞州所頒發之「進階學習文憑」（Advanced Studies Diploma）。

在各種特色課程之教授下，TJHSST學生之表現極為出色。2000-2005年間，TJHSST學生入圍美國數學奧林匹亞競賽之人數為全美之冠。此外，在Intel Science Talent Search之競賽中，2002-2010年之間，TJHSST計有75位學生進入準決賽，在全美排名第四，而進入決賽者共有7位，排名全國第六。因此，TJHSST在2004年之PrepReview調查排名中，被選為全美最佳高中。同年，其學生SAT成績也稱霸全美。2007-2009年之間，美國新聞與世界報導雜誌之「全美最佳高中」調查，TJHSST皆排名於第一。在規模超過800位學生的學校中，TJHSST被譽為在進階化學、微積分、法語、政治學、與

歷史課程的表現乃是全美最佳。學生多升學於長春藤名校與其他全國知名之公私立大學。

第二節 磁性學校的辦學成效

身為公辦教育的特色學校，磁性學校的辦學成效自然受到社會各界的矚目，相關研究自1990年代開始傾巢而出。然而，囿於研究方法與統計分析上之限制，學界對多數研究結果仍持保留態度。此外，由於磁性學校各有特色，針對單一或是小地區之研究，往往在詮釋上產生過於片段之現象。採取嚴謹之量化分析研究（如隨機取樣、對於共變數之處理等）不多，以下即先以紐約市生涯磁性學校研究（Studies of New York City Career Magnet Schools）、聖地牙哥磁性學校研究（Studies of San Diego Magnet Schools）、與單一南方大都會磁性學校研究（Studies of Middle School Magnets in a Large Southern City）為例，瞭解並說明磁性學校的辦學績效。

一、嚴謹之量化分析研究

(一) 紐約市生涯磁性學校研究

此研究包括兩份報告，分別由Crain, Heebner and Si（1992）與Crain et al.（1999）所完成。研究對象為全美國最大學區紐約市所創建之「生涯磁性學校」（career magnet schools）。根據當時規定，紐約市學生可以在讀完8年級後，填寫至多八個志願，以選擇進入心中的理想高中，其中也包括133所生涯磁性高中。程序上，同志願者之人數如果超額，則以樂透抽籤方式（admissions lottery）決定入學人選。此外，由於希望因材施教，在進行申請生涯磁性高中之抽籤時，學生也依其閱讀能力（分為高於平均、平均、與低於平均閱讀程度三類），分別被歸入不同特色之生涯磁性高中。

　　本研究之抽樣與統計分析模式，堪稱為相關研究中最為嚴謹者。其主要以1988-1989學年度進入9年級（高一）之生涯磁性學校學生為母群體，當年計有38,217名學生將至少一所磁性學校列為選擇志願。研究者以抽籤抽中者（lottery winners）與未抽中者（lottery losers）分別作為實驗組、控制組，且其當年所填之志願序必須是相同的（例如皆將某校列為第一志願）。由於同學校不見得能夠產生足夠之同志願抽中者與未抽中之人數，導致研究最後樣本僅有59所生涯磁性高中能夠納入，其中包括提供44個平均閱讀程度、與47個低於平均閱讀程度之計畫。人數分別為3,272人與968人。高於平均閱讀程度的計畫則因抽樣限制被排除其外，而成為研究中之遺珠。

　　第一次研究之資料經過統計分析之後，研究發現平均閱讀程度學生之抽籤抽中者，在高中閱讀分數、與畢業前所能修到之學分數上，有明顯較高之現象（Crain, Heebner, & Si, 1992）。與之相較，低於平均閱讀程度之抽籤抽中者則在以上兩指標上，並未呈現顯著之差異，但其缺課之天數卻較未抽中者為高。

　　第二次研究結果則更不顯著（Crain et al., 1999）。在進入高中數年後，研究者繼續追蹤受試樣本的閱讀與數學成就分數（分別於高二與高三時施測）。最後發現磁性高中之抽籤抽中者並未有顯著之表現。此外，在接受進階考試之意願（代表其進入大學就讀之意願較高）、與缺課程度部分，抽中者也未與未抽中者有顯著差異。

(二) 聖地牙哥磁性學校研究

　　此研究係由Betts, Rice, Zau, Tang and Koedel（2006）所完成，基本上乃是聖地牙哥市研究各種教育選擇類型之一部分。主要以2000-2001學年度入學抽籤的學生為研究對象，追蹤抽中者與未抽中者在入學三年之後之表現。在此要說明的是，雖然大多數抽中磁性學校者會進入該校就讀，但仍有最後放棄的情況。此研究係以抽中者作為實驗組，其中即包括部分未就讀之學生。

　　自2001-2002學年度開始，研究者分三個學年分別調查小學、初中、高

中三個階段的磁性學校學生。相關學業成就分為閱讀與數學兩大部分，分別在同一學年三項閱讀與兩項數學測驗。測驗形式部分為常模參照（norm-referenced），部分為效標參照（criterion-referenced）。整個計畫共計產生45個相關研究。除此之外，研究並對數個影響分析結果之共變數進行處理，其中包括學生的測驗前測分數（prior test scores）、學生個別特質、與學校特質（如學校大小、教師教學經驗）。

分析相關資料後，研究者發現在控制學生測驗前測分數後，其在磁性學校之閱讀分數並未呈現顯著之進步。數學之效標參照測驗分數，高二與高三階段之磁性學校學生呈現正向較高之現象，但在常模參照測驗分數上卻不顯著。此項結果在將學校特質視為共變數進行分析後，仍舊並未改變。

(三) 單一南方大都會磁性學校研究

此研究係由Ballou（2007）所完成，乃針對美國南方某大城市之磁性學校進行研究。當地磁性學校分為學術（academic or selective）與一般（non-selective）兩大類型。依照抽籤結果，研究樣本分為實驗組與控制組。研究結果顯示，學術與一般磁性學校之5年級與6年級學生，均擁有較高之數學測驗成績，雖然一般磁性學校學生主要之進步時間主要在6年級。

在進一步進行相關變項之共變數分析後（主要為學生是否為黑人、是否家境貧窮而接受學校免費午餐），上述在學術磁性學校所呈現之正面效應即消失不見，但在一般磁性學校之進步仍有所保持。

二、全國性分析研究

除了以上在抽樣與統計分析上較為嚴謹之三個研究外，相關探討磁性學校成效之論文有其一定數量。以下再以「磁性學校協助計畫研究」（Studies of Magnet Schools Assistance Program）、與「全國教育縱貫調查之磁性學校研究」（Magnet Studies in NELS-88）兩個全國性研究結果加以敘述，以進一步瞭解磁性學校辦學之成果。

(一) 磁性學校協助計畫研究

此研究係由Christenson et al.（2003）所完成，基本上為美國聯邦政府推動「磁性學校援助方案」（MSAP）時，所附帶進行之評鑑計畫，屬於全國性研究。研究抽樣為135所接受MSAP補助之磁性學校，其分別與位於同州之10所一般學校（non-MASP）加以比較。為避免產生起跑點之差異，配對之原則力求嚴謹。兩校必須在都會化程度（urbanicity）、註冊人數（enrollment）、起跑年人口分配（base year demographics）、與起跑年學校學術成就（baseline achievement）等皆相近時，方才加以比較。與多數相關研究不同，本研究係以學校為單位，並以閱讀與數學之學校平均成績為主要之成效指標。

本研究之起始年為1997-1998學年，終止年為2000-2001學年。統計分析主要採用階層線性模式（hierarchical linear model），其中並將接受學校免費午餐、學校少數族群學生變動等變項列入分析範圍。研究者以學校於起始年至終止年之間，在閱讀與數學成就測驗分數之變動情況加以分析，發現MASP與non-MASP學校之間並無任何差異。為求慎重，研究者再次進行新的配對（仍有一定之相似性），結果依舊沒有變動。

(二) 全國教育縱貫調查之磁性學校研究

此研究係由Gamoran（1996）所完成，乃是「全國教育縱貫調查」（National Educational Longitudinal Survey of 1988，簡稱NELS-88）之一部分。調查樣本包括213所綜合高中與48所磁性學校。研究者利用學生8年級時之閱讀、數學、科學、與社會科成績為前測分數，10年級所測之各科成績為結果分數。統計分析中並考慮人口變項與家庭背景，其中包括性別、種族、社經地位、家庭結構等共變數。

結果發現在閱讀、數學、科學、與社會科成績上，磁性學校學生皆有正向之進步，幅度高達50%至100%。即使考慮相關共變數並將之列入分析，成績進步幅度有所縮減（如閱讀即縮減三分之一幅度），但學生四科成績仍

呈現顯著之進步現象。

歸結相關文獻，儘管在研究方法上之缺失，磁性學校之辦學成效（如學生學習、測驗分數、繼續升學率等）較難有所定論，但其影響力卻不容忽視。磁性學校在目前美國大都會地區，已成為家長教育選擇之另類選擇類型。即使成敗未定，但至少對不滿意傳統中小學之學生提供另種選項，從教育革新的觀點而言，磁性學校仍有其一定之地位。

三、磁性學校績效良好之原因

綜上所述，磁性學校開辦至今有其一定之績效。各家學者（如Goldring & Smrekar, 2000; Rossell, 2003; Saporito, 2003）歸納其原因，大致有以下四點：

1. 設校目標確定：基於推動種族融合，美國聯邦政府透過各項法令之制訂，以確實形成政策與進行教育改革。其中對於磁性學校之經費援助、課程制訂、入學原則、評鑑方式皆有詳細之規範。基於此，磁性學校之興辦運作有其完備依據，加上目標確定，因此在推動上較為順利。

2. 發展具有學校本位性質的特色課程：由於希望吸引各類族群（尤其是白人）學生就學，磁性學校即以制訂具有特色之課程加以吸引。由於相關法令對於學校當局的鬆綁政策，磁性學校課程設計具有較大之自主性，進而能夠根據學生與社區之需求，制訂打破年級與學科之「學校本位課程」（school-based curriculum）。由於具有彈性與多元化之特質，實施結果自是事半功倍，能夠落實學校與社區之教育理念。

3. 進行創新之教育實驗：由於需要展現辦學特色以滿足個別化需求之學生就讀，磁性學校必須不斷進行具有創新性之教育實驗。其中包括行政運作、課程內容、乃至教學方法（Blank & Archbaid,

1992）。實務上，磁性學校所以與眾不同，即在其能展現多元與創新的風貌，因此相關新方案之研發與試驗勢不可免。一般傳統學校依賴上級所制訂之規定辦學，在磁性學校中較具彈性。而相關行動研究方案、各科教學研究會、及與社區大學之合作，均成爲運作磁性學校不可或缺之作爲。

4. 家長與教師之積極參與：早期研究（如Dickson et al., 2000; Wallace, 1993）發現，選擇磁性學校做爲子女受教機構之家長，由於認同學校辦學理念，因此對於參與校務有一定之積極性。除擔任義工外，提供人力與物力支援外，部分家長還會貢獻專業於學校課程發展，並與校方進行多元對話以營造雙方互利的關係。同樣情況也發生於教師團體中。由於必須具備更爲強大之課程設計能力，教師專業發展更形重要。磁性學校必須建立以創新發展爲中心的進修理念，由教師依其需求自行規劃專業發展方案，並激發研究風氣。如此方能服膺特色辦學的理念。

四、磁性學校之優缺點與未來定位

綜上所述，磁性學校在近年美國教育之表現相當出色。從教育行政的觀點分析，磁性學校之優點包括：(1)提升家長教育選擇權利，使其能進入辦學較佳之公立學校就讀。(2)由於具有特色，因此能夠吸引原本對於公立學校失望之學生回流，進而達成族群之平衡比例。(3)由於注重特色課程與教法，辦學績效大致良好，且學生學習成就普遍提升。(4)由於出現競爭之態勢，磁性學校可以帶動學區內其他學校改革之決心。否則面對強敵而不爲所動，就可能產生失去學生而坐以待斃的後果。

特定教育制度必有其缺點，磁性學校也不例外。經營數十年，批評者也不在少數。其主要論點包括：(1)磁性學校依其特殊優勢（如聯邦之特殊經費補助），如其所願確實產生磁性作用，將學區中其他學校最優秀之學生納入其中。如此將使得「強者愈強、弱者愈弱」之現象變本加厲。對於學區各

校之平衡產生極大殺傷力。(2)由於僧多粥少，出色之磁性學校多半採取特定之申請篩選機制（如檢視學生之成就測驗成績）。此種制度往往使得本來居於弱勢之低社經背景、低收入、英語非母語家庭、與有特殊需求之學生被拒於門外。就教育平等的角度而言，磁性學校對於背景不利學生極可能產生入學障礙，而使其失去分享額外資源之機會。(3)磁性學校之出現，往往分食學區之資源。因此，本來就居於弱勢之公立學校將更形脆弱，最後喪失改革能力而萬劫不復。(4)部分磁性學校學生之種族比例失衡，其中又以辦學出類拔萃者為最甚。如此將違背其設立之初衷。

最後，磁性學校雖被證明能夠產生正面的教育績效，但其定位近年來卻產生疑義，尤其是在特許學校大興之後。雖然型態不同，美國大部分之州政府皆將磁性學校與特許學校，列為是家長教育選擇權的重要選項。前已述及，磁性學校設立初衷乃在透過立法（如磁性學校援助方案）建構特色課程以促進種族融合，其與特許學校藉由公辦民營形式以提升辦學績效之訴求有所差異。近年來，雖然部分學區希望能讓磁性與特許學校共存共榮，但兩類學校卻彼此在提升學生成就上有所競合，因而引起磁性學校未來定位之激烈爭議。實務上，磁性學校雖為公辦之另類學校，但其主張特色教育與創新改革之程度，卻與特許學校不分軒輊。未來磁性學校發展是否成功而成為公辦學校之標竿，端賴主管機關對其學校角色與走向之確立。其是否將目標由促成種族多元性，轉為強調提升辦學績效責任，即成為關心教育者矚目之焦點（Smrekar, 2009）。此外，由於磁性學校與特許學校各有其優劣，因此部分學區也希望在一般傳統中小學中，將兩者特色加以整合應用，以提升整體的辦學品質。

公辦民營教育

　　教育選擇權牽涉到家長為其子女選擇學校的權限問題，如果選項較多，家長的權力就會有所擴張。然而，在義務教育階段，基於保障所有學齡學生皆能受到一定品質之基本教育，國家建立之學區公立學校即成為主流。由於實施強制分發的制度，家長受限於法令或經濟因素，所能得到的選項相當有限。即使希望轉至私校就讀，但卻因阮囊羞澀而裹足不前。此種競爭停滯的現象，更使得學區公立學校有恃無恐而不思改進。

　　於是，家長的抗議拔地而起。為確保子女就讀辦學績效良好之學校，家長透過民意代表之立法程序，進行教育體制的改革以促動學校之間的競爭。社會人士（尤其是家長）認為政府投入鉅額資源，卻目睹學生學習績效的低落，遂要求學校經營必須有所更張，以他種形式進行改革。此種要求擴增教育選擇權選項的主張，在1980年後之先進國家大行其道，公辦民營制度即是應運而生的教育政策之一（秦夢群、曹俊德，2001）。

第一節　公辦民營教育之定義與類型

　　由於公立學校之遲滯不前，特定學派如新自由主義（neoliberalism）之倡導者，即開始強調教育市場機制之運作，主張自由競爭才是產生最佳教育品質與績效的不二法門，政府應只在市場失序時才介入。此外，公辦教育制度牽涉土地、設備、人事、會計等相關規定。按照現行制度，往往在改革時出現綁手綁腳的現象。如果透過立法過程交由民間經營，則會在法令限制上有所鬆綁，如此才能進行創新與變革。在公私立學校之辦學競爭上，Van Der Gaag（1995）研究世界各國教育制度，針對公私立機構之角色，歸納出四項建議：(1)政府應將重點置於做得最好的部分。(2)政府應保障所有國民之基本受教權。(3)高等教育費用必須符合現況，並將公共資源分配給最必要的基本服務。(4)政府應建構多元的教育供應系統。

　　根據以上之建議，可以看出傳統公辦教育一枝獨秀的制度已不符所需。在政府應將重點置於做得最好部分之主張下，公校如果被證明績效不

彰，是否即應託付給民間經營？政府是否應該輔助私人興辦教育，以創建與公立部門自由競爭的環境？凡此種種，皆成為日後提倡教育公辦民營制度的重要課題。基於促動教育市場優勝劣敗的動能，公私立教育機構角色的調整乃是指日可待，雙方之間的界線也將逐漸模糊化。

公辦民營制度提供家長在子女教育上之另一種選擇，且可以促進社區與家長參與之意願。基本上，公辦民營教育之訴求乃在提升總體教育成效、降低政府負擔，與提供多元的教育環境。自1980年代末期，義務教育公辦民營的訴求，即在先進國家被紛紛提出。然而，知易行難，日後證明在實行上卻非易事。如何透過共識，進行課程、人事、財政等義務之統整，乃是事繁艱鉅之工作。以下即就公辦民營之定義、類型、實施、與問題加以敘述。

一、公辦民營之定義

所謂「公辦民營」（private management of public organization），即是政府將公辦事業所承擔的功能，轉移或委託給民間，由其經營並提供對等服務的制度。在教育的領域，學校常是公辦民營的選擇標的，其概念有多組名詞加以描述。其中常見者包括公辦民營學校（private management of public schools）、學校民營化（school privatization）、教育民營化（privatization of education）、教育事業民營化（privatization of educational industry）等（陳志峰，2004）。這些名詞皆具有委託民間辦理教育的意涵，但所表達的概念與意涵仍有部分差異。

因此，在探討公辦民營教育之前，宜先針對「公辦民營」與「民營化」之間的差異加以說明。兩者常被相提並論，但在範圍上仍有所差異。民營化所指涉的範圍較廣，從公私合夥到完全私有化；公辦民營則強調私部門只有一定程度的介入，特別是在所有權方面（徐作聖，2001）。因此，公辦民營可視為是民營化的手段之一。其為政府將其個別業務，採取轉移或委託方式，交由民間業者經營，以提供雙方所約定服務項目的模式。政府必須在擁有所有權與承擔社會義務的前提下，與民間機構簽訂契約，規範雙方權

利義務事項。公辦民營的實施，因人、事、時、地、物等組織內外環境因素
的差別，而存在各種不同的模式。

實務上，公辦民營係指政府將「經營權」與「所有權」加以分開。政府
握有所有權，而將經營權委由民間經營。其目的乃在藉由自由市場的競爭，
提高公辦事業之施政績效。在政府與民間合作過程中，由政府提供足以執行
業務之硬軟體設備，民間機構因而省下部分成本，有利於額外服務之提供。
同時，政府也可以利用民間資源，減少營運費用之支出，乃是一種促成民間
與政府雙贏的合作模式（江明修，2000）。如果合作的單位是學校，則一
般稱之為「公辦民營學校」，係指委託民間經營的公立學校。政府設立學校
並擁有所有權，民間團體或個人則握有經營權（吳明哲，2006；許嘉政，
2004）。

由以上敘述，可歸納公辦民營教育可有以下特點：(1)經由立法程序，
由政府將教育事業（如學校、教育計畫等），授權委託給民間經營，以適度
引進民間資金與管理模式。(2)政府仍擁有所有權，民間則握有經營權。(3)
政府可提供校地、校舍、經費、人事等資源，委託民間經營，以提升辦學績
效。(4)基於確保民間能夠提供所約定之服務，政府與民間之間必須訂定契
約，以規範雙方之權利義務與績效評鑑機制。

二、公辦民營之類型

公辦民營依照政府的授權大小而有多種類型。在探討公辦民營教育之
前，宜先對商業之民營化類型進行初步瞭解。根據國內外相關文獻與各國作
法，公辦事業民營化基本上有五種類型與方式（Fuhuman & Miles, 1992；詹
中原，1993）：

(一) 所有權的移轉

係指公營事業股權的轉移，有部分移轉或是全部移轉兩種形式。部分移
轉股權後，原公營事業成為公民營合資企業；全部股權移轉則會使原公營事

業完全成為民營企業。若依購買對象區分，可分為上市、批售、員工買斷、與同業併購等方式。依移轉股權的方式區分，則可分為公開承銷、協議方式、與透過股票市場釋讓股權等。

(二) 經營權之移轉

係指在政府不移轉其所有權（如股權）的前提下，將業務委託民間經營，亦即公有民營之形式。在民間握有經營權之情形下，運作上可包括下列三種類型：(1)委託經營（不包含作業外包）。(2)租賃。(3)出租定期經營執照或分店設置執照。實務上，民營化採用移轉經營權方式，所面臨最大問題，即在對其經營品質之要求難以落實。

(三) 委託

係指政府將部分或全部之服務，委託或外包給私部門代以執行。政府仍扮演監督者的角色，並肩負監督與評鑑之責。委託之方式包括下列五種：(1)簽約外包（contract out）。(2)特許權之授與（franchise）。(3)補助（grant）。(4)抵用券（voucher）。(5)強制（mandate）。

(四) 開放市場

係指政府經由立法之方式，解除對經營不利之管制，減少保護措施，以讓民間經營者自由進入經營。藉由市場自由之競爭，以刺激並提升政府生產與提供服務之績效。

(五) BOT 制

其乃是英文Build-Operate-Transfer之縮寫，係指民間透過與政府的合約關係，投資興建公共建設。在興建完成後，由政府以特許方式授權民間經營特定時間，並以經營的利潤作為投資的報償，經營期滿再將該設施有償或無償交還給政府的模式。根據尹章華（1998）對BOT的研究，發現其優點包括可減輕政府財政負擔、較易掌握工期與控制預算、可促進營建多角化經

營、促進國內資本市場發展、與可引進國外資金與新技術等。BOT的執行要件則包括：(1)成本估算必須精確。(2)合理的營收預測。(3)計畫具備償債能力。(4)合理的投資報酬。(5)投資規模符合民間資金供給能力。(6)費率能夠機動調整。

 三、公辦民營教育之類型

根據各國學者之研究，公辦民營教育之類型頗多，並多承襲商業公辦民營之模式。根據調查，公辦民營教育可歸納爲以下四種主要模式（于卓民，1996；吳明哲，2006；吳清山，1996；周志宏，1997；Van Der Gagg, 1995），其彼此相關差異請參見表4.1。茲分述如下：

表 4.1　公辦民營教育類型表

	土　地	經費	建物與設備	人事經營
BOT	公部門	私人	私人	私人
管理合約	公部門	公部門	公部門	公部門或私人
民間承包	公部門	私人	公部門或私人	私人
特許學校	公部門	公部門	公部門	私人

(一) 管理合約模式

係指由政府提供教育運作所需之設施、人員，經費等資源，但授權民間私人負責營運。基本上，民間私人係以經營能力來賺取管理費用，並未投入其他成本。實務上，政府仍擁有掌控預算、學費高低、人員聘僱等決定權。其與民間私人簽訂合約，雙方分別就經營目標、經費、時間、條件、內容、方式、學生評量等方面達成協議，民間私人則依據合約經營學校。政府提供相關教育資源，經營權操之於民間團體手中。此模式優點乃在能夠改進教育經營與資源之有效利用，且不會增加家長之經費負擔。

(二) 民間承包模式

係由民間人士定期向政府繳交承包費用，並由民間自負學校經營之盈虧責任。其可分成以下三種類型：(1)政府提供土地與建築物，民間負責教學設備的採購、人員的聘僱、與學校的經營管理。(2)政府提供土地、建築物、教學設備，民間負責人員的聘僱、與學校的經營管理。(3)政府提供土地、建築物、教學設備、師資、與行政人員、民間負責學校的經營管理。此種模式優點乃在可以增加政府財政收入減輕財政負擔，且可以民間企業經營方式經營學校，有助於提高學校之施政績效。

(三) BOT 模式

係指「建造─經營─移轉」模式，並依照需求轉化為類似模式（如不包括建造之OT模式）。執行上，民間與政府訂定契約，投資參與教育（如學校）建設。於興建完成後，由政府以特許方式交由民間經營一段時間，作為其投資之報償。經營期滿後，民間再將設施與資產交還給政府。銀行、投資人、與營造商，直接由完成專案所產生之收入償還債務與取得一定之報酬。例如政府可以先提供土地，由民間興建學校，並在一定期限內負責經營。在合約到期後，由民間將學校全部資產移轉回政府，而政府也可考量再以民間承包方式，邀請民間參與學校經營管理。BOT模式主要優點包括：(1)可減輕政府之財政負擔。(2)民間資金與經營理念投入教育事業，可刺激與提升教育績效。(3)期滿之後，政府可無償取得學校與其設備。然而，BOT模式也有其實施難題，最大乃在民間必須認為有利可圖，才會願意嘗試。此與興辦教育之目的不在獲利之理念，往往有所衝突。

(四) 特許學校模式

經由政府立法，授權教師、家長、或民間人士經營公立學校，或是特定之教育方案。經過主管教育行政機關審核通過後，取得經營之權利。此類學校仍由政府負擔經費，但可豁免於部分教育法令之規定約束，而在課程、教

學、人事、組織、管理、與經費等事項上，皆保有相當程度的獨立性。經營者必須與政府簽訂契約，並定時接受評鑑以確保其辦學績效。特許學校模式大興於1980年代末期之美國，由掌管義務教育的地方學區教育委員會與民間組織或團體簽訂契約。特許學校模式的優點包括：(1)學校經營者可以自行規劃與經營，較能發揮學校本位之精神與提升教師專業自主之能力。(2)擺脫政府法規的束縛，教育經營之績效較高。(3)不會增加家長與政府之教育經費負擔。(4)能夠促進自由競爭市場之形成與良性競爭。特許學校經營之相關文獻，將在第五章詳細介紹。

　　除了以上四種主要模式外，Fitz and Beers（2002）則主張教育民營化可包含以下五種不同的模式：(1)教育券（educational voucher）：以公家經費補助學生選擇私立學校就讀。(2)委外經營（contracting out）：學校或學區與民間企業簽約以購買所需服務。(3)公私合夥（public-private partnerships）：公部門租用民間設計與建造的場地以經營公立學校，或是由私部門投資公立學校教育。(4)接管（take-over）：由私人之教育經營組織代管公立學校，並以營利為目的。(5)稅賦抵免（tax credits）：允許將就讀私立學校之學費折抵部分稅賦。

　　此外，Levin（2001）則將教育民營化分為二個部分：(1)私人組織經營公立學校、委外經營、或特許學校。(2)以公家經費提供教育券，選擇就讀私立學校。以上第一類的學校是公立的，第二類則假定為私立。Moon and Welch（2000）則提出傳統官辦模式、委外經營模式、簽約承包模式、公私部門直接競爭模式等四種模式。吳明哲（2006）則將公辦民營模式擴大歸納為以下六種模式：

1. **BOT（Build-Operate-Transfer）**：由民間機構投資興建並負責營運，營運期限屆滿後，須將該建設之所有權移轉給政府。

2. **BTO（Build-Transfer-Operate）**：由民間機構投資興建完成後，政府一次或分期給付建設經費並無償取得所有權，且委託該民間機構營運，營運期限屆滿後，營運權歸還政府。

3. OT（Operate-and-Transfer）：由政府投資建設完成後，委託民間機構營運；營運期間屆滿後，營運權歸還政府。OT經營類型未必涉及硬體的建設，其中擴建或整建案又稱為DOT（Develop-Operate-Transfer）或ROT（Rehabilitate-Operate-Transfer）。

4. CAO或ROO（Contract-Add-Operate或Rehabilitate-Own-Operate）：由民間機構向政府租賃或整建現有設施而營運者。

5. BOO（Build-Own-Operate）：為配合國家政策，由民間機構投資興建，擁有所有權，並自行營運或委託第三人營運。

6. 其他經主管機關核定之方式：範圍涵蓋所有委託民間辦理之政府業務。其中包括：(1)委託機關將現有的土地、建物、設施、與設備，委託民間（私人）經營管理並收取回饋金或權利金。同時，受託之民間業者自負盈虧並負公有財產保管維護責任。(2)政府不提供土地與建物，僅委託民間提供服務，此即為特許經營。

第二節　公辦民營教育之實施與問題

一、公辦民營教育實施之研究

相關義務教育實施公辦民營之調查研究數量不多。其中秦夢群、曹俊德（2001）透過量化調查與質化訪談方法，探討學校行政者、教師、家長、與專家學者對於臺灣義務教育公辦民營的意見。量化調查計發出問卷1,000份，回收678份，回收率為67.3%。在質化訪談部分，對象則包括教育學者、中小學校長、教師會代表、家長會代表等共計30人。每位受訪者皆事先被告知量化調查結果，之後根據相關調查數據進行訪談。主要發現結果有以下幾項：

1. 接受調查者之49.7%認為可以採用管理合約模式辦理義務教育，

47.3%則持反對之意見。管理合約模式係指民間與政府訂約,提供為資產所有者(政府)經營資產的服務,並收取管理費用,盈虧則由政府負責。除經費、行政資源(含行政人員)等仍由國家提供外,學校的行政運作與管理業務如經費運用、教學活動、學校管理等,均是民間受委託者可以自主的範圍。根據分析,受試者支持管理合約模式的原因包括:(1)可使民間有教育理念但苦無經費者實現教育理想。(2)少了行政負擔,教師較易專心教學而且自主性較大。(3)可以借助民間優良經營長才提升學校經營績效。受試者反對的原因則包括:(1)公私權責不容易劃分清楚。(2)民間機構應自負盈虧以確保辦學品質。(3)此類型學校績效評鑑標準難以建立。(4)誘因太少,民間團體參與意願可能不高。

2. 接受調查者之65%同意採用民間承包模式辦理義務教育。民間承包方式係指民間與政府訂約,支付租金給政府,取得財產使用經營權,並自負盈虧的一種模式。此類型是由政府負責設立學校,提供校舍、校地及基本設施,其餘之經營權(含人事、經費等),均委由私人經營且自負盈虧。國家按學生人數比照公立學校學生予以經費補助。民間承包模式可以同時採行下列之作法:(1)委託公益團體經營,不以營利為目的。(2)向學生收取費用以負擔政府補助之不足。(3)政府也可以將出租之校地校舍,由民間無償租用。

3. 接受調查者之66%認為可以採用BOT模式辦理公辦民營之義務教育,但也質疑教育理念與商業獲利難以一致的問題。BOT模式係指由民間設立、經營、再移轉給政府模式。乃是政府與民間簽約,由政府提供土地,私人負責興建校舍與提供硬體設備,並負責學校的經營管理與自負盈虧,於契約期滿之後將學校無償移轉給政府。雖然BOT模式具有解決學校重大建設經費短缺問題與減輕政府財政負擔的優點,但卻可能產生以下的問題:(1)辦學佳者不願轉移,虧損者政府則難善後,移轉之程序難以順利。(2)教育事業難有誘因吸引民間投資。(3)教育理念與商業獲利之目的難以相容。

4. 接受調查者之78.3%支持以特許學校模式辦理公辦民營之義務教育。特許學校係指民間私人與教育主管機關簽契約辦學，政府則依照與公立學校學生相同的教育經費進行補助。合約學校的自主權依照合約可以包括自主編列預算、聘任教師、發展課程與教學法、與對外募款。然而，其不能向學生收費，且學生的學習成就也必須接受教育行政主管機關之定期評鑑。根據調查，受試者所以支持特許學校之原因包括以下幾點：(1)學校具有經費使用的效益，可減低公立學校的僵化。(2)教師教學自主性較大。(3)民間辦學之教育理念較易實現。所可能產生的經營問題則包括：(1)合約學校自主權過大，政府將無法約束。(2)經評鑑後之辦學不力學校將很難處理。(3)相關法令之配合仍不理想。

5. 接受調查者認為最可行的模式為特許學校模式：針對實施公辦民營之四模式，接受調查者認為最可行的依次為特許學校（68.9%）、BOT模式（64.3%）、管理合約模式（51.6%）、與民間承包模式（42.2%）。根據訪談結果，特許學校較受歡迎之主因乃在經費籌措較無問題。實務上，政府提供所需預算，辦學者只要在教育經營上努力即可。其他模式如民間承包、BOT，私人皆需自負盈虧，在義務教育利潤有限之前提下，吸引民間投入的誘因甚低，且不易達成公辦民營的目標。在此方面，特許學校的經營者較無問題。此外，其如果運作不良，要轉型回到純粹公辦或私營之形式也較為簡單，不致發生如BOT模式之民間賺錢不願轉回政府，賠錢則政府不願接收的窘境。特許學校模式允許政府提供經費，使得有教育理念卻無經濟能力的民間人士一展長才。其範圍可大至一校或小至數人之教育實驗計畫。審度目前教育環境，如果公家不提供經費，而要私人出資（如民間承包、BOT），其誘因不大而較難成功。畢竟教育之利潤非短期所能顯現，私人興趣多半不高。因此政府提供經費，以供民間教育之有志之士，成功機會才較大。

6. 在學校經營之細項部分，其他模式仍有應用價值：例如在公辦民營

學校的建築物部分（以校園硬體建設爲主），採用BOT模式應是較爲可行之模式。BOT模式可以引進民間資源與管理方式，避免公務部門施工拖延，導致學校教學因硬體設備不足而停滯的現象。又如公辦民營學校之採購事項，爲避免公辦學校相關規定過於繁瑣之問題，可以將部分事項（如學校午餐供應）採用管理合約模式，以爭取更大之績效。

7. 至於實施之對象，接受調查者認爲應優先考量辦學績效不佳之學校，其次爲大都會地區學校、與偏遠地區學校。最多受訪者認爲可先從辦學績效差的學校實施，以解決學生人數可能日易萎縮之問題。其次，大都會地區由於經濟條件佳，民間資源較豐富，實施公辦民營可能較易成功，所以也可優先辦理公辦民營教育。實施公辦民營學校制度應逐步漸進，反對完全開放無須優先順序的受調者高達68.1%。

8. 在辦理範圍上，多數受訪者認爲初期之辦理範圍不宜太大，最好先在學區中選取一校進行試辦。此舉不但可使學區學校之間產生競爭的動力，而且範圍有限，即使失敗影響較小。除此之外，多數受訪者也認爲公辦民營的制度應先加以試驗，不要立即挑戰現有教育體系。經營的目標也應明確合理，避免過度理想化，而使學生成爲犧牲品。

在其他研究部分，孫旻穗（2006）探討高雄市實施幼稚園公辦民營的可行模式，研究發現整體而言，多數公立幼稚園教師、家長、與行政人員不贊同公辦民營。教師專業成長的壓力、福利能否維持、與工作不穩定性增加，是導致教師反對公辦民營的最大因素。在實施方面，管理合約與特許學校模式，乃是高雄市家長與教師較能接受之公辦民營可行模式。陳志峰（2004）則採用問卷調查與SWOT之分析，探究四種公辦民營學校模式在嘉義縣國民中小學實施的可行性。結果發現一般地區與偏遠地區的教育人員，對於實施管理合約模式可行性之看法有顯著差異。此外，在內部環境方面，

「學校經營績效」與「學校辦學彈性」為四種模式的共同優勢條件，而「教育人員的衝擊」則為共同之劣勢條件。在外部環境方面，以「民間參與程度」為四種模式共同具有的機會條件，而「風險承擔程度」與「社會目標達成」為四種模式共同具有的威脅條件。整體而言，特許學校模式被認為是實施公辦民營學校最為可行之模式。

二、臺灣實施公辦民營教育之案例

　　臺灣公辦民營學校始於1990年代。為了鼓勵民間參與投資經營教育事業，1996年臺灣省教育廳提出「公辦民營學校」的構想，為了使這項方案更具體化，特別訂定「臺灣省教育廳鼓勵民間參與投資經營教育事業實施要點」，報請省政府核定後實施。之後因為精省因素，試辦計畫未能付諸實施。然而，民間要求改革之訴求不斷。1996年，行政院教育改革委員會提出總諮議報告書，其中建議部分也明列「鼓勵民間辦理國民教育」的主張。《國民教育法》則於1999年修訂，其中第4條規定：國民教育以政府辦理為原則，並鼓勵私人興辦。國民小學及國民中學，由「直轄市或縣（市）政府依據人口、交通、社區、文化環境、行政區域及學校分布情形，劃分學區，分區設置。前項國民小學及國民中學，得委由私人辦理，其辦法由直轄市或縣（市）政府定之。為保障學生學習權，國民教育階段得辦理非學校型態之實驗教育，其辦法由直轄市或縣（市）政府定之。」其中對國中與國小得委由私人辦理的規定，正式確立臺灣義務教育公辦民營制度之法律依據。

　　大臺北地區乃是較早實施類似公辦民營教育實驗的地區。其中如臺北市之「田園小學」，臺北之「開放教育學校」，與部分國小興辦之「現代教育實驗班」、「教育評量實驗班」等。其大多屬於公辦民營的特許形式，只是特許的範圍多以課程實驗為主，並不涉及組織與管理型態的改變。其後，臺北市核准於北政國中實施「臺北市自主學習實驗」等相關性實驗。臺北市教育局於2000學年度，正式實施公辦民營學校制度。

　　然而，追溯歷史，臺灣實施公辦民營教育之時間可早至1960年代末

期。以下即就近數十年來，臺灣義務教育實施各種公辦民營教育類型之個案加以簡述。由於數量龐大，僅以具有代表性者加以敘述（請參見表4.2）。此外，也請讀者參閱特許學校與另類教育兩章。

表 4.2　臺灣義務教育實施公辦民營個案舉隅

名　　稱	設立時間	教育主張	縣　市	模　式
代用國中	1968	九年義務教育	各縣市	特許學校模式
臺北市自主學習實驗班	1991	自主學習	臺北市	特許學校模式
森林小學	1992	人本教育	新北市	管理合約模式
慈心華德福教育實驗國民中小學	2002	華德福教育	宜蘭縣	特許學校模式
人文國民中小學	2002	人文藝術教育	宜蘭縣	特許學校模式
信賢種籽實驗國民小學	2003	自主學習	新北市	民間承包模式
諾瓦國民小學	2006	主題式的教學	桃園市	BOT 模式

(一) 代用國中

代用國中係依據1968年公布之《九年國民教育實施條例》而設立。當時政府推行九年國教但卻財源短缺，因而徵召私立中等學校改制，與一般公立國中共同肩負國民教育的工作。對於相關體制的運作，教育部於1982年公布《國民教育法施行細則》，其中第21條規定：「私立國民小學及私立國民中學經徵得其董事會及其主管機關之同意，得按公立國民小學、國民中學劃分學區，分發學生入學，學生免納學費；其人事費及辦公費由直轄市或縣（市）政府依規定標準編列預算發給之，建築設備費得視實際需要編列預算補助之。」

代用國中與一般私立學校的主要差異，乃在必須依據戶籍地劃定學區，接納所有應屆國中生。學生免納學費入學，其運作與一般公立學校相同，類似公辦民營教育之管理契約類型。政府對於代用國中之補助規定迭有改變，但基本原則如下：(1)人事經費：政府補助全校每班發給兩位教師的

人事費，但不補助考績獎金、年終獎金、校長與教職員之人事費。(2)學校硬體：學校若自然增班，建築物與設備的支出原則上需自理，不由政府補助，但政府得視實際需要編列預算補助之。

自1968年起迄今，由於公立國中之數量大增，代用國中多數轉型為私立中學。至2014年，僅剩下位於南部偏遠地區之極少數代用國中。1998年實施精省後，教育廳不再補助人事與辦公經費。教育部希望剩下之代用國中進行轉型，積極輔導其轉型為公立國中或是私中型態。

(二) 人本教育基金會之森林小學

森林小學係由人本教育基金會於1989年開始推動，希望建立一個可以讓家長、教師、學者、與有理念之社會人士共同參與之教育計畫。此計畫於1992年獲得臺北縣政府之同意成立實驗性國小，合法性為期一年。校地為租用當時為臺北縣之白雲國小碧雲分校校地，其餘資源則完全來自民間。

森林小學的課程設計朝向多元化方式進行，除了教育部的課程標準外，也設計以學生自我興趣為主的「核心課程」、從操作中學習的「活動課程」，與能夠調整制式課程的「潛在課程」。上課時間以每週五天四夜團體住校時間為主，師生比例為一比二。在評量方式部分，除了教師觀察紀錄與學生作業的考核外，並強調家長在家庭生活中的觀察。學校與家長的互動密切，家長必須參加「家長成長班」與「懇親會」。入學時學生必須參加「試讀活動」，平時上課則不硬性規定學生一定要出席所有課程。

森林小學的教學計畫完全不同於體制內的教育理念，但在辦學上卻是相當辛苦。此因其缺乏政府的經費補助，民間投入的資源也有一定限制。社經地位較低之家長無法負擔高額的學費，所以學生人數一直維持不多。此外，是否應對其進行教育評鑑，也成為爭議之問題。行政上，森小使用公家之土地與房舍，但人事、經費、課程卻完全獨立，勉強可歸類為公辦民營之民間承包類型。

(三) 臺北市北政國中「自主學習實驗班」教育實驗

基於推動教育實驗，臺北市政府於1991年開始，在學校中核准部分班級實施實驗課程，並允許有體制外的教學。此多屬試辦性質，其中又以北政國中「自主學習實驗班」最爲著名（自1998年開始），類似特許學校模式。臺北市政府委託「種籽學院」創辦人李雅卿女士擔任計畫主持人，進行教學上之實驗。被委託團體擁有部分人事權（選用教師）與課程權，經費則完全由臺北市政府補助，但須定期接受考評。實施之後，即在所在學校形成一國兩制現象。一般班級與實驗班級由於享有之待遇不同，往往引起衝突。此外，相關評鑑之爭議（如是否應該依照一般學校指標等）也層出不窮。其後，自主學習實驗班遷至私立景文中學，數年後即結束。

(四) 慈心華德福教育實驗國民中小學

其依據《宜蘭縣國民教育自治條例》，2002年與宜蘭縣政府簽約，成爲縣屬之公辦民營學校。係以華德福教育之精神，追求孩子在意志、情感、與思考三層面能力的成長。其重視藝術、手工、肢體律動、與音樂等具有創造力之課程，搭配語文、數學、自然、與社會課程，以促進學生頭腦、心性、與四肢的均衡發展。

(五) 人文國民中小學

係以教育部「九年一貫課程」爲學校課程運作的主架構，搭配表演藝術、音樂、舞蹈、美術、文學等主軸課程。學校並聘請專業教師駐校，以激發學生之藝術與文學創作能力。2002年與宜蘭縣政府簽約，成爲公辦民營學校。

(六) 信賢種籽實驗國民小學

原爲新北市烏來鄉烏來國小信賢分班。信賢分校併校後，改由倡導實驗性的教育機構「種籽學苑」使用。其每年必須支付定額租金給新北市政府，

係採用「民間承包模式」之公辦民營實驗學校。其以「自主學習」為辦學的核心理念，認為每個生命皆有獨一無二的存在意義。其主張孩子是學習主體，教育工作者最大責任乃在提供自由與支持的環境，讓學生進行發自內心的學習。學生必須與環境產生正面的互動，學習瞭解自我並發揮潛能。在課程規劃上，注重培養學生主動學習及與人合作之能力。

(七) 諾瓦國民小學（暨幼兒園）

桃園縣政府為了鼓勵私人興學，於2003年訂定《桃園縣公立學校委託民間經營自治條例》，由縣府無償提供土地，委託民間興建學校，此乃屬於BOT模式。同年12月，諾瓦團隊以相關建校之企劃案，取得臺灣第一件民營學校的經營權，並隨之興建諾瓦國小。縣府與校方簽約二十年，學校擁有經營權，縣府則擁有土地與地上建物所有權。諾瓦國民小學強調以學生的需求為出發點，結合家庭力量，以方案教學模式因材施教。其特色乃在採用主題式教學，不使用一般公立學校所採用的制式課本。教師因此必須研發教材，並利用網路蒐集與主題相關的資料。此外，旅行參觀學習也被視為是課程之一部分。

🕮 三、實施公辦民營教育之問題

因材施教乃是實施公辦民營教育的主要目標，希望建構具有多元與特色的就學環境途徑。現今社會之結構與發展日益複雜，家長與學生對於一元化之教育已難以接受。提供多元之受教環境乃是當務之急，公辦民營教育即是其中主要的方法與策略之一。基本上，公辦民營教育不能完全以營利為經營目的，否則即失去有教無類的使命。只有當學校的功能與價值符合學生需求時，教育改革方能產生真正的價值。然而，不可諱言，實務上興辦公辦民營教育，定會遭遇許多險阻與爭議（Ravitch, 2014）。歸納各國之經驗，其會產生以下四個共通性的問題：

(一) 政府與民間的權責難以劃分清楚

即使契約上有所明訂，但許多名詞如「辦學不力」等，多屬於不確定法律概念，很難在短期間能夠釐清。如果發生糾紛或虧損，應由何方負責即產生極大問題。公辦民營教育必須要清楚劃分公私權責的問題，但其間之界線設定，往往也嚴重考驗行政當局之智慧。

(二) 公辦民營教育的績效評鑑標準難以建構

如果使用評鑑一般學校之指標，則公辦民營教育之特色就難以凸顯。然而，如果一味遷就，可能會使社會產生化外之民的批評。其中如對行政績效、學生學習成就之指標即眾說紛紜。部分公辦民營教育強調特殊之教育理念，此種「小眾」之辦學理念，在評鑑過程中即非常可能產生理念之爭而難以產生操作型指標。其中如不強調測驗分數之公辦民營教育，如何對其教學品質加以評鑑，常令行政當局左右為難。

(三) 金錢誘因較低而難以吸引民間參與

如以義務教育為例，其實施完全不以營利為目的，此與以營利為目標之民間企業難以契合。如何在利潤低與付出多的環境下，吸引有識之士參與公辦民營教育，乃是相當棘手之課題。其中又如民間參與經營者雖具有管理專長，但是否具有教育專業理念與能力，也是一大問號。如何兼顧教育本質而尋訪適當參與經營之人，乃是公辦民營教育成功的重要前提之一。

(四) 健全退場機制之難以建立

公辦民營教育的形式相當多元，所牽涉之層面也極為複雜。由於相關法令無法即時修訂，部分公辦民營教育僅能停留在「實驗」階段，無法成為正式教育制度之一部分。由於其穩定性與持續性無法比擬於一般公立教育，經營過程中難以賡續之案例時有所聞。教育與一般買賣不同，商品有瑕疵可以更換，但學生之青春卻難以復返。如何建立公辦民營教育之退場機制，往往

形成極爲棘手之問題。此因啓動退場機制，代表經營已發生困難，輔導與善後多半曠日廢時，造成夾在中間之家長痛苦不堪。在此情況下，學生往往必須被迫轉回一般學區公立學校，如何調適也使問題雪上加霜。凡此種種，皆凸顯建立健全退場機制之困難性。

四、小結

　　實施公辦民營教育的主要目的，乃在吸引民間有志之士共同經營教育。其形式相當多元，也可分爲數種模式。然而，實施經驗顯示，遠大之理想往往敵不過現實之打擊。因此，實施之前，教育行政主管機關應對於相關計畫之可行性進行客觀評估，以適時提出必要的修正。在實施過程中，適當之評鑑也不可免，以保障學生的受教品質。

　　實務上，可以先鼓勵民間參與小規模且具實驗性質之教育實驗計畫，待成效良好後再擴大至全校辦理。各地區需求不一，不必統一進行公辦民營的模式。最後，公辦民營教育並非萬靈丹，其結果恐怕未能盡如人意，因此，健全的退場機制必須事先加以規劃，以應付突如其來暴風雨之來臨。

第五章

特許學校

　　特許學校一詞乃是英文charter school之譯名，也被稱爲委辦學校。顧名思義，其成立與經營必須經過法律授權之「特別准許」程序。在美國，特許之機關爲各州政府，其他國家則往往是教育行政主管機關。經由立法通過，經由審核之私人與團體（如家長、教育專業團體、非營利機構）可以興辦學校，並由政府負擔教育經費。此種公辦民營的學校，可不受一般教育行政法規的限制。因此，其可以依照學生之需求制訂不同課程與經營模式。其中如授課時數、課程設計、教師工作、與薪資規定等，與一般傳統學區中小學在制度上有相當程度的差別。

　　以學校制度的觀點而言，特許學校之興起乃是一大創舉。其在公辦民營的理念下，試圖在既有傳統框架中，鬆綁僵化的教育體制，以創建多元的學習組織。然而，也由於制度彈性之追求，特許學校之運作與經營成效，往往成爲正反雙方的爭議焦點。以下即以設立特許學校最爲普遍之美國爲例，分別敘述分析相關之議題與爭議。

第一節　特許學校之設立

一、特許學校之興起

　　特許學校興起之主因乃在美國公立中小學品質之良莠不齊。具體數字如「國家教育促進委員會」（National Commission on Excellence in Education）於1983年4月發表名爲「危機國家」（A Nation at Risk）報告。其中指出當時美國學生學業成就大幅下降，甚至13%的青少年受教後卻幾乎目不識丁。此外，美國學校上課天數和時數均少於大多數先進國家。教師薪資與地位低落，對於不服管教學生一籌莫展。凡此種種，皆讓當政者與家長擔心不已，認爲美國公辦教育若不改進，就會萬劫不復。因此，各種教育選擇方案被提出，其中即包括特許學校。

　　此外，1970年代風起雲湧的民權運動，促使聯邦政府採取各種手段

（如用校車將學生運至學區以外學校就讀），希望達到公立學校學生種族平衡之目的。此舉遂使部分社區居民（多為社經地位較高之白人家長）對於其子女被迫搭車至較遠地區深感不滿，進而紛紛轉至私立學校就讀，表示反對。影響所及，位於社經地位較差之公立學校竟成為貧窮之黑人與西語裔學生之唯一選擇。此類學生多半接受政府補助免費之營養午餐，其家長根本無力將子女轉進具有優良師資與設備之私校。如果要進行改變，既有之公立學校已受到各種法令與教師工會之掣肘，必須另起爐灶。在此情況下，公辦民營形式之特許學校趁勢興起（秦夢群、曹俊德，2001）。

　　追本溯源，美國學者Ray Budde於1988年出版《特許教育：學區之再建構》（*Education by charter: Restructuring school districts*）一書，大力倡導特許學校的理念，以擺脫傳統公立學校的弊病。無獨有偶，同年美國教師聯盟（American Federation of Teachers, AFT）主席Albert Shanker也加入鼓吹特許學校的陣容，並引起各州人士的迴響。其中明尼蘇達州即開始相關立法之工作，最後於1992年成立第一所特許學校（Bulkley & Fisler, 2003）。

　　在聯邦政府部分，相關公立特許學校之立法授權肇始於1994年《改革美國學校法》（The Improving America's School Act）的制訂。其係根據1965年《中小學教育法》（The Elementary and Secondary Education Act）之基本架構進行修訂，允許聯邦政府提供約110億美元之經費給地方學區與學校改善其教學品質，主要對象主要針對經濟弱勢之學生。改革美國學校法的立法目標在於促使各州為學生設定較高的學業標準（high academic standards）、為教師之專業發展提供資源、並透過特許學校之設立為教育改革創造誘因。就此而論，改革美國學校法正式提供興辦特許學校的法律依據，並對各州設立特許學校提供財務支持（曾秀婷，2009），試圖以目標導向的績效責任（goals-based accountability）來取代以往法令導向的管理模式（rules-based governance）。

　　接著，1998年美國國會再通過《特許學校擴建法》（The Charter School Expansion Act），增加聯邦政府補助建置特許學校的經費（Vergari, 2007）。基本上，柯林頓總統（Bill Clinton）於總統任內藉著通過相關立法

如《目標二千年：教育美國法》（The Goal 2000：Educate America Act），大力推行特許學校之發展。其希望至2001年，至少有40州通過特許學校立法，且興辦之特許學校數量達到3,000所以上，以提供更大之教育選擇權。George W. Bush（小布希總統）上任之初，於2001年提出《帶好每位孩子法》（No Child Left Behind Act），其中即在第一章規定接受該法補助之學校，若未能展現一定之改善，學校即可能會被州政府接管而再造為特許學校。此項規定雖遭致部分人士之批評（如侵犯地方學區之教育權限），但卻顯示聯邦政府經由經費補助的手段，敦促成立特許學校的意圖與決心。

　　基於以上背景，特許學校之設立乃基於自主與績效兩個目標。首先，特許學校雖仍隸屬公立學校體系，但其自主性必須較高，得以豁免一般公立學校所受制之法規。此舉乃在擴大其辦學彈性以達到學校本位管理（school-based management）的目標。辦學體系可擴大至非營利組織、大學、家長團體等。有了一定之自主性，接著即必須展現成果，此即為設立特許學校的第二個目標（達成所設定之績效）。相較於鄰近之一般公立學校，其必須在學生學習成就上更上一層樓，否則即失去設立之初衷。換言之，社會所以允許特許學校享有一定之自主性，乃在渴求一定形式之績效，否則使用納稅人的錢興辦另一種教育即失去意義。當學校無法達到設校時之承諾目標，任憑學生學習成果持續低落，其經營學校的特許權（通常為3至5年），即可能會被收回而關門大吉。自1992-2011年，全美已有15%（1,036所）的特許學校因教學、財務、或管理問題而關門大吉（Consoletti, 2011）。

　　在時間上，特許學校大興於1990年代之美國。1991年，明尼蘇達州於1991年率先通過《特許學校法》，加州於1992年跟進。第一所特許學校St. Paul City Academy設於1992年。至2012年，美國中小學學生人數為49,484,181人，特許學校之學生為1,941,831人，約為全國學生人數之3.9241%，全國特許學校共5,714所，總共有42州通過《特許學校法》（Center for Education Reform, 2012）。然而，部分州如緬因州（Maine）、密西西比州（Mississippi）等雖已通過《特許學校法》，州內卻無特許學校之設立，相關配套措施也未確實制訂，特許學校之發展仍有相當之發展空間

（Wohlstetter, Wenning, & Briggs, 1995）。

根據美國教育改革中心（Center for Education Reform, 2012）的評定結果，特許學校法律強度為A等級者有5個、B等級者有10個，C等級者有15個，D等級者則有12個，總共有42個州通過《特許學校法》，而特許學校所數最多的州為加州、亞利桑納州、與佛羅里達州三個州（請參見表5.1）。

表 5.1　美國各州特許學校設立情形表（至 2012 年）

州　名	特許學校法通過年	法律強度	校　數	學生數	特許學校學生占全國學生比例
Alaska	1995	D	28	5,613	0.0113%
Arizona	1994	A	539	135,930	0.2747%
Arkansas	1995	D	37	11,605	0.0235%
California	1992	B	1,008	410,157	0.8289%
Colorado	1993	B	185	79,963	0.1616%
Connecticut	1996	D	23	4,810	0.0097%
Delaware	1995	C	22	9,816	0.0198%
Washington, D.C.	1996	A	107	35,224	0.0712%
Florida	1996	B	517	179,254	0.3622%
Georgia	1993	C	125	61,821	0.1249%
Hawaii	1994	D	31	8,798	0.0178%
Idaho	1998	B	43	16,304	0.0329%
Illinois	1996	C	105	48,233	0.0975%
Indiana	2001	A	63	20,372	0.0412%
Iowa	2002	E	8	1,179	0.0024%
Kansas	1994	E	19	3,066	0.0062%
Louisiana	1995	B	113	38,671	0.0781%
Maine	2011	C	0	0	0.0000%
Maryland	2003	D	46	11,549	0.0233%
Massachusetts	1993	C	76	29,141	0.0589%
Michigan	1993	A	316	118,702	0.2399%

（續上表）

Minnesota	1991	A	162	32,967	0.0666%
Mississippi	1997	E	0	0	0.0000%
Missouri	1998	B	52	19,573	0.0396%
Nevada	1997	C	34	12,962	0.0262%
New Hampshire	1995	D	11	2,431	0.0049%
New Jersey	1996	C	87	23,399	0.0473%
New Mexico	1993	C	85	15,815	0.0320%
New York	1998	B	201	54,681	0.1105%
North Carolina	1996	C	105	37,407	0.0756%
Ohio	1997	B	368	122,660	0.2479%
Oklahoma	1999	C	19	6,576	0.0133%
Oregon	1999	C	116	19,255	0.0389%
Pennsylvania	1997	B	170	98,108	0.1983%
Rhode Island	1995	D	17	3,817	0.0077%
South Carolina	1996	C	48	18,171	0.0367%
Tennessee	2002	C	35	7,210	0.0146%
Texas	1995	C	444	149,348	0.3018%
Utah	1998	B	85	38,643	0.0781%
Virginia	1998	E	4	354	0.0007%
Wisconsin	1993	C	256	47,352	0.0957%
Wyoming	1995	D	4	894	0.0018%
總　計			5,714	1,941,831	3.9241%

資料來源：1.National Center for Education Statistics (2012). 2011-12 national charter school & enrollment statistics. Retrieved from: http://www.edreform.com/ wp-content/uploads/2012/03/ National-Charter-School-Enrollment-Statistics-2011-12.pdf

2.Center for Education Reform (2012). Charter school laws across the States: Ranking and scorecard (13th ed.). Retrieved from http://www.edreform.com/ wp-content/uploads/2012/04/ CER_2012_Charter_Laws.pdf

3.National Center for Education Statistics (2012). Retrieved from:http://nces. ed.gov/programs/stateprofiles/

在整體評估中，法律強度乃代表各州對於設立特許學校的態度與作為。根據教育改革中心2012年的評定，總分設為55分，其中得分40分以上為A，30到39分為B，20到29分為C，10到19分為D，0到9分則為F。評分共分四個層面，分別為獨立與多方授證、學校特許數量、基本運作、與財政公平。茲分述如下：

1. 獨立與多方授證（15分）：係指除了傳統的地方學區或州政府，相關法律是否允許獨立與多重授證之機構存在。此類機構可包括獨立之州委員會、地方行政單位（如市政府）、高等教育機構（如大學）等。換言之，此項評分注重藉由非傳統之教育主管機構之獨立運作與多方參與，可以促使特許學校之發展更有自主空間與創新幅度。

2. 學校特許數量（10分）：係指在特定州內被允許設立特許學校之數量與學生數，與其占全州總學生數之比例。此外，是否有入學與投資金額之限制？是否有創建學校與增加學生數之上限（caps），而阻礙特許學校之發展？

3. 基本運作（15分）：其中包括州自主性（5分）、區域自治（5分）、與教師自主程度（5分）。此部分牽涉特許學校所享有之獨立與自主程度，其中如學校可以制定基本運作之流程與規定（延長上課天數、就學年數、訂定特殊之教育課程，具有獨立的教師聘任規定等）。各州由於情況不同，有的能夠賦予特許學校較為自由之辦學空間，有的仍因政治因素而綁手綁腳，甚而依舊受到教師工會之箝制，特別在教師聘任之合約部分。

4. 財政公平（15分）：此部分牽涉到特許學校與一般公立學校之財政公平性的比較。如果法律保障兩者皆能分配到同等資源，則有其一定之財政公平。此外，經費來源也極為重要。特許學校與一般學校之經費來源如能大致相同，就享有一定成程度之財政公平。否則若特許學校之資金大量來自非政府部門（如私人捐獻），就會違反當

　　年設立目標而成爲化外之民。

　　基本上，特許學校乃是公辦民營教育的主要類型之一。政府基於家長的特定需求經由立法程序，給予相關人士或團體獨立辦學之特別授權（Vanourek, 2005）。因此，按照相關法令，特許學校之設立有其一定之法律程序。申請人擬具相關建校經營理念，向所屬州之授證機構（chartering authorities）申請。此類機構依各州規定不同而可能是地方學區（local school district）、州教育委員會（state board of education）、或是獨立授證機構（independent charter-authorizing bodies）。申請者必須組成學校管理委員會獨立經營學校，但卻必須接受規定之辦學績效評鑑。基本上，特許學校與政府簽訂契約（多半爲3至5年），以規定雙方認可之教育經營目標。契約結束之前必須進行評鑑，以確保學校設立目標是否已經達成。由於特許學校多爲改革現狀之實驗學校，其是否有所作爲，自然受到社會之極大關注。受限於種種原因，近年特許學校因評鑑結果不佳而停止興辦者，也有一定之數量。

　　由於採取公辦民營之形式，特許學校之申請者身分極爲多元。其中包括教師、家長、教育利益團體、非營利組織、大學、甚或在某些地方學區，可以允許營利之商業公司興辦學校。其相關規定依據各地需求而有所差異，也使得特許學校之興辦如百花齊放而種類繁多（洪明、徐紅敏，2005）。Stoddard and Corcoran（2006）發現具有以下特性之地區家長，較傾向於支持特許學校：(1)黑人人口聚集之區。(2)家庭收入較低之區。(3)輟學率高與學生成就低落之區。換言之，當家長認爲當地傳統學校未能提供適當教育品質，且又無力將子女送入私立學校時，往往希望學區中設有特許學校。美國1999-2011年之特許學校學生背景資料詳見表5.2。

　　由於各州情況互異，其對特許學校之立法與管制密度各有不同。相關指標如准予設校之數目、申請設校程序、辦學主體、解除管制幅度、特許期間長短等，約可分爲低度管制、中度管制、與嚴格管制三種不同類型（朱敏賢，2008）。低度管制之州如亞利桑那（Arizona）州。其於1994年通過寬鬆之特許學校法，規定特許學校雖仍保留爲公辦學校之一環，但可大部分脫

表 5.2　美國特許學校學生背景資料表（1999-2011 學年）　　　　　　　　　（%）

		1999-2000	2001-02	2003-04	2005-06	2007-08	2009-10	2010-11
性別	男	51.1	50.8	50.4	49.9	49.5	49.5	49.5
	女	48.9	49.2	49.6	50.1	50.5	50.5	50.5
種族	白人	42.5	42.6	41.8	40.5	38.8	37.3	36.2
	黑人	33.5	32.5	31.9	32.1	31.8	30.3	28.9
	西班牙裔	19.6	20.1	21.5	22.4	24.5	26.1	27.3
	亞裔／大洋洲島嶼	2.8	3.1	3.2	3.6	3.8	3.8	3.7
	美國原住民	1.5	1.7	1.5	1.4	1.2	1.1	0.9
	其他	NA	NA	NA	NA	NA	1.4	2.9
學校層級	小學	55.7	51.7	52.1	52.9	54.1	54.3	54.3
	中學	24.9	24.6	26.4	28.1	27.5	26.7	25.9
	兼設中小學	18.9	23.0	21.4	18.8	18.4	18.8	19.5
學校規模	少於 300 人	77.0	73.5	70.9	69.5	65.5	61.3	59.0
	300-499 人	12.0	13.7	15.6	16.6	19.4	21.0	22.3
	500-999 人	8.7	10.0	10.3	10.9	12.0	14.0	14.8
	大於 1,000 人	2.4	2.8	3.2	3.0	3.1	3.7	3.9
學校地區	都市	NA	NA	52.5	53.4	54.6	54.8	55.5
	郊區	NA	NA	22.2	21.9	21.8	21.1	21.3
	城鎮	NA	NA	9.6	8.8	8.5	5.0	7.8
	鄉村	NA	NA	15.8	15.8	15.2	16.1	15.6
學校總數		1,524	2,348	2,977	3,780	4,388	4,952	5,274
學生總數		339,678	571,029	789,479	1,012,906	1,276,731	1,611,332	1,787,091

資料來源：U. S. Dept. of Education, National Center for Education Statistics (2012).
註：1. NA：無資料。
　　2. 學生同時擁有二種種族身分乃歸類為「其他」項目。

離傳統教育相關規定之拘束。此外，政府機構、私人（如家長）、私人機構（如商業營利團體）均可擬定計畫加以申請設立。申請設立者可爲公立學校改制、私立學校轉型、或新設特許學校。整體而言，規定相當寬鬆，特許學

校本身享有極大之自主性。

　　與之相較，採取嚴格管制之州如密西西比州，其雖於1997年通過立法，卻因地方學區之抵制，對於特許學校之興建多所限制。例如不容許民間或私人團體介入，僅容許公立學校改制為特許學校。其申請過程也是多所管制，必須先取得過半學校教職員與家長之同意，方能向地方學區教育委員會提出申請。核准成立之特許學校不再另設管理組織，而由原本學校行政團隊管理，並接受地方學區教育委員會之監督。教師部分包括延聘資格、權利義務、待遇福利皆與一般公立學校相同。加上學校經費來源及運用也與一般公校無異，實在難以顯現特許學校之獨特性。

　　在所簽訂之契約中，除明訂學校預定達成之具體成果外，也基於教育實驗性質，准許特許學校免除一定程度之行政法規管制。其中如授課時數、教學進度、教師延聘、工作內容、薪資待遇等，以避免一般公立學校所受到之科層管制。依據簽約之內容，特許學校可以發展學校本位之教學理念，並擺脫外界利益團體（如教師工會）之掣肘。此外，在某些州，學校經費由州政府直接撥款而不再牽制，可使校長擁有較大之人事權與經費權。在此情況下，學校甚而可以按照教師之表現決定其薪資高低，並聘請具有特殊表現但不具教師資格者加入學校。

　　值得注意的是，為了確保受教機會平等之理念，幾乎各州政府皆規定特許學校之招生必須接受所有學生，不得有任何限制。此舉乃在保障學生不因其特殊背景（如種族、性別、社經地位）而受到不公平之待遇。傳統公辦中小學之績效令各界質疑，其支持者則多以公辦學校不能選擇學生而加以辯護。特許學校之經費既然來自政府之教育經費，自然不能藉篩選學生之手段提升辦學表現，此為各州政府制訂相關規定時所設定之底線。

　　成立數十年之後，特許學校在美國相當受到家長歡迎，此從等待入學特許學校的學生數量可見端倪。家長對特許學校的需求量極高，卻往往不得其門而入，原因主要在許多州刻意立法限制特許學校的入學人數。茲舉數例加以說明。在麻州，等待進入特許學校之學生數已超過全州學校總容量之55%，康乃迪克州則超過50%（Petrilli, 2005）。芝加哥地區則更為明顯，

特許學校報名人數皆遠超過其容量。全市28所特許學校中，有9所學校學生報名人數超過容量3倍，1所學校甚至達10倍。整體而言，僅有約3.6%的學齡學生能夠進入特許學校，比例相當低（Lake & Rainey, 2005）。至於伊利諾州，根據Illinois Facilities Fund的統計，全州僅有16%的中學生與不到50%的小學生能夠進入績效優良之公立學校，無異更助長家長對於特許學校渴慕與需求（Kneebone, Logue, Cahn, & McDunnah, 2004）。

特許學校之出現，無意為低迷之美國教育注入活水。然而，改革之路多半艱險重重。特許學校之興辦自然有其阻力。具體言之，大致可分為特定利益團體之抵制與財政不足兩大方面。就前者而言，教師工會、地方學區成員多半反對特許學校之興辦（Hassel, 1999）。其主因乃在特許學校之自主性（如對特定法規之豁免），往往影響利益團體之影響力。基於教育改革思潮與政治氣氛，其不得不妥協；然而卻藉著立法之程序，設下重重關口以逼使特許學校就範（Wong & Shen, 2002）。其中如對設校數目之限制，或是在設立條文中包括對教師終身職（tenure）之保障，以限縮特許學校的用人自由度（不能因教師表現較差而逕行加以解聘）。影響所及，特許學校被綁手綁腳，與傳統學校之間並無明顯差異。

在財政不足部分，基於政治之角力，特許學校所得到經費之資助往往較同學區傳統公立學校為低（Osberg, 2006）。根據Thomas B. Fordham Foundation（2005）的調查，16個主要州的特許學校（約占全國之84%）所獲得之經費數額較同學區傳統公立學校平均要低21.7%。其中從新墨西哥州（New Mexico）之4.8%至南卡羅來納州（South Carolina）之39.5%，皆使特許學校之運作出現困難。研究也顯示與一般公立學校相較，雖然特許學校之低社經學生比例較多，其得到的經費卻相對較少。一般傳統公立學校每生可得到美金8,528元的補助，而特許學校卻只有5,688元（Walberg, 2006a）。在另一個研究，Finn, Hassel and Speakman（2005）也發現各州政府對特許學校的補助較一般學校約少21.7%。

為何會造成如此補助之不公平現象？主要原因乃在部分州立法者受到特定利益團體之壓力，進而要求特許學校成立後，其經費來源與數量必須與

地方學區當局磋商。後者爲達到控制特許學校之目的，往往在財政獨立上大作手腳。此外，與傳統學校不同，特許學校多半乃是新設學校，開辦成本所費不貲。基於種種之理由拖延與經費之未能到位，進而造成特許學校先天不足，而面臨寅吃卯糧的困境（Koppich, 1997）。

從教育行政的觀點分析，特許學校乃是美國教育選擇權之重要實驗計畫。其希望保持一般公立學校公平與低學費的優點，也試圖透過豁免繁瑣行政法規的限制，達成私立學校重視經營績效的目標（江芳盛，2005；陳成宏，2004；黃奕碩，2007；黃德祥、林重岑，2007；賴志峰，2007）。特許學校強調創新與具有特色之學校經營，相信透過競爭壓力，可以刺激傳統公立學校之教學品質。與教育券之主張相較，特許學校之設立影響層面較小，又多採取公辦民營的形式，因此較爲社會大眾所接受。

綜上所述，特許學校與一般公立學校在行政運作上有一定之差異，綜合相關文獻（Betts, et al., 2010; Fabricant & Fine, 2012; Frumkin & Miles, 2011; Lubienski & Weitzel, 2010）之分析，可歸納成以下數點：

1. *興辦形式*：除少數由州政府與地方學區直接經營外，特許學校多採取「公辦民營」的形式。對於教育改革有理念者即可提出計畫，經過法定審核程序後，即可使用公家經費設立學校，並享有一定程度之自主性。

2. *課程規劃*：除了部分以藝術教育、科學教育爲號召外，其他特許學校也可依照自我之需求，設計與制訂相關課程。爲了確保學生能達成學習目標，特許學校必須創新教學方式，並在必要時延長上課時數。成績不佳之學生也被規定接受週末與暑期補救教學。然而，基於教育公平之原則，州政府仍有其相關之基本課程規定，以避免學校成爲利益團體之工具。

3. *教師聘任*：爲了擺脫教師工會利用各種機制爲不適任教師撐腰，特許學校在教師聘任上，可以被允許不受州政府之規範，而與教師另訂契約。受聘教師不屬於工會，若其表現未達契約要求，則可能被

解聘或不續聘。

4. 校規訂定：與一般公立學校不同，特許學校之校規較嚴。其中如要求學生穿著制服上學，對於行為偏差行為之處罰與停學標準更為嚴苛。其目的即在維持辦學品質。

5. 與家長之關係：基本上，家長在學生註冊時多半必須簽下切結書，同意遵守較為嚴格之校規。家長不得拒絕參加學校活動，並與教師共同輔導其子女之課業與行為。違反者即可能被要求離開學校。

由於強調自主性，特許學校之風貌繁多，類型之產生乃植基於相關法令與當地之需求。此種多元發展之態勢，頗能符合變遷社會中家長之教育需求。因此，美國的特許學校在學生數量上雖占比例仍低，但卻是教育改革不可或缺之一環。

第二節 特許學校之類型

綜合相關文獻（徐雙榮，2000；Green & Mead, 2003; Weil, 2002; Wells, et al., 1999）之分類，特許學校之類型相當繁多。特許學校法之辦學精神乃在鼓勵教師、家長、社區成員、企業界人士等參與教育改革，以提高教育品質。因此，除了宗教團體依照美國聯邦憲法規定不得申請具有宗教活動或課程的特許學校外，社會各界人士均可依其教育理念提出計畫。影響所及，美國各地出現形式各異的特許學校。如依負責人之不同，可分為以下類型之特許學校：

1. 企業人士主導之學校：由特定之企業人士為回饋社會，進而興辦之特許學校。學校種類包括為社經地位較低之學生設計適合其就學之課程與學校，或是追求卓越成就（如科學）之特色學校。此類學校特別強調績效之評核，即使位於貧民區，仍對學生之出勤與表現嚴

格要求，以希望其能養成一定技能。甚而採取現代科技與網絡進行遠距離教學，成立「網路特許學校」（cyber charter school），以便增加學生學習機會。

2. **特殊教育理念者主導之學校**：基於教育理念之不同，具有特殊教育訴求者可以申請以特許學校形式，興辦各種另類學校。其目的在擺脫國家教育體制的束縛，希望在行政、課程、教學、財政等方面享有一定之獨立性。另類學校以往多為私人興辦，利用特許學校之管道，也可享有政府經費之挹注。

3. **教師主導之學校**：由具有特定理念的教師進行學校之籌組與運作。其堅持不同的課程與教法，以滿足不同學生之需求。教學形式極為多元，包括分組教學、開放式課堂、大學先修課程等。基本上，在學生學習與素材之選擇上，教師享有很大的自主權。

4. **家長主導之學校**：多由不滿傳統公辦學校之社區家長擔綱，特別是在社經地位較高之地區。此類家長積極參與學校之運作與管理，並投入私人資源如經費、服務、設備等。此外，此類學校也包括部分之在家教育的實施。以興辦特許學校之名義，解決因宗教與教育理念不同，或身心需求較需在家自行教育的家庭。

5. **特許學校經營組織主導之學校**：其中包括「非營利特許學校經營組織」（charter management organization, CMO）與「營利教育經營組織」（education management organization, EMO）。各州依其法令規定，准許特定組成之特許學校經營組織進行規劃。此類組織多由私人或企業組成，有其一定之辦學理念，其中著名的如「愛迪生學校」（Edison Schools）機構在各州興辦特許學校。

　　特許學校之種類極多，但多以當地社區學生之需求為主。以下再依據辦學特色，以美國教育改革中心所提及之六種類型加以說明。其中包括人文基礎型（arts based）、核心知識型（core knowledge）、蒙特梭利型（Montessori）、特殊需求型（special needs population）、虛擬網路學校型（virtual cyber school)、專業學校型（vocational school）。詳細資料請參閱相關文獻與網站，以下各舉一例加以說明。

一、人文基礎型

以下以位於亞利桑那州之Mosaica Preparatory Academy of Chandler特許學校（網址為http://mosaicaprep.org/about-mosaica/）為例，加以歸納說明：

1. 辦學信念：分別為追求卓越學術成就、探索多元文化課程、提供社會服務、進行品格教育、與發展終身學習。
2. 課程設計：為使學生具備未來進入大學的基本能力，學校提供較一般公辦學校更多上課日的課程。學生必須修習要求嚴格之英語、數學、科學、與跨學科之人文學科課程。此外，核心課程也包括體育、西班牙語、與音樂。其目的在設計高科技與人文相結合的課程，使學生具有跨學科與不同領域知識之間的學習。
3. 績效評估：定期進行學生標準化測試、確保學生出席率，並利用各種方式增強學生學習動機與家長之滿意度。
4. 任教師資：學校教師必須是具有強烈使命感，並願意挑戰自我之終身學習者。教師被要求關注每一個孩子在學習上之需求，並採取高標準之要求。
5. 家長：為維持每位學生的學習穩定性，家庭和學校之間必須密切聯繫。因此，家長必須協助學生的家庭作業，並積極參與學校之相關活動。

二、核心知識型

以下以位於亞利桑那州Tucson Country Day School（TCDS）特許學校（網址為http://www.tcdcharterschool.com）為例，加以歸納說明：

1. 辦學理念
   (1)以學生在學術、社交上的學習爲第一優先，並相信每位學生皆能成功。
   (2)以創新、啓發、激勵等方式影響教師效能與學生成長。
   (3)對於學生、家長、與學校教職員應該給予尊重，並將家長視爲教育上的好夥伴。
   (4)學校經營的成功在於教職人員的專業程度與團隊合作能力，透過分布式領導、績效責任制等方式經營學校，並加強教職員專業發展，以維持學校的競爭力。
   (5)學校目標在建立一個正向與互相支持的組織氣氛，唯有在高標準與高期待的情境中才能達成卓越。
2. 學校課程：整個學校如同一個大家庭，其分成三個不同的學程：
   (1)幼兒教育（提供3-4歲幼童的私立學前教育）：自1968年起，該校即提供給學前兒童及幼兒園兒童的專門學程。幼兒教育的教職員在專業及經驗上皆學有所長。學程的目標在幫助3-4歲幼童在社交能力上的學習，同時引導其成爲成功且富有創造力的學習者。
   (2)小學教育（免學費的公立特許學校，從幼兒園到小學五年級）：小學教育部分包括從K-5的學生。每班人數不超過22人，一個年級有4個班級，學生則都能得到完整且全面的教育。由於許多研究顯示學生不應只修習數學、閱讀、寫作、科學、社會等主要課程，因此TCDS的學生每週皆有機會選讀特殊課程，如西班牙文、科技、體育、藝術、與音樂課程等。
   (3)中學教育（提供6-8年級，免學費的公立特許學校教育）：中學部分包括6-8年級的學生。班級人數不會超過26人，每個年級有3個班級。此外，中小學學生都有穿著制服之規定。中學學生每天必須接受六門課程，由不同教師負責設計教材。在上課方式上，6-7年級學生採隨班上課方式，8年級學生則是根據自我選課情況進行跑班學習。中學課程有四個核心：數學、閱讀／寫作、科學、

與社會。除了核心課程外，學生也有不同之選修課程，其中如科技、音樂、西班牙文、體育等。教師在教學上鼓勵學生發揮創新，學生必須透過單獨作業、團體合作、實際操作等方式學習，而各科教師也必須互相合作，將不同領域課程加以綜合連貫。

3. 相關選修課程：可分為以下領域：

(1)藝術課程：學前教育、及2-5年級學生每週皆有一次藝術課。6年級學生連續12週每天皆有藝術課，而7-8年級學生則為選修課程。針對學前教育兒童，級任導師會與藝術教師合作，直接在原班教室中聯合授課。

(2)音樂課程：K-5學生每週參與一次音樂課、6年級學生連續12週每日皆有音樂課、而7-8年級學生可選修音樂劇場課程或加入合唱團。

(3)體育課程：K-5學生每週有一或二次體育課，中學生每週皆有二或三次體育課。學生在上體育課時皆規定穿著T恤與短褲的制服。

(4)西班牙文課程：K-5學生每週皆有一次西班牙文課程，中學生每週則有二到三次。連學前教育兒童每週也有一次西班牙文課程。

(5)科技課程：該校期望學生能夠面對科技日益進步的世界，因此每間教室皆裝有電子白板，校方也鼓勵學生多使用科技設備。K-5學生每週皆有二次科技課程，6年級學生連續12週每日皆有科技課程，7-8年級學生可以選修進階科技課程或多媒體課程。該校學生皆被要求能對WORD、EXCEL等軟體進行基本操作。學生也透過網路進行多媒體課程學習，其中包括學習架設網站、製作影片等活動。

三、蒙特梭利型

以下即以位於愛達荷州的Monticello Montessori特許學校（網址為 https://www.sites.google.com/site/monticellomontessori/）為例，加以歸納說

明。

　　蒙特梭利教學法係由十九世紀教育家Maria Montessori所研發，希望透過營造支持氣氛與善用不同感官接收的教學技巧，以滿足從特殊生到資優生在教育上的不同需求。

　　該校在不同科目皆採用實際操作的教學方法，亦即學生運用五官來體驗課程，並透過動手操作的方式來學習不同技術。學生在課堂上能夠長時間不受干擾而投入所學，教師則視學習情況給予新的教材。由於蒙特梭利教學法是以學生為中心，因此學生在學習上皆能得到相當程度之自由。

　　蒙特梭利學校皆擁有開放與美觀的校園。其教室也跟傳統學校不一樣，會依照不同學習科目分成不同「區域」，以滿足學生不同的學習需求。學生能夠在學習中發現並糾正自我錯誤，不過分仰賴教師給予正確答案。學生也同時學習如何在區域中學習團隊合作，或適時的尊重他人的個人空間。

四、特殊需求型

　　以下以位於科羅拉多州的Rocky Mountain Deaf School特許學校（網址為https://www.rmdeafschool.net/）為例，加以歸納說明。

　　此校乃是一所免學費的公立特許學校，目的乃在提供教育給學前教育至12年級的失聰兒童，並透過美式手語（American sign language, ASL）及英語的運用，建立一個語言豐富的環境。該校的建校理念在於相信每一位失聰兒童皆能成功。結合富有理論基礎的教學活動與豐富語言刺激的環境，使學校朝向卓越的目標前進。學校教師努力幫助學生尋找學習的樂趣，並鼓勵學生開發自我潛能。其辦學任務與課程分述如下：

1. 辦學任務：學校辦學任務乃在提供失聰及聽力受損的K-12年級學生一個良好教育環境。學校塑造一個雙語環境，讓學生在學業成就、ASL（美式手語）技術、及英語表達能力上能夠得到提升。學校同時積極促使校方、家長、地方教育委員會、與失聰社群更緊密的結

合，希望啓發失聰學生，使其瞭解如何思考學習、完成使命、與關心社會大眾。

2. 課程：該校課程根據科羅拉多州、及Jefferson County學區所設立的課程標準，並融合相關課程理論。學校特別強調閱讀／寫作課程，其中包括引導閱讀、團體閱讀、與寫作練習等。

五、虛擬網路學校型

以下以位於科羅拉多州的Provost Academy Colorado特許學校（網址為http://co.provostacademy.com）為例，加以歸納說明。

此校招收9-12年級學生，最大特點乃在利用電腦進行線上教學服務。其採用Edison Learning系統所設計之課程，以適應個別需求，在教育創新上經驗極為豐富。學校以嚴格且全面的課程為基礎，強調數學、科學、與技能相關領域的學習。辦學目標為提供靈活的學習選擇與設計具有吸引力的課程，以讓學生能依照自我學習步伐，獲取知識與追求學術表現。利用網上學習系統，學生可以擁有不同課程選擇，系統也可隨時檢驗其學習表現。為使教學具有多元性與彈性，學校課程設計方針如下：

1. 新穎的教學方式：傳統思維認為線上教學只能限於電腦線上閱讀與題目練習，但Provost Academy則希望進一步用科技特性以吸引學生的專注能力。該校課程利用多媒體的優勢，其中如網誌、教學影片、遊戲等方式進行課程活動與學習評鑑。

2. 個別化學習：該校根據Edison Learning 之專利系統進行課程設計，可滿足不同學生需求。教師透過測驗與討論的方式，依照學生不同的學期歷程更改課程。利用現場直播會議、手寫作業等方式以使課程多樣化，也讓每位學生接受專屬設計的教育。

3. 定期的學習評估：學生在每堂課皆會接受評鑑，如果發現有任何學習未達標準之處，科技系統會直接提醒教師。每堂課皆訂有明確目

標，使學生能專心達成卓越學習的目標。此外，家長也能在學生個
人網站中充分瞭解學生的學習成果。

4. 課程品質的要求：該校所有課程皆符合科羅拉多州所設立的標準。
該校的課程係由史丹佛大學教育學院的Dr. Paul Kim所研發，其團隊
在研究科技教學、線上教學、課程研發等方面已有數十年經驗。

📚 六、專業學校型

　　以下以加州的The School for Integrated Academics and Technologies特
許學校（網址為http://www.siatech.org/about/index.php）為例，加以歸納說
明。

　　此校簡稱為SIATech，乃是一所公立特許學校。其透過網路與科技的連
結，提供全美15個校區4,000位學生的課程，以獲取高中學位。透過科技的
支援，學生能得到符合當地教育標準的課程，以確保其教育品質。教學部
分採取以學生中心為導向，強調評估每一位學生之不同需求，並給予適當
教育。學生可按照自我學習速度執行其「個人學習計畫」（individual pro-
grams of study），而教職員則必須從旁給予協助。

　　學生在校接受數學、閱讀、科學等基本相關課程，此些課程皆使用科技
來輔助學習。以數學課程為例，該課程會利用相關軟體如AutoCAD進行教
學，以協助解釋複雜的數學觀念，並幫助學生發現不同觀念之間的關聯性。
在學術核心課程（英文、數學、科學、社會）之外，該校也將州政府所規定
的學生畢業具備能力納入課程。例如：學生在畢業前必須學習基本軟體如
WORD、EXCEL、Adobe Illustrator、Macromedia Flash等電腦軟體的操作。

　　綜而言之，SIATech的特色在於利用科技輔助教學以協助學生完成獨特
的教育計畫，以滿足來自不同背景的學生。該校的課程強調生活技能與工作
能力養成的學習，也鼓勵學生瞭解社會相關議題等。SIATech學生在畢業前
必須完成個人的作品集，以培育學生發展獨立學習能力。

第三節　教育管理組織與特許學校

　　由於公辦教育之績效受到社會大眾質疑，美國民間於1990年代開始出現「教育管理組織」（education management organization，簡稱EMO），期望以興辦私校或是與學區簽約經營特許學校模式，進而改善教育品質。此類組織分為營利（for-profit）與非營利（non-profit）兩種。在2008學年，50個營利教育管理組織負責經營533個公立學校（其中85%為特許學校），83個非營利教育管理組織經營488個公立學校（其中100%為特許學校）。其中「愛迪生學校」（Edison Schools）經過二十多年之經營發展，目前已成為美國最大的教育管理公司。由於旗下學校多為社區特許學校，因此針對其經營現狀與問題，值得加以深究。

一、愛迪生計畫之緣起

　　愛迪生學校係由愛迪生計畫（Edison Project）所衍生而出。愛迪生計畫係由Christopher Whittle在1991年提出，研究成員包括教育學者、課程專家、教師、學校行政人員等。計畫團隊參酌世界各國之成功經驗，希望為美國中小學設計開發創新之教育理念。愛迪生計畫原本希望以二十年時間興辦1,000所私立學校，藉著在課程教法與經營模式之變革，迫使公立學校因為競爭而必須轉變。無奈天不從人願，愛迪生計畫之最初成效未如人願，私校之經營成本過巨而無法獲利。崩盤之際，適逢美國各級政府立法興辦特許學校，愛迪生計畫遂改弦更張進行調整，將目標由興辦私校改為經營公立特許學校。

　　第一屆愛迪生計畫相關學校於1995年在德州、堪薩斯、密西根、與麻州等4個州開始營運。運作數年，投資開始有所回報。其後，通過投入資金之逐漸增加，愛迪生學校之數量也有所擴展。至2012年，愛迪生學校在美國經營數量進一步增加，學校遍及20多個州，並且還在英國開設分部。

　　在經營模式上，愛迪生計畫主要透過與學區簽約之特許學校合作，以創新理念提供教育服務且顯著提升學生的學業成就。與眾不同的是，由於其為營利公司，愛迪生計畫也積極進行學校運作之重整，追求以較低成本經營而獲得一定之利潤。愛迪生計畫所管理的學校（即愛迪生學校），其營運主要分為兩種：(1)直接營運模式：通常與學區合作，經由簽訂合約，直接全面對特定學校進行管理。(2)合作營運模式：多半與其他被授權經營特許學校之非營利性機構進行合作。在合作過程中，愛迪生計畫多半負責教學設計與管理系統（management system）之運作。實務上，兩類愛迪生計畫學校皆採用分權之行政模式。各學校部門在擁有權限之餘，卻必須確實對其執行成效負完全責任。

　　在收費部分，依照合約，愛迪生學校之每位學生，可由政府部門補助相當於公立學校每生平均教育支出之金額。傳統上，美國公立中小學學生不需繳費，辦學成本係由政府稅收支出。特許學校既為公立學校，其經營者自然也可加以比照。經費來源不虞匱乏，愛迪生計畫即追求以較低成本提供精緻教育。其試圖創造能夠提供不同社經背景學生就讀之創新學校，除了提供具有民主價值的基礎教育外，也強調追求卓越的學業成就。換言之，愛迪生學校之創立初衷並非是高學費之菁英學校，而是在提升教育品質之目標下，儘量降低學校運作成本以獲得一定之利潤。其作法如聘任具有多科證照之教師、利用科技代替部分人力、提高學校場地之使用效率等。實務上，隨著一定之經營規模，近年來部分愛迪生學校已有一定之辦學盈餘。

二、愛迪生計畫之教育理念

　　愛迪生計畫以美國發明家Thomas Edison加以命名，希望彰顯發明家之創新精神。因此，愛迪生計畫所興辦之學校絕非複製現有之教育模式，而必須進行全面且具有整合性的改革。在策略上，愛迪生計畫透過與教育行政主管機關之簽約，將旗下之公立學校進行一次到位之變革。愛迪生學校以多種途徑力圖提高學生之學業表現，主要手段如根據研究發現訂定學校計畫、進

行定期之學生學習評量、實施互動式的教師專業發展計畫等。希望透過創建
創新的學校模式與相互競爭，提供家長另一種教育選擇。

愛迪生計畫試圖讓每一位高中畢業生，皆能達到申請大學的入學標
準；也希望學生能夠具備藝術欣賞能力、健康的身心、與民主的素養。歸納
愛迪生計畫的教育理念大致包含以下九項：

1. 注重教育創新：學校致力開發整合與多面向的教學方法，鼓勵營造
   創新的學習環境。為鼓勵教學與學習的創新，愛迪生學校在多種教
   學方法中，根據其實施成效加以篩選。其目的在打破既有之教育框
   架，設計根據學生需求之創新課程與教法，以提升整體學習績效。

2. 較長之學習時間：愛迪生學校希望學生善用學習時間並視情況彈性
   利用。由於課程設計注重成果導向，每一學科皆建置相關之學生學
   習標準與指標。在另一方面，學校也極重視課程之彈性設計，以使
   其能夠配合不同能力學生的需求。對能力弱者，學校即彈性設計較
   多的學習時間與課業協助。在此情況下，愛迪生學校所需之學年時
   間自然較長。從學習時間分析，愛迪生學校1-2年級學生每天學習約
   多1小時，3-12年級約多2小時。愛迪生學校每學年有198個學習日，
   而一般學校平均只有180天，在學習時間長度上頗有差異。

3. 多元與挑戰性的課程：為確保所有學生都能充分學習，愛迪生學
   校主要開設5個課程領域。其中包括人文與藝術、數學與科學、道
   德與倫理、實踐藝術與技能、與健康與體育。所設學科包括數學、
   英語、歷史與社會科學、自然科學、外國語、道德與倫理、體育與
   健康等，各個學科皆設有嚴格的學業標準。除此之外，愛迪生學校
   也會根據學生特殊需求設計課程。其中如特殊教育課程、英語非母
   語學生課程、雙語教學課程、資優教育課程等。此類課程統整成為
   愛迪生學校所制訂之「個別化教育計畫」（Individualized Education
   Plans，簡稱IEPs），其目的即在以多元課程與彈性學習標準，使不
   同能力的學生能夠得到適性發展而充分學習。

4. **多元教學方法**：除了設計具有建構式教學之方法外，為了達成一定學習成效，愛迪生學校極為重視學生之間的合作式學習（cooperative learning）。實務上，教師將不同能力的學生安排在特定小組中，並依其性向指定任務。個別小組成員必須承擔不同角色與任務，並在與他人合作過程中進行學習活動。此種方法不但顧及個別學生的差異，也經由彼此之合作學習進行互補而有所成長。

5. **特有的教學成果評估系統**：為增進社會與家長對愛迪生學校之辦學成效，愛迪生學校在1999年進行開發「愛迪生基準評估系統」（Edison Benchmark Assessments），目的在為2-10年級的學生提供數學、寫作、與語文三門學科的學業診斷。形式以小型測驗為主，以提供學生進行電腦線上之學習成就評估，教師也可根據學生表現進而調整其教學策略。此外，愛迪生學校還建立其「學業成績管理系統」（achievement management system）。其中主要包括三大部分：(1)每月學業成就概況（Edison Monthly Achievement Profile），內容主要為學校每月基準指標評估結果、學生表現情況、與教師專業發展情況。(2)高風險測驗分析（High Stakes Test Analysis），主要統計與分析學生在全國、州、與地方考試中的成績。(3)愛迪生學校學生學習合約（Edison Student Learning Contract）：其中記錄學生在各階段已達成的學習目標，學校可依此與家長進行溝通，進而滿足不同學生個體的學習需求。

6. **重視教師團隊**：愛迪生學校設定教師團隊乃是教學的基本單位，不希望教師單打獨鬥。個別團隊多半擁有4-6名教師，其中1人擔任召集工作。教師團隊組成目的乃在對學生學習進行觀察、合作討論與提出幫助學生學習的教學方案、進行不同教法之比較、與協調不同領域之間的教學合作。教師團隊可以透過教學觀摩、工作坊、研討會議等形式，促進教師合作交流，進而使教學專業有所精進。

7. **重視資訊與科技之應用**：為使教師教學與學生學習更有成效，愛迪生學校充分利用資訊技術與科技，並使其與學校運作與教學緊密結

合。除了教室中配設電腦、電視、與錄影機，學校並設有多媒體中心與電腦實驗室。此外，愛迪生學校並開設多種資訊技術課程，除教授相關資訊與科技知識，更促使學生與教師使用資訊科技更有績效。

8. 提供教師專業成長環境：愛迪生學校對於促進教師專業發展極為重視。新進教師通常會接受一星期的集中培訓，以讓其充分瞭解愛迪生學校之辦學精神與教學職責。此外，為促進教師之間的橫向聯繫，各學科領域教師任教期間，必須持續不斷接受專業培訓與參與研習會議，以進行互動式的專業交流。為使教師專業能力更加精進，愛迪生學校除與全美100多所教育院校合作之外，並創辦愛迪生教育學院，不僅為愛迪生學校培育合格教師，也為紐約市其他公立學校提供師資。

9. 與社區之密切合作：進入愛迪生學校的學生家長，必須主動參與社區之服務。此外，相關學校行事曆的訂定與活動，校方皆被鼓勵與社區密切合作，並隨時傾聽其意見。

三、愛迪生學校之運作

經過不斷的改革和發展，愛迪生學校已成為美國主要之營利教育管理組織所經營之學校。基於特定之辦學理念，愛迪生學校之運作也與一般中小學有所差異，茲將其運作簡述如下：

1. 行政組織：愛迪生學校總部設在紐約，另在其他主要地區設有地區代表。
2. 學校成員的選擇：愛迪生學校係屬於開放但具篩選性質的學校，學生與教職員皆必須經過特定遴選程序。
3. 教師職前訓練：愛迪生學校的教師一經聘任，在開學之前必須接受六星期之專業成長課程，以瞭解愛迪生學校的理念與運作模式。

4. 追蹤輔導：學校持續關注教師參與各項專業成長活動，並透過教學評鑑與同儕視導，對於教師專業表現進行持續追蹤輔導。

5. 建立通報網路：主要建構愛迪生學校網頁之聯結，將全美愛迪生學校串連建構成為整合網路系統。其目的在互通教學訊息、提供教學資源、與成為社區互動的管道。

6. 辦學成效的檢視：愛迪生學校透過特定之學校成就標準指標與系統，持續檢視學校辦學成效與學生學業進步之程度。

四、愛迪生學校的辦學成效

愛迪生學校之經營成效，向來為社會大眾矚目之焦點（Peterson & Chingos, 2009）。此因愛迪生學校為營利組織所主持之學校，自然引起傳統學區學校與教育利益團體（如教師工會）之側目。因此，愛迪生學校自創立後常出現爭議（Saltman, 2005）。一來學校在營利目標下，是否能降低成本且同時提高教育品質即啟人疑竇。二來在美國教育改革之潮流下，愛迪生學校學生之學業表現也成為社會大眾是否認可其繼續發展的課題。此外，教師素質與離職率、特殊需要學生之適性教育等問題，也是愛迪生學校被人批評之焦點。以下分別簡述之。

愛迪生計畫之初衷即在提升學生之學習成就，其實質表現之相關研究數量不多，且呈現正反不同之發現。相關研究最大宗為愛迪生計畫自我所出版之年度報告（Edison Annual Reports）。其自1997年開始，歷年皆有相關報告之出版。意料之中，研究結果泰半顯示愛迪生學校學生在各項測驗之成績，較同學區之一般學校為高且具有正面教育成效。例如自1995至2002年，相對於學區一般學校，愛迪生學校學生學業成績進步3.5%，而較一般學校學生之1.4%為高。此外，在相關問卷調查中，84%的家長評鑑愛迪生學校為A或B等級（其他一般學校僅有68%家長給予同樣等級）。愛迪生學校教師與學生針對學校工作環境與學習成效，計有87%與73%分別給予學校A或B等級（Edison Schools, 2003）。

之後，在2006年所出版之「第八年學校表現報告」（Eighth Annual Report on School Performance）中，愛迪生學校當局將相關測驗分數加以標準化（即轉換成z-score），以便能與各州一般學生分數相比較。其中發現自2001-2002至2004-2005學年，愛迪生學校學生在閱讀部分進步0.22個標準差，數學部分則進步0.44個標準差（Edison Schools, 2006）。

　　愛迪生學校當局年度報告之正面結果結論，引起不同之評論，甚而被「美國教師聯盟」（AFT）指責爲不客觀，認爲愛迪生報告採用不同標準以得到有益自我之結果。在AFT歷年之相關研究中，發現與同學區之一般學校相比，愛迪生學校學生表現較差或是持平，僅有部分學生能夠間歇有所進步。此外，在低收入社經背景之學生部分，AFT比較在位於同州之80所愛迪生學校與40所一般學校，發現愛迪生學校學生表現較差，但在黑人學生聚集之區，愛迪生學校學生較有機會在數學表現有所精進（American Federation of Teachers, 2003）。

　　在其他相關研究部分，Hoxby（2004）檢視同學區愛迪生學校與一般學校學生之英語成績，發現相較於其在全國百分位數（percentile rank points）之位置，前者之平均要高出2.7個百分位數。此外，Gill et al.（2005）所做之相關研究中，全面檢視愛迪生學校的辦學策略與其績效。其利用各州所實施之閱讀與數學測驗，比較愛迪生學校與一般學校學生通過之精熟比例（proficiency rates）。結果發現：(1)就單純數字分析，愛迪生學校學生表現有逐年提升之趨勢。(2)與同類一般學校相比，愛迪生學校學生在前三年之表現並未較好，此外，雖然在第四與第五年愛迪生學校學生數字較高，但未達顯著性。(3)第四與第五年愛迪生學校學生在數學科之表現更爲進步。

　　除了學生學習表現是否進步之外，爲縮減開支所導致之教師離職率偏高，也是愛迪生學校被批評之現象。此因與一般學校相較，愛迪生學校在科技設備、延長學生學習時間、與提供教師專業教育培訓部分，皆必須額外開支，再加上希望有所盈餘，迫使愛迪生學校對於教師薪資之減少。影響所及，低薪資只能吸引較爲資淺與專業較差之教師。此外，由於校方對教師之要求較高，也使新進教師在無法得到協助下紛紛離職。1997年愛迪生學校

年度報告即顯示教師離職率竟達到44%，除顯示教師團體之不穩定，也令人懷疑留下來教師之品質（Edison Schools, 1997）。

綜上所述，愛迪生學校之發展乃是美國學校公辦民營浪潮的重要發展。此種由營利教育管理組織介入教育市場之政策，關乎未來各國教育選擇權走向甚大，值得進一步追蹤瞭解。

第四節 特許學校之運作

由於興辦目標不同，特許學校之運作與傳統公立學校自然有所差異。然而，特許學校之設立仍須經由相關法律的授權，方能接受聯邦與州政府之經費補助（顏輝，2002）。特許學校之管理模式雖較為創新與具有特色，但其並非是教育改革的萬靈丹，經營不善倒閉者歷年占有一定比例。以下即從管理機關、申請程序、招生政策、經費來源、監督機制、退場機制等部分加以說明。由於各州之規定不一，詳細情況請參閱相關文獻與網站。

一、美國特許學校之運作

(一) 主管機關

美國制訂相關特許學校法律之各州，皆依其需求明確規定特許學校之主管機關與其權限。其中主管機關多半包括州教育委員會、州特許學校管理委員會、學區教育委員會等。由於允許之特許學校種類繁多，主管機關可能包括多個機關或部門。成員部分，則多為主管機關之首長與其指定之人員，其中可為各州議會成員、社區代表、企業成員、教育組織代表等。主要職責為授與符合申請條件者之特許學校辦學資格、與之簽定合約、對特許學校辦學進行監督、處理辦學不善之特許學校後續事宜、提出相關法令修訂建議等。此外，依照特殊需求，部分州政府准許現存之私立或公立學校申請改制為特

許學校。

(二) 申請程序

根據各州相關規定，教師、家長、社區、教育組織、企業機構或個人，皆可向主管機關（如州特許學校管理委員會）提出申請興辦特許學校。申請內容主要包括辦學理念與運作模式。細項如辦學宗旨、教育目標、課程設計、教學方法、學生評量、招生對象、教職員聘用準則、教師權利義務、預算與財務運作、學校建築與設施等。主管審核機構必須及時做出決定。如果否決申請，必須以書面通知未通過理由。申請人有權向上一級審核機構提出申訴，通常為州教育委員會。

(三) 招生政策

特許學校必須以所在學區申請入學者為優先考量對象。如果僧多粥少，特許學校則以抽籤方式錄取學生。錄取學生時，必須避免種族、家庭、社經地位、性別、收入水準、身心狀況、英語程度之篩選限制。然而，特許學校可視情形限制學生之入學年齡段或入學年級，可拒絕被其他學校拒絕之學生。如果特許學校學生因種種原因轉回一般公立學校，則享有承認其已修學分之權利。

(四) 經費來源

如同大部分的公立學校，特許學校的辦學經費來源多半來自政府之補助。基本上，州政府會依法設定撥款標準（主要為特許學校每日平均到校人數）進行補助，部分州則在與特許學校管理委員會簽訂契約時加以議定。值得注意的是，基於種種因素（如經費之排擠），平均而言，特許學校所獲得之教育經費會少於同類之公立學校，進而造成辦學之困難。此外，為解決辦學初期需求，部分州設有專項經費（如設立開辦基金）以解決開辦初期經費不足的問題。此項經費幫助特許學校增建校舍、添置設備、與建立校園，功能相當顯著。除了州政府之補助外，美國聯邦政府也經由各項法案之通過，

資助符合資格之特許學校經費，以鼓勵補助特許學校之設立。聯邦教育資助經費可以通過特許學校自己申請獲得，也可以通過州教育管理部門以不同的方式分配給特許學校，具體方法由州特許學校法規定。最後，特許學校可以接受社區與私人之資助與捐贈，此在具有特殊辦學教育理念之特許學校極為常見。

(五) 監督機制

特許學校雖然依法可以豁免部分教育法規的約束，但依照合約仍須接受上級管理機構對其之監督。監督項目主要為是否遵守聯邦與州之相關教育政策（如反歧視）、學生學習表現、學校財務管理與經費運用等。監督評核之結果可作為未來中止或延續合約的參考。實務上，監督之形式則主要經過以下兩個途徑：(1)特許學校必須定期向上級管理機構（如州特許學校管理委員會）提出辦學報告，並公開給家長、社區、與社會公眾參閱。此外，由於特許學校辦學經費多來自政府補助，上級管理機構必須定時針對其財務管理與運用進行審計，以避免違規之問題。(2)學生學習績效必須定期考核。按照合約，特許學校學生多半必須參加聯邦與州的統一標準化考試，或是學區舉辦之特種考試，以評估學生之學習成效。不佳者往往會被要求積極改進，甚或因此而關門。

(六) 退場機制

與一般公立學校不同，特許學校不佳者必須退場。因此，美國各州之相關特許學校法皆有退場機制之規定。當監督與評估之結果符合理想，上級管理機構即可於合約期滿後續約。反之，管理機構即可根據相關結果不接受續約申請。此外，在合約存續期間，如果管理機構發現重大缺失如嚴重違反合約規定、不遵守會計準則、違反聯邦或州之法令等，即可在糾正特許學校當局無效後，中止與其之辦學合約。

特許學校之興辦，給予具有特殊教育需求之家長（尤其是社經地位較低者）很大幫助。傳統之公辦學校暴力事件頻傳，學生被放棄後吸毒輟學比例

遽增。這些位於大都市之學區，學生背景多來自單親，家庭功能往往失調。諸般不利因素使得教師在教學上動輒得咎，使得學生表現每況愈下。特許學校由於享有一定之自主性，其規模較小可進行小班教學，加上對學生行為規範嚴格，自然較受家長青睞。

然而，Sizer（2005）之研究顯示，至2003年仍有68%的州對於特許學校的數量有所限制。55%的特許學校受到必須與學區教師工會進行「集體協商」（collective bargaining）的限制，而85%受到特許學校教師招募的額外限制。凡此種種皆牴觸最初成立特許學校之鬆綁目的（Sizer, 2005）。

此外，興辦特許學校也絕非易事，根據美國教育改革中心之統計，自1992到2011年，曾有約6,700所特許學校營運，然而有1,036所特許學校已經關閉，比例約為15%。關閉原因林林總總，歸納之後可分為以下數項：

1. 學生表現不如預期：興辦特許學校之初，即需與授證機構簽訂合約，保證學生之學習成就有所精進。學生成就多半以標準化測驗加以檢測，未如預期者，則可能選擇不再繼續。實務上，家長並不會以學生標準測驗成績為評斷辦學成敗之唯一依據，但若學校毫無進步，則很難再次獲得授證機構的認同。例如根據簽訂之合約，佛羅里達州即規定，如果學生學業成績持續被評為F等級兩年，學校即有被勒令關閉之可能。

2. 學校財務問題：較之一般公立學校，特許學校由於必須推出創新之制度與課程，自然花費較大。其財政雖名義上由公家支付，但部分州由於政治因素（如教師工會之抵制），撥給特許學校經費之比例往往較低。加上少數特許學校管理不善，整體財政入不敷出而必須停辦。所謂「金錢不是萬能，沒錢萬萬不能」，興辦特許學校自也不能倖免。此類學校多半因學生入學人數不足、缺乏足夠資金、成本過高，以致造成財務之不健全，而無法繼續維持下去。此外，當初設立乃基於獲得特殊經費之支援（如聯邦政府之特殊補助），一旦補助結束，所設立之特許學校即會因財務考量而結束營運。

3. 人事與師資不穩定：特許學校之興辦原因之一，即在打破教師工會之箝制，依據教師表現以決定聘任與否。此舉雖可淘汰不適任者，但也因工作較缺乏「保障」與相關福利之喪失（如必須配合延長上課時間），造成教職員流動率偏高。種種限制使得合格有證照之教師卻步，學校只得退而求其次雇用無照且無經驗之教師，教學品質深受質疑。

4. 設施不足：由於缺乏適度經費支援與學區之抵制，部分特許學校必須借用老舊之教堂或私人房舍進行辦學。其主持者多半有崇高之理念，無奈卻不敵「巧婦難為無米之炊」的困窘。除了教學設備不足與缺乏活動空間，建築物本身之修繕花費也使學校之財政陷入困境。此外，部分特許學校會面臨擁有設施之機構不願續約之問題。進而促使其不得不關閉。

5. 經營不善：少數特許學校之經營者未能依照學校制訂之章程辦學，或是缺少績效考核制度，甚而有挪用公款之欺詐行為，因而被勒令關閉。此種情況雖然數量極少，但對特許學校之聲譽確有極大殺傷力。Karanxha（2013）曾以一所位於佛羅里達的特許學校（Voyager Charter School）為例，研究其開始至結束的原因。結果發現特許學校董事會的管理品質至關重要。由於其未能即時阻止校長任用具有犯罪前科的財務主管，致使學校財務陷入危機，最後導致關閉的結果。如此問題在傳統公立學校之嚴格審計制度下極少出現，但特許學校所強調的彈性，竟提供了人謀不臧的機會。

二、臺灣特許學校之運作

臺灣自1990年代進行教育改革，在民主化與多元化的訴求下，中小學教育之興辦不再由政府獨占，而可採取公辦民營之模式。1999年通過之《國民教育法》第4條修正條文規定：「國民小學及國民中學，得委由私人辦理，其辦法由直轄市或縣市政府定之。」同年，通過施行之《教育基本

法》第7條也規定：「政府為鼓勵私人興學，得將公立學校委託私人經營；其辦法由該主管教育行政機關定之」，就此明訂公辦民營教育之法源依據。之後，臺北市等縣市議會依法通過相關中小學委託民營自治條例，以發揮辦學之實驗與創新精神。至2012年為止，基於各種原因限制，僅有宜蘭縣依據自治條例，設立慈心華德福教育實驗國民中小學（人智學教育基金會）、與人文國民中小學（佛光山文教基金會）兩所特許學校。

　　慈心華德福教育實驗國民小學淵源於張純淑女士所辦的「慈心托兒所」，經國際華德福教育推廣組織的師資培訓，在1996年將慈心托兒所轉型成華德福學校。接著於1999年申請以在家自學的方式，成立非學校型態的小學階段的華德福教育實驗。《宜蘭縣屬國民中小學委託私人辦理自治條例》於2001年通過後，即成立「人智學教育基金會」申請公辦民營。2002年8月，華德福學校以公辦民營的特許模式遷入冬山鄉冬山國小的香南分校。

　　慈心華德福團隊教育工作以教師群會議（faculty meeting，簡稱教師會議）做為主要的溝通運作平臺；以工作小組的方式進行教學事務、課程發展、學生輔導、教師研修、環境景觀與工程、節慶活動、親職教育與教育推廣等活動，讓每位教師參與學校事務，並在小組工作中，學習創造團隊教育工作模式。行政處室會議成為統合例行性業務工作的單位，並扮演公部門與社會大眾之間的橋梁，維護學校的辦學空間。校務發展小組為校務工作之核心樞紐，由處室主管、年段教師代表、與教師會議主席組成，對全校性教育與校務發展等議題研擬方案與決策。

　　人文國民中小學於2002年以首波公辦民營小學的身分，在宜蘭縣頭城鎮成立，當初名為宜蘭縣人文國民小學。宜蘭縣政府以其獨有之公辦民營模式，將原座落於頭城國小拔雅分校的人文國小經營權，委託給佛光山文教基金會承辦。依據《宜蘭縣屬國民中小學委託私人辦理自治條例》對特許模式之規定，人文國民中小學在縣府提供之校地、校舍之外，亦得享有等同於同規模公立學校之經費補助，此使得人文國民中小學經營團隊可以在治學經費無虞下專心辦學。再輔以佛光山文教基金會每年數百萬的經費補助，人文國

民中小學的學童享受更多的教育資源。由於學校同時具有實驗教育與民間參與經營的身分，基本上享有更大的經營空間，可以嘗試不同的學校經營模式。

　　針對特許學校之設立，臺灣相關學位論文也開始進行研究（王鳳鷥，2004；吳美智，2005；李雯琪，2006；張雅菁，2007；郭家宏，2003；陳志峰，2004；陳俊毓，2009；陳麗嬌，2003；游宏隆，2004；鍾欣儒，2008），分別從各方面探討公辦民營特許學校設立之利弊得失。例如兩所國小委託民間財團法人辦理，但至今仍在定位與經營上出現眾多問題（游琇雯，2005；林碧惠，2006）。在定位部分，由於必須有特定之法律授權，立法之速度緩慢而導致學校辦學自主性之受限。相關法令雖認定特許學校具公立學校性質，且無償提供土地建物與以公務預算編列學校經費等，但對師資之相關問題（如保險退休）則較少著墨。影響所及，特許學校合格教師無法享受公保、退休、撫恤等福利，而依照學校需求彈性延聘之「非合格教師」之地位也是妾身未明。

　　此外，吳美智（2005）的研究也指出課程的設計與執行全由教師負責，負擔極為沈重。經費部分，由於比照一般公立學校，在使用上較難彈性使用，而使特許學校之精神蕩然無存。楊文貴、游琇雯（2011）則發現在相關法律之授權下，人文國民中小學得以享有不同於一般學校的興辦模式。其中包括四學期學制、學校本位行政組織、教師分級制、開放空間校園、混齡雙軌動態學習組織課程、自主評量檢定系統、完全照顧課後課程、與幼小銜接角落課程等。然而設校以來，當初在自治條例中被賦予的彈性辦學空間逐一被收回。教育經費的運用，從事後報告制改為預算制，資金運用之靈活性頓失。此外，被定位為公立學校後，教師聘任規定必須與其他學校無異，原先希望之自主遴選與任用教師之機制受到掣肘，幾乎沒有任何彈性。凡此種種，皆造成社會大眾對於公辦民營政策的質疑。

　　以上所舉種種問題，部分與美國特許學校極為相似，且皆造成社會大眾對於公辦民營政策的質疑。為使特許學校之興辦達到其既定目標，相關問題解決之道，需要進一步加以探討。

第五節　特許學校之成效

即使在設立初期，特許學校就遭受各方質疑。在法案審查過程中，即出現許多反對意見，綜合起來可包括下列幾點（Bulkley & Fisler, 2003; Buckley & Schneider, 2009; Ravitch, 2011）：

1. 特許學校過度重視以各種標準測驗分數所呈現之學生學習成果，導致分數主義掛帥與影響教師教學之多元創新性。
2. 特許學校不受部分法規之限制而享有一定自主。其可以選擇特定學生與採用自創之課程教學，如此即可能會對教育平等造成傷害，進而形成學生種族、社經地位、政治主張之對立。
3. 特許學校之財政經費多半來自州政府之補助，因此造成排擠現象，對於傳統一般公立學校辦學有負面影響。
4. 特許學校之經營者缺乏專業，造成辦學初期弊病叢生，甚而面臨關閉之危機。如此使得學生學習深受影響，白白斷送大好青春。
5. 特許學校可直接由營利團體經營，或深受特定利益團體之影響，教育理念脫離正軌，並可能造成教育之嚴重商品化。

即使有以上之質疑，特許學校之出現，仍帶給許多家長希望。從歷史的觀點而言，美國公辦中小學校辦學品質低下，特許學校之出現無異令人耳目一新，而造成家長（尤其是社經地位較低之貧民區）趨之若鶩。在特定區域如黑人群集之華盛頓特區，大批學生排隊等待入學。由於僧多粥少，往往必須經由電腦抽籤以決定入學名單。

然而，特許學校雖已有數十年歷史，但其是否為拯救美國教育之特效藥，相關研究雖已盈箱滿篋，但至今仍未有所定論。為瞭解特許學校的功能成效，學者專家從各層面進行研究，所發現與結論卻莫衷一是，往往基於地域或學校之不同而有所差異（Gill, Timpane, Ross, Brewer, & Booker, 2007,

Gill, Booker, Zimmer, Lavertu, & Sass, 2009; Merseth, et al., 2009; Prisser, 2011）。贊成者認為特許學校之出現，至少為無助之家長提供另一選擇；反對者則指控特許學校在瓜分傳統公辦學校資源之餘，卻未能提升學生學習成就，根本是事倍功半、多此一舉。此外，由於特許學校之少數民族學生（如黑人）比例偏高，其也被人指責為是助長種族隔離。特許學校成立之初衷乃在鬆綁傳統體制、幫助學生尋求最適學校、與提升學習成效。成立至今，贊成與反對者仍舊僵持不下，因此必須進一步以嚴謹的研究入手，探討辦學成效與是否達成既定目標。

以下即分別從三個指標來探討特許學校的辦學績效，其中包括：(1)特許學校學生學術成就表現。(2)特許學校對公立學校的影響。(3) 社會對特許學校的瞭解與肯定程度。茲分述如下：

📚 一、學生學術成就表現

如上所述，特許學校之興起，與傳統公立學校之辦學績效不彰具有密切關係。既然希望另起爐灶，社會對於特許學校之表現自然寄以厚望。此外，在簽訂合約時，特許學校之辦學者必須接受定期評鑑之要求。實務上，學生之學術成就表現（academic achievement）往往成為評鑑的焦點。

自2000年之後，相關研究數量漸增，大致可分為單一時間點研究（one-time study）與多個時間點研究（over-time study）兩大類。一般而言，前者多在特定時間點進行橫斷面之研究；後者則利用多個時間點進行深入追蹤與比較研究。至今單一時間點最全面之研究，係屬哈佛大學經濟學家Caroline Hoxby所進行之分析。Hoxby（2004）傾全力蒐集全美99%的特許學校資料並加以深入分析，主要研究發現包括：(1)與一般公立學校相比，特許學校學生在閱讀能力平均高出5.2%，數學能力則高出3.2%。(2)特許學校經營時間愈長，學生學術成就的提升比率就愈顯著。例如經營1-4年的特許學校，在閱讀方面高出一般公立學校2.5%，經營5-8年的學校高出5.2%、經營9-11年的學校則高出10.1%。(3)特許學校設立愈普遍的州，不同學校學生學術成

就差異就會愈顯著。例如普設特許學校之阿拉斯加州在閱讀與數學上皆高出20%，亞歷桑那州高出10%，加州則在閱讀與數學上分別高出9%與5%。

此外，根據Hoxby（2004）之研究，貧窮與西班牙裔學生在特許學校裡會有更顯著的進步表現。相較於一般公立學校，此兩類學生在特許學校所占比例較高，其表現較佳之事實，可以因此肯定特許學校幫助弱勢學生之設立初衷。在另一方面，Hoxby也發現如果州所制訂的相關特許學校法令較早（平均年度為1996年）、配套政策較為完善、與補助特許學校更為確實，則境內特許學校學生會有更佳之表現機率。此因即使美國各州如今皆已制訂特許學校相關法律，但在執行上卻有所差異。唯有州政府能確實依法支持特許學校，使其能夠獲得充足辦學經費與課程教學之自主，學生成就才有機會有所增進

在較早之研究中，Hoxby（2001）即發現在大型都會之學區中，如果能夠確實執行教育選擇權，則境內因政策所設立之特許學校會有其一定優勢。例如在核心課程如英文、數學、科學等學科之學業要求，會高於一般公立學校約35%。Walberg（2006b）也發現此類特許學校具備擁有較佳設備、使用標準測驗、與更注重學生學業等特質。影響所及，學生之學業成就與一般公立學校相比，即有顯著之提升。

此外，Greene, Forster and Winters（2003）也在11個州進行長達一年的研究。其發現特許學校學生在數學與閱讀測驗方面，比公立學校學生分別高出3%與2%。此種情況在高中階段更為明顯。

與Hoxby的研究方法有所不同，Miron and Nelson（2004）採取後設分析（meta-analysis）的方式進行分析。其蒐集18個相關特許學校與傳統公立學校之研究，希望瞭解特許學校之成效。結果發現，若從表面之原始分數進行檢視，特許學校學生確實在成就分數上顯示微弱的全面提升。然而，在去除研究方法較不完備（如缺乏比較組，缺乏公立學校之資料）之研究後，整體成長分數即趨向於零。在數量部分，具有比較組之研究，6個具有正面效應，5個具有負面效應，整體呈現毫無趨勢之現象。

之後，Hassel and Terrell（2006）也針對數十個相同題材之研究進行分

析。其篩選之方式較爲特別，僅蒐集18個採用縱斷研究法（longitudinal）之研究，如此即可得到學生數年來之進步分數。在與同區傳統公立學校比較後，發現16個研究顯示特許學校學生有正向之進步。

相較於Hoxby的研究結果，向來反對設立特許學校的「美國教師聯盟」（American Federation of Teachers，爲全國第二大的教師工會），即以「全國教育成長測量中心」（National Assessment of Educational Progress，簡稱NAEP）所提供之數據進行研究。NAEP的負責單位雖爲隸屬美國教育部之教育統計中心（National Center for Education Statistics, Department of Education），但實際政策決定則由超黨派之「國家評量管理委員會」（National Assessment Governing Board）加以主導。NAEP依法定期針對不同階段學生之閱讀、數學、科學等項目進行評量。在此之後，National Center for Education Statistics也利用NAEP的調查數據以對照美國教師聯盟之相關研究結果（兩者詳見Nelson, Rosenberg, & Van Meter, 2005）。與Hoxby的研究結果相牴觸，兩個研究皆顯示特許學校黑人與西班牙裔學生，與公立學校學生比較並無顯著差異。除了其可在特許學校獲得免費午餐之優惠外，在都會地區之特許學校學生甚而較學區公立學校學生表現更差。

然而，以上兩個研究被批評爲可信度較低，主因乃在其所使用之樣本數太小。NAEP所蒐集之樣本僅限所有學校的3%，而其中特許學校之所占比例更小。如此在配對比較特許學校與公立學校時，即容易產生統計誤差，形成效度不足之疑義。

由於單一時間點研究有失之片段的問題，因此部分學者採取多個時間點研究的方式，試圖探討特許學校學生的學業成就表現。Hassel（2005）即採取長期追蹤學生表現的方法，整理26項多個時間點研究。由於學生表現會受到學生背景與非學校因素之影響，因此分析多個研究，可以較爲沖淡干擾因素之影響。Hassel之研究發現：(1)計有12項研究顯示特許學校在整體表現較一般公立學校爲高。(2)計有4項研究顯示特定種類的特許學校表現會較一般公立學校更佳，其中如小學、高中、或爲弱勢學生特設之學校。(3)計有6項研究表示特許與一般公立學校之間在表現上無顯著差異。(4)計有4項研究

顯示特許學校的整體成果乃是落後而不如預期的。

學者Hoxby and Rockoff（2005）的研究則試圖比較特許學校與一般公立學校學生之學業成就。其以當時全國最大之特許學校「芝加哥國際特許學校」（Chicago International Charter School）爲樣本進行研究。該校當時雖設有9個校區，但因報名學生眾多，而必須採用「樂透系統」（lottery system）進行抽籤以決定錄取名單。由於報名參與抽籤的學生在背景（尤其是內在學習動機）部分極爲相似，唯一之差異在於日後是否進入特許學校。基於此，Hoxby and Rockoff以「抽中進入特許學校」（lotteried in）與「未抽中進入特許學校」（lotteried out）兩類學生進行追蹤比較。主要研究發現包括：(1)5年級以前進入特許學校的學生在閱讀上會提升6個百分點，數學則提升5-6個百分點。(2)如果學生每年持續保持如此進步幅度，則五年內進入與未進入特許學校的兩類學生之間的差距將會拉得更大。此種趨勢將導致一般公立學校存在辦學之危機。

在其他相關研究部分，Solmon and Goldschmidt（2004）在Arizona州進行研究，以測試特許學校因爲吸引好學生所以績效良好之論述。兩人分析873所學校之62,207位學生157,671項測驗成績，研究結果發現：(1)整體而言，相較於公立學校的同儕，特許學校招收之學生原本較爲低成就。其原因包括轉學、社經地位較低、與不會說英語等。(2)儘管有上述之不利因素，學生進入特許學校後，相較於公立學校同屆學生，每年卻有3個百分點的學業成績提升。(3)特許學校學生在12年級時之SAT成績，已超過公立學校之同儕。長期而言，學生在8年級轉學時造成的短期不適，並無改變其在特許學校長期學習成長之結果。

此外，Booker et al.（2004）則以德州的特許學校學生作爲研究對象。其追蹤五組4年級學生數年，結果發現整體而言，學生轉至特許學校就讀，第一年往往導致其在閱讀與數學成就上之退步。如果繼續留在特許學校，則其成績則呈現逐年之現象，即使如此，學生進步之幅度，也無法填補第一年入學之退步差距。

學者Loveless, Kelly and Henriques（2005）則比較加州49所於2001-2004

年轉型成特許學校，與其在1986-1989年爲公立學校時的學生學業成績。其發現學校在學生特質、教師待遇等方面並無顯著改變，但以特許學校方式經營後，學生學業成績卻有顯著改變。此項研究對於將績效不彰的公立學校轉變爲特許學校的主張，提供強而有力的證明。

之後，Sass（2006）則以1999-2003三個學年中，佛羅里達州學生在「佛羅里達學科成就測驗」（Florida Comprehensive Achievement Test）之分數進行分析。學生年級從3-10年級，計有100萬人。其中轉學至特許學校者則有25,000人。結果發現無論在數學或閱讀分數上，特許學校均呈現負面成效，尤其是在每年的進步平均分數部分。

在Sass的研究中，也對不同特質之特許學校進行比較。其中如：(1)學生來源：分爲有特定來源（如低收入學生、特教學生）、與無限制來源兩種。(2)經營團隊：係屬非營利組織（non-profit management company）、與營利組織（profit management company）兩種。結果發現有特定來源之特許學校學生在數學成績上顯著較差，閱讀部分則無差異。至於兩種不同營利組織彼此之間在學生分數上，則無顯著之差異。

綜合上述研究，可以看出多數研究結果顯示，特許學校在學生學術成就表現上，整體而言大多較傳統公立學校爲佳。此種現象在大部分特許學校成立年限較低、經費較爲不足（與傳統公立學校相比）的情況下，可以說是難能可貴。在另一方面，運用較少經費卻可創建較高的學生學業成就，是否意味將特許學校完全鬆綁，可以獲得更高成果？值得未來進一步加以探討。

二、特許學校對公立學校的影響

特許學校的設立初衷，乃爲解決傳統公立學校績效不彰之弊病，並提供家長更大的教育選擇權。其出現不啻在教育市場投下石塊，其所能引起之波動，即成爲教育學者關心之課題。無可避免的，傳統公立學校由於出現新的競爭者，必定受到一定程度的影響。爲了爭取家長之青睞，公立學校往往必須改變經營方式，或是研發新的教育課程與教法。在Vanourek（2005）所發

表之報告中，發現當時雖然特許學校的學生僅占全體學生之2%，但其市場影響卻不可小覷。其對公立學校之影響則從微小至巨大而有所不等，端看當地特許學校的背景與得到的資源而定。

公立學校之擔心並非無的放矢，根據Clowes（2004）的調查，竟有高達89%的非洲裔家長表示只要經濟能力許可，希望將孩子送到收費更高的私立學校。就此而言，採取公辦民營模式的特許學校同樣對其有一定之吸引力。究其原因，乃在家長極為重視辦學績效的保證。Hoxby（2004）也發現特許學校所以吸引家長之主因之一，即在如果辦學績效未符期待，就會被強制改進甚或停辦，而此在公立學校則不會發生。

數位學者則在個別州進行調查研究。例如Hoxby（2002）針對密西根與亞利桑納州的公立學校，分析特許學校對其的影響。其發現特許學校雖然會使公立學校流失6%的學生，但兩州的公立學校並無進行顯著的教育改革。然而在另一方面，密西根州公立學校由於面對特許學校的競爭，其在1992-1993、1999-2000年間，4年級學生在閱讀與數學成績進步1.21%及1.11%。7年級生則進步1.37%及0.96%。亞歷桑那州則因具有較完備的特許學校相關法規，其入學率也是美國最高。其公立學校4年級學生閱讀與數學則進步2.31%與2.68%；7年級學生的數學則進步1.59%。以上兩州之情況，皆顯示特許學校的出現與競爭，基本上會帶動傳統公立學校的進步。

此外，Booker, Gilpatric, Gronberg and Jansen（2008）利用八年之資料進行德州的研究。其顯示1996-1997年度全州有2,412名學生就讀於16所特許學校，至2001-2002年度增加為47,000名就讀於179間特許學校。其發現特許學校之競爭，有助於提升公立學校學生的學業表現（尤其是在1995-1996年度表現低於平均數之學生）。此種現象，其將之稱為「特許滲透」（Charter penetration）。Holmes, Desimone and Rupp（2003）則在北卡羅萊納州（North Carolina）進行研究，發現雖然全州只有1%的學生進入特許學校，卻對傳統公立學校有顯著影響。研究顯示雖然選擇特許學校的學生學業成就多半會高於平均數，但就讀於公立學校學生也有進步，其在測驗分數之進步幅度上，較1999-2000年度之1.7%多了0.5%以上。

　　以上之研究多半顯示特許學校對於傳統公立學校具有正面之激勵效果。然而，Teske, Schneider, Buckley and Clark（2001）之研究卻提出反證。其調查當時在麻州、紐澤西州、及華盛頓特區，雖然學生有轉入特許學校的趨勢，但並未對傳統公立學校產生顯著之刺激效果。研究者認為主因乃在當時基於利益團體之堅持，州法律保障普通公立學校不會因為失去學生，而降低原有預算之金額。有恃無恐之下，特許學校之出現，自然難以激起公立學校之改革決心。

三、社會對特許學校的瞭解與肯定程度

　　在教育體制中，特許學校屬於新興的教育學校型態，因此社會與家長對其之評價，對於經營之成敗具有極大影響力。在社會大眾的看法部分，Vanourek（2005）之調查顯示即使在2005年，仍有約66%之民眾對於特許學校的瞭解為「非常有限」（very little）或是「完全不瞭解」（nothing at all）。此比例雖高，但較之1999年之數據，已經降低16%。

　　然而，如果進一步對調查樣本進行解說，讓其瞭解特許學校的特質與模式後，情況卻有所改變。民眾贊成特許學校者之比例由37%增加至60%，反對者由17%增加至30%，不能決定者則由46%減少至10%。此外，樣本中具有家長身分者，有半數願意將子女送入特許學校就讀。

　　以上調查研究顯示，美國社會大眾對於特許學校抱持正面看法之比例持續成長，但卻是在其具有一定瞭解程度之前提下。身為新興的學校型態，特許學校必須憑藉各種管道宣導其理念，方能獲得多數社會民眾之肯定。

　　在相關家長的看法研究部分，Solmon, Paark and Garcia（2001）調查亞利桑納州239所特許學校，並由家長與教育專家予以評價。其結果發現家長與教育專家工作者對於特許學校的評價相當接近。此外，家長選擇特許學校最主要的原因，分別為特許學校具有較佳的師資（44.8%）、不滿先前學校的課程與教法（40%）、與他人告知特許學校表現較優（34.6%）等。此顯示家長選擇特許學校之主要考量為學業因素，而非其他非學術因素（如就近

入學、學校體育表現等）。

　　學者McCully and Malin（2003）則針對紐約市300位家長進行調查。發現其對特許學校之各個評鑑項目，均傾向「極度滿意」（extremely sat-isfied）。在各項目之滿意度部分，分別包括校園安全（90%）、家長與教師關係（87%）、課業數量（86%）、班級人數（85%）、學術品質（84%）、與教職員專業度（81%），皆高於80%以上。整體而論，相較於上一個就讀學校，42%之家長給予目前之特許學校A之評價，而21%家長則認為上個學校為A。在教學品質上，51%家長給特許學校A之評價，28%則給予B之評價。此外，本研究也將「繼續就讀」（reenrollment）之比率，視為評斷特許學校優劣之重要指標。結果發現紐約市選擇特許學校之家長，有79%會讓子女繼續留在同一所特許學校就讀。

四、結語

　　綜合以上相關研究，可以瞭解美國特許學校之經營與辦學成效。其結論可歸結如下：

1. 從1992年之最初設立，特許學校在數量上已有一定程度之增加。雖然基於種種因素，仍有部分人士質疑特許學校成立之價值，但依據各項調查，特許學校仍大致受到社會民眾與家長的持續支持。

2. 與傳統公立學校相較，特許學校基於經費與法規之限制，有其一定之辦學困難度。研究指出即使州之特許學校占所有學校之比例仍低，但卻能藉由競爭之態勢，對周遭之傳統公立學校形成正面影響。然而，相較於傳統學校，特許學校的數量目前仍低，且多半受制於法令之限制，因此較無法判定其是否能帶入商業市場機制，以促進學校之間的進步。即使如此，目前研究仍顯示特許學校產生之競爭機制，即使規模較小，但仍對學生學習成就具有正面之影響。

3. 在特許學校學生學業表現進步程度是否勝過公立學校學生之議題

上，各項研究結果呈現歧異之態勢。從目前所得知之發現中，顯示小學階段之特許學校學生表現傾向優於公立學校學生。相較之下，中學階段則並無一致之趨勢。此外，相關研究顯示建立歷史較長之特許學校學生表現較佳。至於在測試學生成就之兩大領域（閱讀與數學）部分，研究之結果也是相當歧異。難以確立特許學校之經營，在閱讀與數學成就上之進步或落後程度。

4. 目前研究特許學校經營與辦學成效的最大困難，乃在研究方法上之限制。雖然學者利用各種模式如後設分析（meta-analysis）、隨機分派模式（random assignment model）、固定效果模式（fixed effects model）進行分析，但囿於各種限制，其所得到之結果在研究方法上難以周延。其中如特許學校之異質性（heterogeneity）即常被忽略。相關變項如學生社經地位、學習能力等關乎學生學習成就甚深。未來在執行相關研究時，必須儘量將其納入分析，如此方能一窺特許學校之實際經營成效。

第六章

教育劵計畫

第二次世界大戰之後，教育學者對於義務教育應由公辦或私辦的議題爭論不休。傳統上，公辦教育具有崇高宏遠的理想，希望藉由國家經營的形式，避免私人財團利用市場優勢掠奪不合理利潤，以致影響弱勢家庭學生的教育權益。然而，由於公辦教育獨占市場缺乏競爭，其經營成效往往不孚眾望，因而導致家長之抗議。此外，辦理義務教育所需經費龐大，較難對弱勢學生面面俱到。部分學者因而指出，政府雖然有責任提供教育機會，卻未必是最適當的生產者，反而公私立並存的教育制度才是最好的形式；其不僅可充實總體教育經費，降低政府財政負擔，而且可以提升人民受教育之選擇權（Friedman & Friedman, 1980; Walberg, 2007; 詹中原，1993）。

第一節 教育券計畫興起的背景

教育券與家長教育選擇權息息相關，並牽涉家長（多半為父母）為子女選擇就讀學校的權限大小。前已述及，先進各國為確保教育機會均等，在義務教育階段多半採取政府辦理與學區分發的原則，逐漸形成市場獨占的態勢。家長希望享有充分之選擇機會，卻往往受限法令或經濟因素（如選讀私校必須繳納高昂學費），而未能達到商業市場中可以自由買賣的程度。此外，在部分偏遠地區，由於學校數量稀少造成學生毫無選擇機會，即使績效不佳的學校也能高枕無憂招滿學生。此種毫無進步的死寂狀態，久為部分社會人士所詬病，因而急思改革。其改革之道即在擴張家長教育選擇權，以促進市場存優汰劣的機能（Chubb & Moe, 1990）。

為確保子女福祉，絕大多數家長認為應送子女進入辦學品質最佳的學校。由於各國義務教育階段目前多採取公辦分發原則，當家長檢視分發學校品質不佳時，其選擇多半只有轉入私立學校或越區就讀，此皆必須付出極大代價。此外，公辦中小學由於缺少強力競爭對手，其品質改善腳步遲緩，也激發家長不滿而群起抗議。家長認為應藉由擴大選擇權與拒絕就讀的手段，懲戒品質低劣者使其自然淘汰，而非受限於學區制的強迫分發。此種呼籲在

1990年代後之英美等國甚囂塵上，當地政府於是紛紛進行學校體制改革，希望促進學校之間的競爭，以滿足家長擴大教育選擇權之要求（Berends, Springer, & Walberg, 2008）。

以美國為例，其自1970年代起即開始別出機杼，力圖為學校組織再造與學校經營，進行型態上之變革。在公立學校中注入市場化精神的主張此起彼落，如火如荼的改革也導致義務教育制度的丕變。市場化形式包括公辦民營、契約外包、教育券、與BOT等方式，此皆牽涉到擴大家長教育選擇權之敏感議題，其中又以教育券計畫最受矚目與爭議（Feinberg & Lubienski, 2008）。

同樣的，臺灣教育生態在1990年代因為受到政治解嚴、社會變遷、與校園民主化的影響，學校組織變革幅度極為快速。教師會的成立、教師評審委員會的設置，讓基層教師有了參與決策與分享權力的空間，更對傳統學校組織生態產生重大衝擊。此種教育改革風潮之興起，遂使教育學者開始思考學校經營型態的改變。其主張如採用公辦民營或教育券計畫，進而豐富教育資源並提升義務教育之辦學品質（朱敬一、戴華，1996）。

綜上所述，由於公立中小學辦學品質江河日下，教育學者遂強烈主張各種改革策略，以期打破教育官僚體制。基於部分學生被困在低績效之公立學校，教育券計畫即試圖為經濟能力有限的家庭，提供就讀於辦學較好之公私立學校之管道。其假定由於部分學生轉學至辦學較佳學校，學生即能顯著提升其學習成效。換言之，教育券計畫之推出，即在藉由分權與競爭的手段，由消費者（主要為家長與學生）選擇心中最佳之學校，以促進各校競爭而提升品質。較之其他改革計畫，教育券對於傳統教育行政制度運作進行徹底顛覆，造成推出後之反彈極為激烈，正反雙方甚而對簿公堂。

綜觀教育券正反雙方意見，可看出其乃是市場競爭與社會正義孰輕孰重之爭議。贊成教育券者認為是激勵公立學校辦學品質的利器，主張只要透過市場經濟之消費者自由選擇，定會產生優勝劣敗的結果，如此才能促進教育品質。反對教育券者則認為教育市場之自由化乃是神話，社經地位高者憑藉各種優勢，必將掠奪更多資源，弱勢族群學生之處境更加萬劫不復。

　　不可諱言，雖然爭議不斷，教育券之出現不啻為教育運作開闢另一天地。然而，自1970年以來，教育券計畫即在世界先進國家以多元形式推出，其成效雖然見仁見智，但其影響力卻是無庸置疑。如何針對不同教育脈絡進行適合國情之規劃，實乃極為重要的議題。基於此，本章以下將以教育理論與實務層面，探討各國實施教育券之相關議題。分別從發展背景、理論模式、實施成效、與利弊得失等方面，分析說明教育券計畫實施的現況與未來發展趨勢。

第二節　教育券的理念與議題

　　教育選擇權的爭論在第二次世界大戰之前並不激烈，當時之高等教育名額稀少，非英才或社經地位高者很難有機會就讀。義務教育則除私立學校外，皆由政府編定預算加以經營。雖然各地學生單位成本並不齊一，但至少維持一個基本水準。此種情況在1960年代開始改變，除了少數因宗教問題抗爭事件外（部分教派家長不讓子女入學，堅持在家教育），辯論的焦點開始轉向政府在公立教育所形成的獨大問題。引爆相關議題的學者首推諾貝爾經濟學獎得主Milton Friedman，其所提倡的教育券主張，為當時死寂的美國教育體制吹皺一池春水。

一、教育券的理念

　　教育券的理念可溯及自由經濟理論之「憑券」（voucher）制度。其係指一種與金錢等值的票券，可被持有用來購買或換取一定的服務或貨品，供應者再拿所收之憑券向有關部門換取相當面額之款項。傳統上，政府會編列教育經費補助學校，再由學校機構勻支於受教者身上。教育券計畫則對教育財政反其道而行，先以教育券補助學生，允許其憑券入校就讀，學校獲得青睞後，再以所收到教育券的總和向政府申請經費。由於學校不只一所，因此

學生可依其需要做出自由選擇，理論上具有一定程度的自由市場機制。

在1962年，Milton Friedman出版《資本主義與自由》（*Capitalism and Freedom*）一書，開始倡導教育券的觀念。此在當時乃是前所未聞，因此出版後並未獲得太大迴響。直到1970年代，教育券的實施才成為熱門話題，贊成與反對者之間的爭執一直持續至今，並未有所定論。

在《資本主義與自由》一書中，Friedman對當時政府、學校、與家長三方面在教育上的關係表達不滿。前已述及，歐美國家自十九世紀以降，為了富國強兵或是維持民主體制，多半要求政府編列預算成立大量公立學校，並根據憲法與法律，以保障學童基本受教權。影響所及，政府之角色過分獨大，尤其是在義務教育階段，家長幾乎沒有置喙之餘地，僅能任由政府進行分發入學。基本上，Friedman並不反對政府對於教育之付出與扮演重要角色，認為教育之產出除對個人有所助益外（如薪資之提升），也因此形成社會共識與民主素養。然而，Friedman卻主張政府在資助學校運作時，不必一定採取直接撥款模式，而可採用如教育券的間接撥款模式。後者同樣可以保障學生受教權，且同時因為引進市場機制，賦予家長更多教育選擇權。

教育券之理念經Friedman提出後，一時並未引起風潮。當時社會認為義務教育之首要任務乃在保障學童之基本就學機會，制度之實施必須簡單明瞭。由政府將立法部門通過的預算直接撥付給學校，乃是事半功倍的方法，實在無須捨近求遠自找麻煩。此種看法在1970年代之後漸漸有所改變，主因即在美國人口移動變化，進而形成公立學校辦學績效之參差不齊現象。此在大都會地區特別明顯，高社經白人逃離老舊之市中心地區，紛紛轉向鄰近郊區覓屋定居。遺留下之房舍則為低社經的少數族群（如黑人）所接收。基於社經地位相差甚巨，部分學區（特別是少數族群占多數之區）之公立學校績效慘不忍睹，但基於學生來源無虞，又享有一定之政府經費，缺乏競爭下，多半缺乏振弊起衰的動機。在另一方面，家長由於經濟屈居弱勢，無奈只能「陷在」衰敗學區的泥沼中，更無力將子女送入學費高昂的私校（如教會學校）就讀。家長逆來順受的結果，造成惡性循環更加劇烈，對於民主平等精神的維護實是一大諷刺。因此，Friedman所提倡的教育券主張開始獲得

青睞。擁護者希望藉由教育券之實施引進自由市場機制，而將教育選擇權真的交回家長手中。其認為家長擁有一定數額的教育券，就如在賣場購買商品一般，可以替子女選擇其認為辦學最佳的學校。此舉不但可淘汰劣質之公立學校，也能將私立學校納入選擇體系，而讓家長實質擁有子女教育的選擇權。

採取市場機制的教育券制度，除了給予家長更多權力外，根據Friedman（1962）的說法，也可以解決私立學校的問題。長久以來，在義務教育階段，家長若不中意公立學校，只能將子女轉送私校。基本上，家長除需負擔高額學費外，也很難自政府獲得經費補助。影響所及，部分家長抱怨平日按時繳稅，卻因公立學校品質低劣必須另外花錢將子女送入私校，形同是雙重懲罰。歷來年私校家長頻頻透過管道施壓，希望能享有減稅優待，令地方政府相當頭痛。針對於此，Friedman認為教育券之實施既然將私校一視同仁，家長又可獲政府補助，對立問題自然應刃而解。

二、教育券制度設計之議題

根據美國學者之研究（如Carl, 2011; Walberg, 2007），教育券計畫乃是歷年來最受爭議之政策之一，並對兩大黨之政治操作影響甚大。基本上，少數族群（如黑人、拉丁美洲裔）與勞工多為民主黨之支持者，然而卻在教育券政策觀點上大相逕庭。少數族群人士希望藉教育券之實施（尤其是偏向社會正義型），使其子女就讀較佳學校，但教師工會卻因深恐一般公立學校無法競爭而極力反對。共和黨部分，其支持者多為中產階級，也較傾向具有市場機制型之教育券計畫。然而，大城市郊區之居民卻深恐本來當地不錯之學校，隨著社經地位較差學生之移入而受到負面影響，因此多持保留態度。凡此種種，皆顯示教育券計畫之政治複雜度與高度爭議性。

各國實施教育券計畫之制度設計各有不同，但其設計主軸大多圍繞在以下五個議題：

(一) 制訂教育券制度的教育目標為何？

各種教育券的性質儘管有所差異，但皆具有「選擇」的功能。換言之，藉由教育券制度的設立，持券者（多半爲學生家長）在義務教育階段，能夠擁有比傳統學區制更大的選擇能力。然而，此種選擇功能由於關注之焦點不同，在教育目標上也有所差異。歸納後大致有兩大走向：一爲鼓勵自由競爭的市場導向，二爲促進社會正義的平等導向。市場導向希望糾正傳統公立學校不知進取的弊病，藉由實施教育券，擴大市場自由競爭的規模。平等導向則希望藉由給予低收入家庭教育券之方法，使其脫離表現不佳之學區，甚而可至他區之私校就讀，基本上將目標主要放在促進社會正義之上。基本上，兩者重點目標雖有所不同，但仍以擴大教育選擇權作爲主軸。

(二) 具有合法權利獲得教育券爲何人？

由於重點訴求的差異，教育券的合法獲得者有所不同。基本上，市場導向教育券多希望全體學生皆能持有教育券，因而使得學校能夠互相競爭，家長也可以自由越區選擇自我認爲最佳的公私立學校。與之相較，正義導向的教育券合法獲得者多半必須符合特種條件。其中如家庭收入低於規定之數目、必須接受特殊教育者、或是家庭遭遇嚴重變故者。由於僧多粥少，因此往往必須以公開抽籤方式決定獲得者。

(三) 教育券的面額應如何決定？

教育券面額之大小往往與其實施目標嚴密結合。市場導向教育券多半以政府傳統補助公立學校之每生成本爲主，甚或高一些，以讓學生能夠進入學費較高之私立學校。平等導向教育券之面額則高低不一，往往必須依據經費來源（如州政府之彩券收入）而定，有時會略低於公立學校之每生成本。

(四) 使用教育券學校的限制爲何？

各國國情雖有所差異，但在義務教育階段，公立學校基於各種限制

（如無法篩選學生），其表現較之私立學校往往不盡理想。因此，市場導向教育券之設計者往往希望所有學校皆能加入，以充分實踐自由競爭之精神。在另一方面，平等導向教育券也希望弱勢學生能夠掙脫學區公立學校之束縛，進入辦學優良之私校就讀。兩大導向教育券皆希望擴大參與學校之規模，但在實務上卻往往受到極大挑戰。例如以教育券形式（來自政府經費）補助私校，卻同時讓其具有篩選學生的權利（私校學費較高，社經地位較高家庭才能負擔），實在是對公立學校的不公平待遇。此外，部分國家私校有一定比例之宗教學校。基於政教分離的原則，是否讓其加入，往往產生憲法爭議而纏訟經年（美國即是一明證）。此皆為決定適用教育券學校時的考慮要素。

(五) 使用教育券的相關配套措施為何？

實施教育券的主要目標乃在擴大選擇功能。實務上，其實施必須有完善相關配套措施，方能彰顯教育券之功能。其中最主要問題乃在貧窮與弱勢學生之處理。例如：其越區就讀之相關額外支出（如交通費、住宿費），政府是否應加以補助？其所獲之教育券面額是否應較多？甚或如何公平決定教育券之獲得者，皆為實施教育券時，必須事先規劃的必要措施。

第三節 美國教育券的發展與成效

以下即以美國為例，說明其自1970年代以來，所規劃實施的各種教育券模式。以經費來源分類，其可分為政府教育券與私人教育券兩大類。如以目標訴求區分，則大致可有市場導向與社會正義導向兩大類。茲分述如下：

一、市場導向的教育券模式

如前所述，Friedman（1962）希望以教育券之發放來解決公立學校辦

學不彰之弊病問題。基本上,其教育券主張係屬「無管制市場模式」(un-regulated market model)之一種,堅持每個學生擁有的教育券面額應該相等。由於看法極富爭議,在美國本土並未實施。但在1980年由於智利主政者Pinochet(皮諾契特)將軍的延攬,開始在智利實施教育券計畫,主要訴求乃將教師轉成是與市政府和學校簽署聘約的員工,其聘雇比照商業公司。實施至1987年,學生從公立學校轉到私校的趨勢至為明顯。且愈富有的家庭,愈會使用教育券於私立學校。1990年的調查顯示,低收入家庭有72%選擇公立學校,而高收入家庭僅有25%。調查也發現極為重視學校的學生組成背景,如果該校學生大都為社經地位低者,中上階級的家庭就不會考慮入學。證明低收入的家長沒有足夠能力支持教育券計畫,且私立學校對於貧窮學生不受歡迎所產生的負面影響(Carnoy, 1998)。

無管制市場模式的教育券主張常被攻擊缺乏對弱勢學生的照顧。因此,部分學者如Sizer and Whitten(1968)、Coons and Sugarman(1970)、與Jencks(1970),之後皆提出「管制市場模式」(regulated market model)之教育券理念。其主張發放相當於公立學校學生成本的教育券給學區內家長,並對低收入家庭進行補償性給付,給予高於基本教育券的面額。基本上,教育券之面額取決於年級之高低、學區生活水準、特殊需求等因素。

在1972年,Jencks的主張曾在加州之Alum Rock城區試行五年,但私立學校並未加入(Weiler, 1974)。Alum Rock位於聖荷西市,主要居民為墨裔美國人且社經地位較低。由於亟欲振作並爭取教育經費,因此願意加入教育券計畫接受補助。參與計畫的學校要提供兩個以上的設計課程以供家長選擇。實施之後,由於經費來源不穩與私校的未能參與,提供之教育內容不夠多元,導致於1977年結束試辦計畫,歷時共計五年。美國自由市場導向教育券之主張與實施請參見表6.1。

表 6.1　美國自由市場導向教育券模式之主張與實施

倡導者	教育券面額	准許學校索取教育券面額不足之數	學生交通問題	入學方式	私校可否加入	是否正式實施
Friedman (1962)	面額固定（約等於公立學校學生單位成本）	可以追加	政府不一定要提供	學校決定	同意	未曾在美國境內實施，1980 年在智利施行
Sizer & Whitten (1968)	給予低收入者較高金額之教育券	可以追加	政府應提供	採取抽籤方式	同意	未曾施行
Coons & Sugarman(1970)	面額之決定取決於年級之高低、學區生活水準、特殊需求等因素	學校自行決定	政府應提供	採取抽籤方式	同意，並允許宗教學校加入	未曾施行
Jencks (1970)	弱勢學生之入學，可額外獲得補助	不准許索取追加額	政府應提供	採取抽籤方式	同意，並允許宗教學校加入	於 1972 年加州 Alum Rock 試行五年，但私校並未加入

　　綜觀以Friedman為首的市場派學者主張，其焦點乃在藉自由競爭的機制，一方面提升學校的辦學績效，一方面提升家長教育選擇權。由於顛覆傳統學校制度甚深，正反雙方攻防激烈。在實施上，雖然立意良好，卻因牽涉過廣，主張自由競爭機制的市場導向教育券，在美國不是屢戰屢敗，就是限於小規模實驗而難以蔚成風氣。唯一全面實施市場導向教育券的國家，竟為1970年代進行獨裁統治的南美洲國家智利，其經過將在下文介紹。

　　市場導向教育券之全面實施雖在1970年代之美國鎩羽而歸，但仍有其一定的擁護者。R. Reagan於1980年當選總統，美國政治開始右傾，教育券的實施呼聲再起。國會遂於1983、1985、與1986三度審核教育券法案，最出名的當推1985年的「公平與選擇法案」（The Equal Educational Opportunity Act）。經正反雙方激烈爭辯，最後通過的版本極盡妥協之能事。其中規定給予地方教育學區決定是否實施教育券，與是否讓私立學校加入的權限。除此之外，法案中也規定教育券之實施並非全面，而僅止於在公立學校中表現較差，必須接受補償教育的學生。根據此項法案，聯邦政府得撥款補助依規定實施教育券的地方學區。法案公布後，基於種種限制與反對者的抵抗，1990年代採用教育券的地方學區並不多，且其走向與市場經濟的教育券主張分道揚鑣，進而產生以社會正義爲導向的各種教育券計畫。

二、社會正義導向的教育券模式

顧名思義，社會正義導向的教育券模式乃將目標轉向對社會正義的維持。與市場導向教育券不同，其照顧對象（即教育券之獲得者）僅限於少數極爲貧窮之低社經家庭，希望憑藉教育券的實施，幫助弱勢學生「脫離苦海」，使其能夠有機會進入辦學績效優良之學校（尤其學費較高之私校）。此種作法雖未能保證學生學習成就一定進步，但至少提升家長對教育的滿意度。以下即以密爾瓦基家長選擇計畫（Milwaukee Parental Choice Program，簡稱MPCP）、克里夫蘭教育券（獎助金）計畫（Cleveland Scholarship and Tutoring Program，簡稱CSTP）、佛羅里達教育券（Corporate Tax Credit Scholarship Program of Florida）、與私人教育券（private voucher）爲例進行說明。其實施範圍皆限於社經地位不利之家庭，與Friedman所主張之市場導向教育券大相逕庭。

(一)密爾瓦基家長選擇計畫

實務上，教育券的實施必有其特殊背景與配套措施，否則很容易在反對者的砲火下胎死腹中。密爾瓦基市（City of Milwaukee）位於美國威斯康辛州的東南部，臨密西根湖，距離芝加哥市大約爲一個半小時車程。與其他大城市一樣，密爾瓦基於第二次世界大戰後面臨人口的重分配。老舊市中心區爲少數民族（尤其是黑人）所聚集，社經地位較高的白人紛紛遷至郊區，

使得各地方學區之間產生強者恆強、弱者愈弱的情況出現。爲了使學區之間的水準趨向齊一，以減少學生學習機會的不平等，密爾瓦基市曾於1976年實施非強迫性的種族融合就學計畫。其作法即在設立多所磁性學校（magnet school），以特殊的學術特色課程（如數理、藝術）吸引白人學生至市中心學校就讀，以達到種族平衡的目標。此項計畫並獲得聯邦政府的補助。

磁性學校的設立，在某種程度上確實改善了種族不平衡的情況，但其成效並不顯著。尤有甚者，對於部分市中心的黑人學生，反而更加不利。此因部分原可就近入學的學校改爲磁性學校，造成部分學生必須至他處入學，交通之花費（雖然有補助）與時間之浪費引起許多抱怨。更糟的是，雖然在1990年已有5,000名少數民族學生分至郊區40所學校就讀，但其學業成就仍舊慘不忍睹。根據1992年的報告，只有23%的黑人學生在閱讀能力上高於或達到其年級水準，數學只有22%，且僅有32%的黑人學生實際上從高中畢業。凡此種種，皆成爲教育券之實施形成背景（Walberg, 2007）。

密爾瓦基教育券計畫之實施乃是一波三折，而推動最力者首推威斯康辛州之州衆議員Annette Williams。其是四個孩子的單親媽媽，堅持拒絕將其子女用校車送至外地就學。身爲黑人，她曾經失業過與領過社會救助金。在1980年，其在以黑人居絕大多數的北區脫穎而出當選州衆議員。之後，她試圖通過法案，將其選區所屬學區變爲特許學校地區，享有完全的自主性。然而，州參議院並未加以支持通過。時至1980年末期，Williams逐將注意力轉至教育券，主張學生可利用其進入私立學校系統。她認爲公立學校已被特殊利益團體所把持，系統內極難有所改革，因此必須尋找外來途徑。私立學校平均而言有較高的學生表現水準，應被納入計畫之中，以讓學生有更佳的選擇。

於是，Williams開始與州長Tommy Thompson合作，試圖通過相關法案。由於反對團體的激烈抗爭（如教師工會），自1987年所提的四次法案皆被否決。最後雖然因爲黑人家長的壓力，州議會在1990年通過法案，但與原來構想相比卻大異其趣。教育券雖可實施，然而必須面臨許多限制，與Friedman所主張的自由市場相差甚遠。

　　首先，實施的對象限於在聯邦法定貧窮收入1.75倍以下的家庭，且最初實施的比例定於所有學區學生的1%。換言之，只有貧窮家庭的學生能加入此計畫，而且不見得有資格者都能達其願望。在1990年春天開始實施時，約有65,000至70,000學生符合規定，但卻只有15,000個空缺。教育券經費來源主要來自州政府所獲得之彩券收入，每生所得在1990年爲2,500美金，1994年增至3,000美金，此與州之一般平均補助學生的金額大致相近。此外，當時已在私校就讀的學生，並不被允許參加教育券的計畫。

　　當教育券計畫於1990年開始實施時，立即受到強大反對，尤其是來自教師工會。此因教育券的設計初衷即在對自由市場機制的追求，欲達之則非包括私立學校不成。然而向來美國奉行政教分離原則（separation of church and state），規定公衆納稅不得補助具有宗教活動或課程的私立學校。此項原則歷來爲法院所堅持，但卻成爲徹底實施教育券的絆腳石。因爲歷年來以部分天主教與基督教爲主的私立學校，其學生成就遠較公立學校爲高。貧窮的少數族群家庭卻因無法負擔高額學費進入其中就讀，無奈只好將子女送入幾近崩盤的公立學校，心中之苦悶可想而知。於是，他們希望藉著教育券的實施，也可享受私校高水準的教學。基本上，其已放棄在公立學校尋求改革的希望。

　　在另一方面，以教師工會爲主的反對力量，卻不贊成私校之加入教育券計畫。其認爲部分私校當然有其優秀之本錢。首先，學生來自社經地位高的家庭，而且學校不必受限於必須接受特殊教育學生，不必面對教師工會的壓力，不必完全遵守州的課程規定。換言之，其簡直是化外之民。如今將其納入教育券，會使處處受限的公立學校更居弱勢，反而傷害了就讀的學生。此外，私底下教師工會認爲私校教師往往不能加入工會，而必須受學校剝削，工作負擔遠較公立學校爲高。一旦私校成爲主流，教師工會之力量自然削弱，因此反對到底。其對抗之最大本錢即在堅持政教分離的原則，不讓私校在教育券計畫上分一杯羹。

　　一個制度之興衰，必有其背景。如要瞭解其中緣由，則必須自一國之傳統與文化談起。美國向來允許宗教學校的存在，其與一般世俗公立學校，在

組織文化上大異其趣。要將兩者結合，勢必碰觸宗教與家長教育選擇權的敏感問題，自然引起激烈爭議。密爾瓦基教育券計畫自不可免，其中訴諸司法案件不斷，以下簡要述之：

1. 在1990年州議會通過法案後，反對者向威斯康辛州最高法院申請永久禁止令（injunction），以阻止計畫的實施，聲稱此乃對公共教育經費的不當分配。最高法院以計畫尚未進行為由予以駁回。

2. 在1993年，主張教育券之組織「里程碑法律基金會」（Landmark Legal Foundation）向聯邦法院上訴，認為將宗教學校排除於計畫之外，違反了憲法第1與第14條修正案。法院審理後認為當時之教育券補助乃直接撥給學校，並非直接撥付給家長，因此認為違反政教分離原則，駁回上訴者的要求。其後，為符合法院之意旨，州長Thompson簽署相關法案的修正案，將教育券上之名字改為家長，直接撥給其使用。希望藉此能使私立宗教學校加入教育券計畫。

3. 在1995年，威斯康辛最高法院發布禁止令，暫時阻止州政府在實施教育券時，允許家長利用其進入宗教學校。此項禁止令遂引發另一波司法訴訟。支持教育券之一方由州地方法院打起，試圖推翻不得入宗教學校的決定。其後再提至州上訴法院，皆未能如願。此案在1998年再正式上訴到最高法院，其間之三年，宗教學校皆被摒除在教育券計畫之外。

4. 在1998年6月，威斯康辛最高法院終於做出判決，參酌最高法院以往針對Lemon v. Kurtzman（1971）案所揭櫫之三原則，認為提供教育券做學費補助，以讓學生得以進入私立與宗教學校的政策，並未違反州與聯邦憲法。判決比數為4：2。多數法官認為讓宗教學校加入並不違反憲法第1條修正案，此因：(1)教育券計畫乃是中立的，家長有同樣的權力選擇宗教或世俗學校，(2)補助乃直接歸於家長與學生，而並非學校，(3)補助宗教學校的唯一原因乃基於家長的個人選擇，並非政府直接撥款。此決定推翻了下級法院的判決，成為支持

者的一大勝利。反對者立即將此案訴之於美國聯邦最高法院，但卻
被拒絕審理。因此，相關爭議到此結案，宗教學校得以加入威斯康
辛州教育券計畫。反對者並不死心而繼續組成聯盟，堅持即使私立
與宗教學校可以加入，但必須接受最嚴苛的評鑑，其會以最高的標
準加以檢驗。

5. 在1999年，由於雙方堅持不下，爭議於是上訴至美國最高法院，希
望由其判定相關憲法之爭議。然而，最高法院卻以8:1之比數，拒絕
審理此案，而將爭議留在州法院之層次。

由以上訴訟中，可看出即使規模不大，密爾瓦基教育券計畫之實施卻極
為波折。由於司法之抗爭，1990年只有350個學生就讀於7個非宗教之私立
學校中。隨著1998年6月威斯康辛最高法院的有利判決，9月時已有6,200名
學生進入87個私校就讀，其中多數為宗教學校。其分配為2,200名學生就讀
一般世俗學校，4,000名學生則進入57所宗教學校，足見判決之影響力。在
1998-1999學年度，州政府總計撥款2,860萬美金於教育券計畫之實施。

僅管正反雙方爭執政教分離原則打得不可開交，一般社會大眾卻將注
意力置於在教育券計畫實施的成效上。基本上，以黑人為主的少數民族歷來
較支持民主黨，而民主黨又較反對教育券計畫，深恐因此圖利私立學校，使
原來公立學校學生更加不利。然而，密爾瓦基學區的少數民族家長卻背道而
行，其主因即在渴求一個更好的學習環境。因此，教育券的實施成效，自然
成為矚目的焦點。納稅人也極想知道，補助了貧窮家庭，是否促成更佳的教
育機會平等。

因此，在計畫實施之初，州政府即委託威斯康辛大學麥迪遜校區的教
授John Witte進行研究，並每年公布報告。在研究中，Witte首先調查加入教
育券的家庭背景。前已述及，只有低於全國貧窮收入1.75倍以下的家庭有資
格加入。調查顯示實際參與的家庭事實上更加窮困。60%的家庭必須接受救
助，75%家庭為單親母親，74%為黑人，19%為西班牙裔。換言之，少數族
群占了93%以上，其家長大都對公立學校失望，且子女在課業與行為上表現

極差。但是，值得注意的是，這些家長對於孩子的期望比整個學區家長的平均要高。

　　教育券計畫是否使學生成就更加提升呢？Witte（1996, 1997）的多項報告均試圖回答此問題。由於學區之一般學生僅在2、5、7年級接受Iowa Tests of Basic Skills測驗，因此資料不足而難以比較。為進行研究，Witte想出一個策略，即是比較加入教育券的學生，與希望加入卻因額滿必須留在一般學校學生之間的成就，指標分為閱讀與數學兩部分。Witte發現兩者之間在數學成就上並無差異。在閱讀部分，教育券學生雖有所領先，但並未達顯著差異。換言之，Witte的報告顯示教育券計畫並未造成更佳的學習效果。

　　之後，Witte的發現激起支持教育券學者的反彈，其中又以哈佛大學教授Paul Peterson最為激烈。在1995年，其發表報告指出，在比較教育券學生與被拒絕加入學生成就後，閱讀方面雙方並無差異，但在數學方面，則與Witte之發現不同。在控制社經地位等變項後，加入教育券一年的學生要比被拒絕者的數學成績高出3.5%。此後再比較加入二、三年後之成績，教育券學生平均要高出4.4%與10.9%。Peterson因而認為加入教育券愈久，其成效愈大。如果持續下去，必能大幅提升少數民族學生的成就。其積極建議將此制度推行於全國。

　　針對結果，Peterson（1995）之報告也引發Witte（1997）的批評。其指出Peterson所用的拒絕學生樣本太小，僅有27名學生，且其中有5名成績只有1分。換言之，他們毫無學業之成就，只是在試卷上亂塗。如果將此5名學生剔除，則原來在數學成就上的顯著差異就消失了，Peterson之發現必須有所保留，絕不能輕易做出全面推行教育券的結論。

　　在此之後，學者Rouse（1998）以抽籤獲得教育券進入私立學校就讀者與一般公立學校學生進行研究。其發現教育券計畫使加入學生之數學成就有所改進，但在閱讀方面則並無顯著差異。此外，Greene, Peterson and Du（1997）則以申請密爾瓦基教育券計畫的學生為研究對象。由於僧多粥少，只有一定比例之學生能夠獲准加入。研究顯示，最後獲准加入者比被拒者在閱讀上領先6個百分位數，並在數學上領先更多，達到11個百分位數。

　　進入二十一世紀後，研究者繼續探討教育券計畫是否能改善公立學校的辦學成效。以密爾瓦基教育券計畫之影響為主題，Hoxby（2003）、Chakrabarti（2013）分別進行分析。Hoxby聚焦於1996-1997年至1999-2000年Milwaukee教育券計畫的推廣期間；Chakrabarti則分析更長的年代，兩人皆以學校平均測驗成績作為依變項（dependant variable）。

　　統計上，密爾瓦基教育券計畫根據符合家庭收入限制，將接受補助之公立學校分為「接受最多補助」（超過三分之二學生符合領取教育券資格）、與「接受部分補助」（低於三分之二學生符合領取教育券資格）兩類。由於密爾瓦基所有學校均受到教育券計畫的潛在影響，Hoxby於是從威斯康辛州（Wisconsin）其他學區挑選部分學校以建立對照組。其最後研究發現接受教育券補助，對學校閱讀與數學表現有顯著正向影響，而接受最多補助學校與接受部分補助學校則無顯著差異。在另一方面，Chakrabarti（2005）則檢視教育券計畫的初期與推廣期間之資料，也從密爾瓦基以外學區建立對照組，並依照實施教育券計畫前（1990年）低收入戶比率將學校分組。其發現教育券計畫對公立教育體系的學生學習成效與競爭力，產生顯著正向影響。

　　上述研究相關研究發現也受到質疑。首先，密爾瓦基教育券計畫乃是一個旨在協助低收入學童的教育計畫，而威斯康辛州之其他學區在許多方面（如社經背景），皆與密爾瓦基有所差異，因此並非是理想的實驗對照組。此外，學者質疑公立學校低收入與低成就學生的中輟率本就較高，當其離開學校後，受教育券補助學校的測驗成績自然會提高（Ladd, 2003）。因此，雖然部分研究顯示密爾瓦基教育券可以提升學生競爭力，但基於各種研究程序與方法之限制，尚仍難有所定論。

　　綜而言之，由於資料的不足，學者難以確立接受教育券學生是否比一般學生在學業上有顯著進步，此也激起正反雙方各說各話的尷尬局面。不過，Witte的其他發現或許更為重要。其指出教育券計畫使參與家長對教育的滿足感增加，更提高其參與學校活動的意願（Witte, 2000; Witte, Sterr, & Thorn, 1995）。因此，即使在學業成就上並無定論，但卻對密爾瓦基學區

的教育並無傷害，反而激發了貧窮家庭教育子女的士氣與意願（Clowes, 2008; Farrell, 2006）。綜觀密爾瓦基教育券1990年後之歷年實施，可看出教育券計畫如要推出，恐怕必須只在特定學生與小規模實施的前提下。也許在多元制度並行的環境中，教育券計畫才有其生存的空間。

(二) 克里夫蘭教育券（獎助金）計畫

與密爾瓦基教育券計畫極為類似的是克里夫蘭教育券（獎助金）計畫。其自1995年開始，以獎助金之型式來補助貧窮學生，希望能因此提升教育水準。克里夫蘭學區位於俄亥俄州（Ohio），1994年時約有75,500學生，其中70%為黑人，7%為西班牙裔學生。雖然學區對教育之投資甚高（每生成本為6,195美元，比Ohio其他學區之平均高16%），但學生之學業成就卻不理想，只有9%的初三學生通過Ohio州所實施之成就測驗，比起全州有55%之通過率實在令人汗顏（Brennan, 2002）。

如此慘狀當然引起家長之抗議，黑人家長代表Fannie Lewis要求進行改革。州議會因應民情，通過法案實施獎助金計畫。根據家庭之不同收入，貧窮學生可獲同數額的獎學金（類似教育券性質）。數額最高者為2,250美金（約為學費的90%），但條件為家庭收入必須低於聯邦所定的貧窮水準20%以下。其他家庭境況較佳者則獲得較少補助，學生可使用獎學金選擇學區之公立與私立學校（包括宗教學校），甚或越區至其他學區就讀，其型式與教育券計畫極為類似，只是政府直接撥款給學生而並未印製教育券。

克里夫蘭獎助金計畫為第一個提供政府獎助學金給低收入戶，使其能就讀私校或教會學校的方案。1996年秋季開始實施，計有52所私立學校（大多為天主教學校）加入計畫。第一年學生數為1,943名（50%為黑人學生），其中76.8%進入教會學校，此後來成為反對者興訟之主要理由，指控其違反政教分離之憲法規定（Carl, 2011）。

克里夫蘭獎助金計畫遭到以教師工會為主的團體挑戰，其理由與密爾瓦基家長選擇計畫之法律訴訟如出一轍，多以違反美國聯邦憲法第一修正案之政教分離規定為主。纏訟數年，Ohio最高法院在1999年5月判決支持CSTP，

認為並未有經費直接由州政府流向宗教學校。之後，雙方戰場移至聯邦法院且互有勝負。首先，聯邦第六上訴法院（U.S. Court of Appeals for the Sixth Circuit）判定CSTP違憲，進而使得聯邦最高法院願意受理審查此案。其最終於2002年2月在Zelman v. Simmons-Harris案中，以分裂之5:4比數判決CSTP並未違反憲法，因其具有「世俗」（secular）之目標，希望提供貧窮學生另一種學校選擇。多數大法官認為CSTP並未直接補助宗教學校，而是經由第三者（家長）之選擇，以教育券形式將經費注入宗教學校。如此作法並未違反憲法政教分離的原則。

　　至於大家最關心的學業成就方面，各項調查卻有不同的結論。Greene, Howell and Peterson（1997）的研究發現兩所私校之學生（約占參與計畫學生總數之15%），在全國標準測驗的分數，閱讀部分約進步5個百分位數，數學部分則為15%。然而，Metcalf（1999）卻持異議，其發現1996-1997年之間並無實質之進步，指控Greene等人的研究犯了嚴重的推理錯誤。此種情況雖令部分家長極為困惑，但仍不改其支持的程度，七成以上的家長表示對該獎學金計畫極為滿意（Greene, Peterson, & Du, 1997）。

　　之後，Metcalf, West, Legan, Paul, and Boone（2003）再次進行相關研究。其以曾獲得教育券但並未使用者與未獲得教育券者進行多年比較，其發現整體而言，兩者之間並無顯著差異成效。自1至6年級雙方在閱讀與數學上並無差異，但曾獲教育券者則持續在語言測驗上持續擁有較高分數。Belfield（2006）則以獲得教育券者與因為家庭收入較高而未獲教育券者加以比較，發現教育券在數學上具有負效應，而在語言上產生正效應。此種發現與相關先前研究，皆顯示克里夫蘭教育券對於學生學習成就之影響並未達到預期之成效。此與密爾瓦基教育券的研究相當類似。

(三) 佛羅里達教育券

　　佛羅里達州政府則在近年推出三種政府教育券計畫，規模最大的名稱為Corporate Tax Credit Scholarship Program of Florida，每年可涵蓋約2萬名學生。參與者之家庭年收入必須低於聯邦所訂定之貧窮標準的1.85倍以下

（如在2007-2008年，四人家庭之年收入必須低於美金38,203元）。第二種為McKay Scholarship Program，主要參與學生為不滿意一般公立學校教育措施的特殊教育學生。第三種為Opportunity Scholarship Program，參與學生為持續未達到州政府所訂定的基本學習能力者。然而，由於佛州最高法院於2006年判定此項計畫違憲，因此目前已停止運作。

佛羅里達教育券對於個別學生成績進步的研究較少，而多集中於促進特定學校改革的壓力上。以1999年開始實施之Opportunity Scholarship Program為例，其所引起之「爛校改革」效應，即成為學者研究之焦點。根據規定，該計畫依據佛州各校學生之閱讀、寫作、與數學之平均表現進行評比。如果所有三學科成績皆在最低標準之下，則被評為F級。此外，學校在四年內如有兩年落入F級，則該校所有學生皆可獲得教育券，並依照意願轉讀私立學校，補助金額則約為公立學校每生之全額學費與教育支出。此項規定於2002年更行嚴苛，州政府規定只要有一項以上學科未達最低標準，學校即會被評為F級。

此種制度給予佛州學校極大壓力。如果辦學績效不佳，學生即可獲得教育券轉校，而學校則會面臨廢校之命運。此種作法是否因之促進「爛校」有所振作改進，學者之研究結果並不一致。首先，Greene and Winters（2003）比較被評為F級與D級的學校，發現教育券計畫之壓力對F級學校之改革動力產生顯著影響。Chakrabarti（2005, 2008）比較Florida與Milwaukee不同的教育券計畫，發現Florida學校較能產生改善教育品質的動力，以因應發放教育券所形成之壓力。此因若不努力提升學生測驗成績，除無法洗刷污名，最後也可能導致廢校之命運。Figlio and Rouse（2006）則使用Florida大型學區提供的長期學生相關資料，發現教育券實施後，F級學校在教學上（至少在數學科）產生顯著的進步。

此外，多個研究如Chiang（2007）、與Rouse et al.（2007）分析佛州全州學生資料，也顯示自2002年以來之新評比制度的實施，被評為F級的公立學校與其閱讀與數學測驗成績有長久且顯著相關。

然而，部分研究對於以上結論卻批評其具有統計與詮釋上的弊病。例

如，Figlio and Rouse（2006）認為在實施教育券之前，Florida已有固定之學校排名系統，部分學校已被評為「表現極差」（critically low performing）的等級，此與教育券計畫中之F級學校極為類似。Figlio and Rouse利用學校固定效應模型（school fixed effects models）加以分析，發現被評為「表現極差」或「F」級，對學校的影響是一樣的，因此質疑學校之進步是否源於實施教育券的壓力。

在另一方面，Rouse et al.（2007）發現學校必須進行實質的新教學政策與實踐，方能產生真正的進步。Figlio, Rouse and Schlosser（2007）則發現教育券實施後所產生的評比制度，基本上縮減了州內各種族之間的測驗成績落差。此外，研究也發現第二次被評為F級的教育券學校，反應會比首次入榜時更加強烈。其可視為教育券計畫之實質影響力，此因再次被評為F級的學校，會面臨嚴格審查與檢驗的強大壓力。至於教育券對F級學校是否實質提升其競爭力，未來仍須進一步探討。

(四) 私人教育券

除了以公家預算補助的政府教育券外，美國尚有以私人經費支持的私人教育券。其中最出名的為「孩童獎助基金」（Children Scholarship Fund，簡稱CSF），係由Walton Family Foundation捐獻贊助1億美金成立。每年計有3萬名學生受惠，其所接受之金額大致為當地就讀私立學校學費之一半。CSF在美國各地設立各種基金提供私人教育券服務，其中如在紐約之School Choice Scholarship Fund、在華盛頓特區之Washington Scholarship Fund、與在美國俄亥俄州之Dayton市（中文多譯為德通市）之Parents Advancing Choice in Education。

為瞭解所提供之教育券成效，CSF曾委託多位學者進行相關研究。其中以Howell, Wolf, Campbell and Peterson（2002）的分析最受矚目。其以紐約（追蹤三年）、華盛頓特區（追蹤三年）、與Dayton市（追蹤二年）之私人教育券獲得者作為研究主體，探討教育券對於學生閱讀與數學成就測驗上之影響程度。利用統計迴歸分析後之主要發現有二：(1)整體而言，獲得教

育券對學生成就之影響極小，除了第二年對華盛頓特區之學生有所影響。(2)基於測驗分數，黑人學生有持續之進步。在紐約爲三年皆進步，華盛頓特區則進退參半（第一年退步、第二年進步、第三年則進步極小），Dayton市則是在第二年進步。因此，大體而言，私人教育券對黑人學生之測驗分數有所提升，但對其他種族低收入學生之助益較不顯著。此種發現也與Krueger and Zhu（2004）的類似研究結論相契合，兩人進一步將學生未獲教育券之前的測驗分數納入分析變項，依舊發現黑人學生在分數上有所進步。(3)教育券可以提升參與者的滿意度，認爲參加教育券計畫有助其進入較爲適合自我的學校。(4)教育券獲得者與未獲者之間的政治包容力並無顯著差異。

　　在其他相關研究部分，Bettinger and Slonim（2006）採用實驗法探討教育券學生之利他行爲。研究者使用CSF位於Toledo與Ohio的資料，給予每位學生10元美金，請他們將此意外之財分享給同儕或捐做慈善。與同儕分享時，教育券學生雖未顯示較未獲得者慷慨；然而，教育券學生卻願意捐獻較大金額捐做慈善。此顯示教育券計畫可能提升其參與者的利他傾向。造成此結果之原因，可能是身爲補助受益者，教育券學生回饋公益的意願較高。

　　綜合相關學者（如Carnoy, 2001; Krueger & Zhu, 2004）的分析，私人教育券雖被發現對於黑人學生助益較大，但其在研究方法上確有期待改善之處。其中如教育券獲得者容易產生霍桑效應（Hawthorne effect），因此對於提高測驗分數產生強烈動機。其他包括樣本之選取、前測分數（獲得教育券之前）之取得等，皆爲日後進一步分析所必須加以注意的。

第四節　其他國家教育券的實施與成效

　　環顧歷史，除美國外，尚有部分國家實施具有教育券色彩的計畫。各國國情不同，彼此之間互有差異。以下僅就實施教育券具有較長時間之國家加以敘述，其中包括荷蘭、瑞典、智利、與哥倫比亞：

一、荷蘭

　　荷蘭為最早實施教育券之國家，其於1917年即開始執行地方分權的教育制度，將中央權力下放到地方。教育行政主管機關發放教育券，家長則憑券進入自我選擇的學校。影響所及，私立學校學生於2005年之註冊人數，已占所有中小學學生人數之76%。原則上，對於參加教育券計畫之私立學校，由中央補助其資本財，地方政府則負責學校日常運作之開銷。按照規定，參與之私校必須為非營利組織，享有極大程度的自治，且應接受教育部所訂定之品質標準指標。藉由督學的到校定期評鑑，以確保其辦學品質（Walford, 2000）。

　　相關研究指出，荷蘭學生在國際間之評比多名列前茅，而家長對於學校之滿意度甚高。基本上，天主教私立學校學生之表現較一般公立學校為高（Patrinos, 2002）。Himmler（2007）的研究則發現荷蘭所實施之教育券計畫提升了學生的學業成績，並同時能夠降低公共支出。

二、瑞典

　　瑞典的教育券計畫主要針對希望就讀私校的學生進行補助。基本上，補助子女教育費在OECD國家中相當普遍。1990年代初期，保守黨取代執政60年之社會民主黨成為執政黨之後，開始進行教育券計畫。其徹底改變教育財政制度體系，將原本中央集權的財務分配體系，改為適用於私立學校的教育券計畫。其於1993年通過法律，要求地方教育當局對於就讀私校學生（多為非教會學校），給予補助公立學校平均學生單位成本85%的金額。影響所及，將子女送入私校就讀之家長幾乎不必再繳交學費。實務上，瑞典學校教育券的補助額，幾乎等同於中央政府撥給公立學校的經費，其中包括每生之全額學費與其他教育支出。值得注意的是，接受教育券的私立學校，必須接受特殊學生（如低學習能力者）的入學申請。教育券計畫之實施，進而促成瑞典大量的新設私校，以應付家長之入學申請。此外，瑞典政府並成立特別

委員會針對相關參與計畫之學校進行審議。

在此制度下，家長選擇權大幅增加，可以依據子女需求，在現有之公立與私立學校中加以自由抉擇。根據調查，教育券實施前之1991-1992學年度，全國計有89所私立自費學校（全國學校1.9%）與8,300個學生（全部學生之0.9%）。至教育券計畫實施後之1995-1996學年，私立自費學校已達238所（全部學校的4.8%）與20,000名學生（約占所有學生之2.1%），私校註冊人數激增約2.5倍（Carnoy, 1998）。雖然在1996年，國會廢除為私校所設立的教育券制度，規定私校如接受公家經費補助就不能再收費，但教育券之實施已經促進不同能力、族群、社經地位學生之融合（Carnoy, 1998; Sandström & Bergström, 2006）。

在相關研究部分，Sandström and Bergström（2006）探討瑞典引進教育券計畫後對於公立學校績效的影響。其針對1997-1998年28,000位9年級學生，並將可能影響私立學校設立的地方性變項列入考量。最後發現學生數學測驗成績、期末成績、與畢業所需之各學科及格率皆大幅提升。Björklund et al.（2005）與 Böhlmark and Lindahl（2012）曾分析瑞典教育券計畫，指出教育券的引進，對於整體學生競爭力與表現有正向影響；然而，其亦發現教育券之實施可能會擴大學業成就之差異而造成不平等，提出整體評估瑞典教育券的警示。

三、智利

智利的教育券計劃起源於1980年代初期，完全為政治導向。當時執政之極右派軍事執政團政府（以Pinochet將軍領銜）聘請美國學者Friedman為首席顧問，並將其市場導向之教育券理念推廣於全國，而名之為「全國學校教育券計畫」（Nationwide School Voucher Program）。其目標在改變中央集權之教育財政制度，並使大部分學校有權分享國家資源。其作法乃在藉由教育券之行使，將教育選擇權交給家長，使其可自由選擇公立或私立之學校。在此制度下，私立學校可選擇是否加入教育券計畫，使得公立學校之辦

學受到極大挑戰（Carnoy, 1997）。

　　當時之智利政府在全國推行教育券之實施，規定任何家庭收入或背景之學生，均可領取等同國家補助公立學校的教育券數額，以使學生可持之自由選擇學校。同時，爲改革公立學校的生態，其經費數額改依學生人數加以分配，以迫使公立學校重視招生人數的多寡而進行改革。

　　教育券實施之後，智利之公私立學校版圖開始有所移動。實施前之1979年，義務學校1到8年級學生計有82%上公立學校，14%上私立。至教育券實施一年後之1982年，公立學校學生比例縮減（73.8%），而有21.5%上私立補助學校（private subsidized school，即教育券學校），與4.7%（多爲高社經家庭學生）依舊留在私立自費學校（private fee-charging independent school）就讀。此種趨勢至1994年更爲明顯，其中學生57%就讀公立，34.5%進入私立教育券學校，8.5%則選擇自費學校（McEwan, 2001），其中多爲表現極佳之私立學校。其所以不願參加教育券計畫，乃在希望完全保有選擇學生的權限。至1990年代，部分教育券學校開始提高學費，其數額大於教育券補助金額，以便招收高收入與社經地位較高之學生，同時也嚇阻部分低收入家庭學生的入學（Anand, Mizala, & Repetto, 2009）。

　　面對巨大衝擊，公立學校之學生人數大減，但其也非坐以待斃之輩。由於教育財政制度之地方化，公立學校會伺機自所屬地方教育當局尋求補助，以確保教師薪資之發放。此外，公立學校也會接受特別補助，以幫助特殊需求學生（如貧困學生、學習障礙學生）。因此，就市場機制而言，公立學校學生比例雖下降，但促使其進步之力量並未明確顯現。此外，教育券之實施也未能促使私校接納社經地位較低學生。此因智利傳統私校向來嚴格挑選學生，家長也會積極檢視學校學生之組成，對於貧窮子女群集之學校大多敬謝不敏。教育券之實施，並未明顯改變此種趨勢。

　　尤有甚者，智利之教育券計畫並未達成促進社會正義之目標。此因種種限制，社經地位較低之家庭較難享有教育券之利益。按照比例，以往富有家庭較會將子女送入學費較高之私校就讀。Parry（1996）的研究顯示，智利富有家庭較會選擇私立學校。教育券之實施使其能獲得政府之補助，自然提

高富有家庭使用教育券就讀私立學校之比例。根據調查,在實施教育券數年後之1990年,低收入家庭有72%選擇公立學校;中等收入家庭51%念公立,43%私立;高收入家庭則僅有25%就讀公立,32%上私立津貼學校,剩下之43%依舊選擇未加入教育券計畫之自費學校。此種現象顯示教育券之最大獲利者為中等或高收入階級,低社經背景家庭並未明顯獲得其利(Sapelli, 2005)。

在相關學生成就部分,教育券實施之初,似乎並未達到預期提高之目的。針對小學四年級學生之「學生成就考試」(Student Performance Examination)之測試,1982與1988年之西班牙文與數學兩科,兩年分數分別下滑14%及6%。再進一步分析,不管在公立或私立學校,成績下降的大多為低收入家庭學生,主要原因乃在其家長較無足夠能力支持教育券,與私立學校對於貧窮學生並不熱衷接納(Carnoy, 1998)。針對於此,1990年之後之民選政府,藉由增加教育支出與提供額外補助之方法,積極幫助低收入學生為主之學校。然而,Sapelli(2005)之研究仍舊顯示加入教育券計畫之私校,其整體表現仍顯著強於公立學校。此種現象顯示智利教育券計畫,不但未能藉由市場機制迫使公立學校改革,也無法提升社經地位較低學生之學習成就。中等階級家長仍希望孩子與貧窮學生隔離。整體而言,政治因素是智利教育券推動最重要關鍵,以致引起極大爭議(Carnoy, 1998)。

智利為當今全面實施市場導向教育券的少數國家,其結果自然成為學者矚目之焦點。然而,基於許多因素,評估智利教育券之成效卻有諸多限制而深具挑戰性。其主要原因乃在智利所有學生均可領取教育券自由選擇學校,但並非所有學校皆加入教育券計畫,且部分加入之私校則設定招生門檻以篩選學生。影響所及,針對智利學生測驗成績進行跨地區與年度之比較,即產生一定程度的困難。研究諸如McEwan and Carnoy(2000)、Bravo, Contreras and Sanhueza(1999)、與Sapelli and Vial(2003)皆指出智利教育券學校的表現較一般公立學校為佳,但卻難以歸因此種差異確實為學校辦學成效所致。

除了學校表現績效之外,相關研究如Hsieh and Urquiola(2006)在分

析智利普遍實施教育券之後，發現即使並無實證支持教育券可顯著改善整體教育成效，但其發放卻引起社會之教育關注而提升滿意度。McEwan and Carnoy（2000）的跨區分析研究，發現在首都Santiago（聖地牙哥）地區，教育券確實產生正面影響，但在其他地區卻部分存在一定程度之負面影響。推論其中原因，可能基於首都地區人口密度較高，迫使加入教育券之學校，對於競爭力之維持具有迫切需求。Gallego（2005）則發現教育券學校較普及的地區，其整體辦學成效較佳。

然而，以上結論依舊難以辨別成效較佳之原因係源於學校之間原有之競爭（智利以往皆有學校排名之傳統），或是來自教育券的直接影響。此二種解釋皆可能是主因，甚或兩者皆是原因。綜而言之，多數研究指出智利全國教育券計畫之實施，可以提升社會對教育之滿意度，也對學生測驗成績具有部分助益。研究發現教育券學校最普及的社區，大多可以獲得較高的測驗成績。展望未來，探討智利教育券計畫之成效，則可能偏向對整體教育制度與社會階層所形成的系統性影響。

四、哥倫比亞

哥倫比亞於1991年開始推動「擴張中等教育推行計畫」（Programa de Ampliacion de Cobertura de la Educacion Secundaria, PACES），以提供最貧窮學生教育券的方式，使其得以進入所喜歡之學校（包括私校）就讀。由於僧多粥少，錄取人選則以樂透彩券開獎之方式決定補助對象。從1992至1997年之間，哥倫比亞低收入地區之超過125,000名中等教育學生，可以獲得教育券。實施初期，教育券可以涵蓋私立學校的全額學費，但其價值卻因無法追上通貨膨脹速度而日漸萎縮。至實施後期，教育券面額僅能涵蓋約三分之二的私校學費（Angrist, Bettinger, & Kremer, 2006）。

實施PACES計畫後，進入私校就讀之單位成本（unit cost）約減少40%。相關教育券之費用由中央政府負擔80%，其餘20%則由地方政府分攤。學生在讀完初中後，如果其學業表現呈現進步之現象，則其所獲得之教

育券資格可以延續至高中階段，約有四分之三的學生最後達成此項目標。值得注意的是，與智利情況類似，並非所有私校皆接受教育券學生，比例大致為40%。World Bank（2006）的調查報告發現進入私校就讀之教育券學生，其西班牙文及數學之成績，與選擇進入公立學校之教育券學生並無顯著差異。

學者Angrist, Bettinger, Bloom, King and Kremer（2002）曾進行兩次大規模研究，以分析教育券對學生學習成效的短長期影響。其比較教育券獲得者（voucher recipients）與未獲者（non-recipients）三年後的學業表現，發現教育券獲得者的考試成績明顯較佳，留級率較低，且繼續就讀高中之比例較高。此外，由於繼續升學的意願與比例較高，教育券獲得者在青少年時期即出外成為勞工的機率，也遠低於未獲得教育券者。此因哥倫比亞的留級生或未畢業學生，更有可能提早選擇就業。

之後，Angrist et al.（2006）依據PACES實施七年後之官方數據進行追蹤研究，以瞭解教育券計畫的成果。由於採用官方紀錄，研究結果之可信度遠較個人自我陳述的調查法為高。歷年來，約有90%之哥倫比亞高中畢業生會報考大學，根據學生是否參加入學測驗考試，即可推斷各校之高中畢業率。Angrist等人之研究發現教育券獲得者比未獲者更有可能自高中畢業。至於在大學入學測驗的成績部分，其也證實教育券獲得者在相關考試的成績有所提升。

基本上，Angrist等人指出在哥倫比亞之教育券計畫，對於獲得者學生之學習與升學，均呈現顯著的正向影響。其研究顯示教育券獲得者必須成功升級，方能繼續保有領取資格。為避免留級，學生會產生個人激勵動機以提升測驗成績。影響所及，自然使其學習成效有顯著進步。換言之，透過PACES領取教育券的學生，長期來看最可能獲得最大助益。

 五、臺灣

臺灣教育學者（林文達，1986；蓋浙生，1993；陳麗珠，1998）雖

早已在著作中評述教育券之理念，但實際推動卻遲至1990年代（賴志峰，1995；鄭新輝，1997；許添明，2003）。相關實施計畫大致可分為「幼兒教育券」與「私立高中職教育代金」兩大類。

在幼兒教育券部分，臺北市與高雄市首先於1998學年度實施幼兒教育券，對象為5歲以上就讀私立幼兒園之學生，每學期發放5,000元教育券。其他地區則依照「發放幼兒教育券實施方案」，自2000學年度起發放，對象為全國滿5足歲未滿6歲，並實際就讀於已立案私立幼兒園或托兒所之幼兒，每人每年補助1萬元。每人每學期可獲得一張面額5,000元的有價券，可抵免部分教育費用，幼托機構再依規定程序向政府兌換現金，以作為辦學所需經費支用。此制度施行十一年後，於2011年結束幼兒教育券之發放。

在私立高中職教育代金部分，高雄市先於1995年補助就讀私校之高中職學生每學期5,000元，臺北市也於1997年跟進補助私校學生每學期2,000元（後增加為5,000元）。其他縣市部分也於2001學年，同樣發放私立高中職學生每人每學期5,000元教育券。在2011年實施公私立高中職齊一學費政策之後，私校學生家長則必須在獲得教育代金與享受齊一學費兩者之間，依個人意願選擇其一。

綜而言之，臺灣自1990年代開始教育改革後，教育券之理念雖屢被提及，然在實施上卻深受限制。臺灣實務上之操作，實與美國之教育券計畫有天淵之別，基本上僅是針對特定學生之直接補助，與教育代金制度極為類似。教育代金係指政府為照顧弱勢團體使其享有均等之教育機會，以現金發放方式直接補助受教者，期能減輕學生受教費用或學雜費負擔。其基本目標僅限於補助，與教育券所設定之市場機制與擴大家長教育選擇權目標，尚有極大程度之距離。臺灣實施教育券之目標，多侷限於縮減公私立學費差異所造成的不公平現象，其基本精神偏向社會正義。但由於金額極低（一學期多為5,000元），且學生多半要先進入私校後才得到補助，較缺乏自由市場之精神，學校並未因之受到競爭刺激而有所改善。對於學生而言，所拿到之教育券不過只是補助或代金性質，家長並不會因此而改變其選擇學校的方向。

凡此種種，皆使得臺灣實施之教育券乃是聊備一格，與教育券之旨意有所不同。

六、小結

綜合上述各國不同教育券計畫之相關研究，可以歸結以下三個主要發現與結論：

1. 教育券可以部分提升低社經學生的學習成效（以成就測驗之分數為主），但是否產生一致性之正面影響，至今尚無充分研究訊息而有所定論。實務上，過度關注測驗成績的高低將忽略教育券的整體成效。部分研究指出，即使教育券計畫不會顯著提升學生學業成效，但在非學業成效之諸多層面仍有一定之助益。首先，Gill et al.（2007）分析各種教育券計畫，證實所有教育券計畫的參與者（主要為學生及家長）均顯示較高的就學滿意度。此外，教育券也能促進獲得者在學業以外的成效，其中包括學生利他行為、繼續升學的意願、與學生對學校的滿意度等。此皆顯示教育券計畫確實會產生部分潛在之非學業成效。

2. 從整體觀點探討教育券對學校制度之影響，比分析個別學生的直接影響更為重要。研究顯示各國不同性質之教育券計畫，對於學校整體表現的影響乃是利弊互見。換言之，基於教育脈絡的差異，其可能產生正向或負面影響。理論上，如果教育券可以促使學校之間更加競爭，則無論學生在何處接受教育，教育制度的整體成效理應有所改善。然而，如果因為教育券計畫之補助，促使社經地位較高或較有能力的學生「藉機」離開公立教育體系，則可能拖垮公立學校，反而使得教育品質更加呈現不公平的現象。

3. 教育市場引入教育券計畫，是否能對一般公立學校帶來正向影響，未來仍須進行進一步之研究。教育券計畫可以提升獲得者的受教滿

意度，可能提升部分學生的測驗成績，也可能對整體公立學校帶來正向影響。然而，因為學生自主移動所產生的擴大學校分級現象，與過度強調學生的測驗成績表現，均可能引發教育不平等與不均衡的警訊。此也是各國政府試圖擴大實施教育券計畫之前，所必須要特別三思而後行的。

第五節　教育券額度之爭議

　　綜合以上之敘述，教育券計畫之種類繁多，有偏向市場經濟的，也有強調社會正義的計畫。有政府補助之教育券，也有私人教育券計畫。歷經數十年之實施，許多實務問題逐漸浮現，其中也包括教育券補助額度大小之議題。實務上，此問題答案需依據特定之政策目標而定，但多聚焦於教育券實施後所產生之教育成效大小。各方亟需探討應實施教育券額度（voucher size）之大小，方能改善教育組織績效之問題。

　　教育券額度在各種教育選擇權計畫中有不同之設計，但卻較少有相關研究之出現。例如密爾瓦基家長選擇計畫提供之教育券額度頗高，2006-2007學年給予每位符合資格學生6,501美元教育券。在2001年通過之No Child Left Behind Act（可譯為「帶好每個兒童法」）中，授權聯邦政府依據法條第一篇（Title 1）之規定，以改進不利地區學生學業成就為目的，補助低辦學績效之公立學校學生每人1,500美元（2007年增為1,750美元），使其能夠轉學至私立學校。

　　從實務的觀點分析，教育券面額之問題主要集中於多大額度的教育券可真正為學生提供有實質的選擇權。此問題牽涉到公立與私立學校的運作與學雜費之支出。基本上，教育券計畫如果缺少私立學校，其所標榜之競爭與變革之精神即可能蕩然無存。與公立學校不同，基於經費之限制，影響私立學校建校與經營之背景因素繁多。其中如創校所需之資本、學區建築與設備之規範、與當地勞力市場狀況等。因此，在某些「艱困」地區，私立學校之數

量極少。教育券之實施，若要納入此些學校，就必須付出較多之成本（首當其衝即為交通之支出）。原則上，在較少私立學校之地區，教育券額度多半必須大於私立學校密集地區。然而，如要精確評估教育券之適當額度，則因為私校經營成本之難以量化，而發生實務上之困難。

基於此，部分地區則多半以私立學校現有之學雜費金額，以決定發給教育權之面額。結果發現即使提供私立學校之選項，其高昂學費依舊迫使部分家庭放棄選擇。根據調查，美國鄉村地區私立學校平均學費約每年3,900美元，中型或都會私立學校學費則接近5,400美元。囿於經費，教育券往往無法補助全額學費。例如紐約之私人基金會Children's Scholarship Fund，在2006年發出獎學金為每人1,500美元，尚不及當地就讀私立學校平均學費（3,180美元）的半數。即使如此，教育券補助卻仍具鼓勵家長嘗試私立學校的功能。上述之Children's Scholarship Fund申請人數連年激增，顯示即使中等額度教育券仍可促使公立學校學生轉至私立學校就讀之意願（Chiswick & Koutroumanes, 1996）。

實務上，教育券額度與學校財務運作也有密切關係。此因學生之流動會讓原校失去一定之補助（以每生為單位），進而產生經費與教育資源減少之影響。然而，此影響是否皆為負向，則必須視情況而定。如果流失一位學生減損的補助，少於教育一位學生的成本（即教育該名離校學生的成本），將造成學校流失學生反而受益之奇怪現象。此時，教育券面額即扮演重要角色。流失一位學生而減損教育券金額為3,000元（該生轉學之學校會得到該生所獲之教育券補助），但學校需花費4,000元教育該位學生，學校大可透過放棄挽留該生，以減少資源的損失。反之，若教育券額度高於教育成本，則流失學生將使公立學校面臨資源減縮之情況。在此情況下，學校當局即必須力圖改進，以處理財務危機所產生之問題（如師資過剩、規模不經濟等）。

相關研究相當稀少，Dougherty and Becker（1995）曾針對德州教育券政策進行分析。其指出德州經常性教育成本（不包括建築等長期資本投資），約為每生教育投資的87%至93%。若教育券額度少於該基準，公立

學校便不會遭受經費上之損害。例如學校之年度預算規劃每生教育投資為10,000美元，而教育券額度僅為每生教育預算之60%。換言之，一位學生離開僅會帶走6,000美元之教育資源，因此該校將不會遭受損失（甚而獲利）。

然而，公立學校是否因為教育券面額多半未達每生成本而高枕無憂，答案應是否定的。此因流失學生可能對學校貼上績效不彰之標籤（Mintrop, 2004），進而促使更多學生離開學校。此外，流失學生可能更難招募或留任優秀教職員，以協助學校進步度過難關。學校為了增聘教師也增加教育成本，使得問題更加嚴重（Guarino, Santibanez, & Daley, 2006）。

此外，公立學校是否因此而能勵精圖治，也是一大疑問。即使教育券之面額夠大而產生資源流失現象，但學校卻因為其他原因而無法正向改變。原因例如缺乏資源與知識進行改變（O'Day & Bitter, 2003）、與教師之受到法令過度保護而有恃無恐（Goldhaber, Henig, Guin, Weiss, & Hess, 2005）。此因公立學校並非獨立實體，其必須在學區中運作。絕大多數公立學校教師受到法令與協商制度的保護，而享有終身聘任的權利。其若任職於流失學生的學校，仍可轉介至學區內其他學校服務。此種保障使得公立學校教師配合學校進行改革之動機大減，與私校教師必須因學校結束經營而可能失業之情況大不相同。

綜上所述，可知教育券模式希望藉由市場競爭以提升教育品質。其中核心問題之一，乃在制定適當之教育券額度以達政策目的。高額教育券可透過各種新興辦學模式而讓學生進行多元選擇，同時促使公立學校之進步。然而，實務上教育券額度往往遠低於學校每生平均教育成本，很難對流失學生的學校產生任何財務刺激。但若教育券額度過高，將使已處於困境的學校喪失進步能力（學生移出意願更強烈）。因此，教育券面額議題常產生兩難之困境。其必須依照時機加以調整，以允許公立學校有真正的意願進行改革。

第六節 教育券之爭辯與發展趨勢

　　教育券是否應實施與用何種方式實施，正反雙方辯論極為激烈。在單獨討論教育券之前，必須對於擴大教育選擇權是否可以提升教育績效上加以檢視。綜合各方之說法，致可歸納為市場競爭觀點與資源減縮觀點。市場競爭觀點主張擴大教育選擇權會在教育市場中促動競爭，逼使公立學校積極運用資源，更加奮發圖強創造更大辦學績效。其認為公立學校面臨學生流失與資源瓜分，會產生警惕而投入更多心力辦學。此外，公立學校在競爭壓力下，會較有意願對學校辦學情況進行診斷。根據所蒐集之資訊（如家長選擇放棄入學另尋他校的原因），學校方能對症下藥進行改革，進而提升辦學的表現。

　　相較之下，資源減縮觀點則激烈反對擴大教育選擇權。其主要論點乃在強調當學生決定離開公立學校，同時也會帶走部分學校資源，而使選擇留下學生所享有之教育資源有所折扣。資源減縮觀點主張公立學校所以辦學缺乏績效，乃是受限於各種制度性因素（如貧弱之學區），與學生之弱勢背景。在此情況下，如果一意擴大教育選擇權，必將雪上加霜，造成公立學校資源大幅縮減，更加削弱公校留住學生的能力。影響所及，面對激烈之市場競爭，公校即使有心勵精圖治，但其積極改變能力依舊受到嚴重限制。影響所及，對於選擇留在辦學較差之公立學校學生實在有欠公允。私人企業無法回應市場競爭即面臨淘汰，然而，位於特殊學區之學校是否可以輕易廢校，往往會形成政治問題，而非經濟因素所能決定。

　　上述之市場競爭與資源減縮兩大觀點，也可應用於針對實施教育券之正反意見上。支持者主張教育券計畫可提升教育績效，學生除可離開不佳之公立學校，也會使中小學教育體系更走向市場機制。在另一方面，反對人士則強力指控，教育券之實施將導致擴大不同種族、族群、社經背景學生之間差距之擴大。此外，由於辦理教育券的經費來自於傳統公立學校，在資源緊縮之限制下，原本居於劣勢之傳統公立學校處境必將每況愈下，嚴重戕害教育

之公平正義理念。相關議題如教育券是否能創造良性競爭？私立學校之加入是否能締造佳績？教育券是否有助於教育之公平正義？皆成為是否實施教育券的重大關鍵因素。

　　針對於此，分析相關文獻與研究，可以歸結實施教育券計畫的主要目標包括：(1)增進教育機會均等。(2)促進學校良性競爭。(3)提供更多選擇的機會。其中第一項即偏向社會正義，第二項偏向自由市場之運作，第三項則強調教育選擇權之擴大。從各國歷年實施的經驗分析，促進社會正義與自由市場運作很難兩全，教育券的設計者必須偏向其中之一。以下根據此三項目標，分別敘述正反雙方意見。

一、增進教育機會均等

(一) 正方意見

　　現行制度採取學區入學，但學校辦學之良窳卻因學區不同而有差異。社經地位較差之區，往往因社會資源不足而難有起色，且缺少質佳之私立學校（因其學費高昂，貧窮家庭難以負擔）。在另一方面，有錢子弟受家長庇蔭，會在高社經地位學區落籍，進而得到品質較佳的教育。就此而論，學生受教品質由住居地區來決定，顯然並不合理公平。尤其是有錢子弟不滿意學區內學校時，可以有能力搬遷至較好學區，甚或選擇教學品質較佳的私立學校。

　　相較之下，貧窮學生則幾無選擇學區或就讀私立學校的機會，造成教育機會失衡之現象。教育券打破學區制，並將私校納入，使得高品質教育不再是高社經家庭的專利。每位學生都可以選擇適合自己的學校就學，不受住居地區的限制，而使就學機會更趨公平。原則上，教育券的面額等值，每位學生享有相同的教育經費；但同時可酌情對弱勢與特殊學生給予特別優惠，因此教育券應是較為公平的制度。

㈡ 反方意見

教育券提供另一種教育選擇權，但其前提卻是家長必須具有一定之選擇與判斷能力。在此部分，社經地位較高者即較占優勢。相對之下，低社經家長由於教育程度較低與受限經濟壓力，明顯居於劣勢。此外，社經地位低的家長忙於生活，較無能力蒐尋相關資訊瞭解各校辦學情形。在資訊不完整情況下，很難為子女做出最佳選擇。

此外，即使家長有意願找尋較佳學校，但越區就讀之交通問題與住校的額外生活費，也令貧窮家庭望而止步。高社經背景家長由於較有能力與意願蒐集資訊，使得其在選校機會上占盡優勢，此外，教育券之實施包括私校，政府對本已在私校就讀之有錢子弟利用教育券加以補助，更使其如虎添翼更具競爭力。此種舉動無異是拿納稅人的錢去補貼有錢家庭，進而使其藉由就讀辦學良好之學校，而更有機會飛黃騰達。整個過程與批判理論所詬病的「階級再製」，簡直就是如出一轍。因此教育券只是提供追求公平性的假象，本質上卻使社會階級的鴻溝更為擴大。有錢子弟占盡便宜，貧寒學生卻在自由平等的大帽子下，活生生的被犧牲而不自知。

▧ 二、促進學校良性競爭

㈠ 正方意見

教育券計畫強調市場導向的自由經濟體制，學校與學生有如企業與消費者。市場運作可以產生汰弱存強的效果，而學校也因之必須全力提升辦學品質。教育券適用對象所以將私立學校納入，乃在其更具有企業精神而必須自負盈虧。一旦與私校位於同一基準上，公立學校即因之承受更大壓力，必須提升辦學績效吸引消費者，才能一爭長短而生存下去。教育券將公立與私立學校納入同一的教育市場，兩者在互相競爭下必能產生進步。

(二) 反方意見

教育券係從自由市場的論點出發，認為家長具有為子女選擇最好學校的權利。然而實務上，家長作決定的過程絕非毫無限制，往往受到文化、價值、地域、身分等因素之影響。例如黑人家庭會選擇黑人學生居多數的學校，原因即在以黑人為主的學校較能維持其子女的自尊。即使可選擇以白人為多數且學術成就卓越的學校，但也可能因受到歧視，而使其子女反而不能發揮所長。因此，即使能達到教育券宣稱之自由市場，本質上卻因種種因素之限制，實務上難以存在與運作。

 ## 三、提供家長更多選擇機會

(一) 正方意見

教育券強調自由競爭，主張為吸引學生，各校必須奮起直追辦出特色來。以往公立學校相似性頗大，如將辦學心態與組織運作較為多元之私校納入競爭，公立學校則必須努力辦學才能生存，如此即能達到提供學生更多教育選擇機會的目標。學生依據自我需求，在多元的市場中選擇學校（產品），自然抱怨較少。此種自由競爭你情我願的市場機制，不但學生喜歡，學校也因競爭提升品質，可說是互蒙其利。

(二) 反方意見

教育券之對象含括私立學校，造成政府經費因分散而使公立學校經費相對減少，將有礙其正常發展。相較之下，私立學校因較能吸引優秀學生，其他社經地位低且學習表現不佳者，公立學校則必須無條件接收，處境將更為艱困。部分公立學校抱怨，其所以辦學較差，乃因必須承擔許多責任。其中如特殊教育的推廣、族群學生的融合等；加上教師工會的強大壓力，根本無法在公平基礎上競爭。教育券實施後，各校互出奇招，最後必是受束縛較多的公立學校倒楣。有錢學生湧進私校，貧窮學生困在公立學校，教育券所謂

提供更多的選擇，其實只是騙局。

教育制度應儘量弭平社會階級之差異，教育券的最初目的即在提供低收入戶就讀較佳學校的機會，但實施後卻可能適得其反。以智利為例，有錢人多數依舊選擇私校，低收入戶之就讀私校意願卻未提升（Carnoy, 1998）。此因私校大都建於城市繁華地區，附近多為高社經家庭。低社經家長則因住家距離過遠而影響選擇之意願（必須額外支出交通與住宿費用）。此外，低收入戶子女入學比例高之學校，高社經家長往往避而遠之。使得明星私校依然權貴子弟雲集，教育券之實施反而使惡化情況雪上加霜。

此外，實施教育券的前提，乃在必須為學生提供充足之鄰近私立學校數量，如此才能有一定之選擇機會。然而，並非所有公立學區之附近分布有私立學校，其中尤以鄉村地區最為嚴重。以美國西部人煙稀少之愛達荷（Idaho）、蒙大拿（Montana）、南達科他（South Dakota）、與懷俄明（Wyoming）四州為例，2003-2004年之間，境內共有332所私立學校，且大多鄰近都會區（National Center for Education Statistics, 2006）。此外，依據人口普查顯示，上述四州僅有不到半數的郡（county），設有一所上之私立學校。此種情況，遂讓居住當地之學生即使對於教育券計畫有高度評價，卻也無法參與。

綜觀世界各國在1960年代之後的教育券計畫，雖然彼此之間有相當程度的差異，但仍有其發展之趨勢。舉其犖犖大者，可有以下三點：

一、多偏重社會正義的訴求

以Friedman所主張的教育券為例，可看出其主要訴求乃在憑藉教育商品化與自由市場之機制，提升教育的辦學品質。此派學者認為公立學校受到過度保護，而不思長進，家長身陷既定學區，只得任憑宰割。教育券的分發可使其具有選擇的能力，不必再受到限制。換言之，美國早期的教育券主張皆以市場機制為導向。其雖主張對弱勢學生有所補助，但仍受到極大攻擊。貧窮家庭基於社經地位的劣勢，實無法支應子女移讀他區的費用，且其是否具

有能力為子女選擇學校，也相當令人質疑。

　　因此，1960-1990年代以市場導向的教育券主張雖有多種，但其實施區域卻相當有限。且屢遭民意機關予以否決，主因即在市場導向的教育券被譏為是為有錢階級所設計的。對他們而言，子女就讀學費昂貴之私立學校，不僅是追求高品質之教育，也是一種身分的象徵。本來他們必須花費較高成本讀書，如今使用教育券，無異是變相的補助。表面上每個學生均有等值的教育券可領，但是貧窮學生卻無法消受。即以最棘手的學生通勤交通問題，其金錢與時間之花費就相當可觀。影響所及，富有者被鼓勵擁向辦學良好的學校（尤其是私校），貧窮者則仍留在住家附近的公立學校，不公平的現象更加嚴重，也因此導致實施教育券的窒礙難行。

　　基於此種情況，1990年代後美國所提出之教育券即改弦更張，將注意力轉向對社會正義的訴求。即以密爾瓦基教育券計畫為例，其支持者一反常態，竟是由貧窮家庭之家長發起，其主因即在對社會不公平正義的渴望。密爾瓦基教育券的主要目標乃在給最窮與最差學生的另一個希望。藉著教育券，其可以進入辦學良好的私校，即使事後證明學業並不一定精進，但至少滿足了家長自我選擇的希望。相對於早期市場導向的教育券計畫，不啻為一大轉變。

❧ 二、傾向針對特定學生的小規模實施方式

　　自由市場導向的教育券計畫之所以如此迷人，原因即在引入市場經濟的機制，由顧客自由選擇來達到汰弱存強的目標。基本上，要達到此目標，先決條件即是所有學校必須加入，否則有漏網之魚，就不算是真正的自由市場。其中，私校的參與即極為重要。長久以來，由於學費的差距，公立與私立中小學常被隔成兩個世界。雖說家長表面上有充分選擇的權利，但實際上卻因交通與入學成本等因素，能入私校者往往屬於社經地位較佳者。公立學校在另一方面，由於不愁學生來源，自甘墮落不求進步的情況也時有所聞。因此，為解決公私立學校分立的狀況，教育券之實施必須是全面性的，不可

有所例外。

　　然而，全面實施教育券在1960年代之後，已被證明窒礙難行。即以Friedman之主張在智利實行後的結果，即可看出形成真正自由市場的理念實屬夢想。一般而言，辦學較佳之私校多位於人口集中交通便利之地，其分布本就不如公立學校平均，再加上入學成本之考慮，貧窮家庭很難有所餘力送子女進入私校。影響所及，公私立學校仍成兩個世界，甚而更加深彼此學生在社經地位上之差距。學校教育畢竟與餐廳、百貨公司有所差別，要達到全面商品化與自由化之境界相當困難。

　　因此，1990年代興起的教育券計畫即另闢蹊徑，不再要求全面實施，而僅止於小規模與特定學生團體的參與。密爾瓦基教育券並未全面推行至其所屬的威斯康辛州，也沒有強迫學區內所有學生加入。其實施對象為貧窮家庭之特定學生，目的即在改進其就學品質。至於是否能自由市場化，則不在考慮之列。此為教育券理念上之一大突破，不再侷限於教育市場化的夢想，乃對特定學生團體進行服務。就此而言，實非1960年代設計教育券學者之本意，但不愧為是一個好的權宜之計。

🔖 三、教育券雖漸失主流地位，但仍具有一定吸引力

　　第二次世界大戰後，美國教育券計畫之提出，乃是對傳統國家教育權理論的反動。當時之義務教育絕大多數為公權力所介入，家長聲音極為微弱。教育券自1960年代被大量提出後，被視為是教育改革的利器，且家長也因之可伸張其教育選擇權，一時之間洛陽紙貴聲勢浩大。然而，經過數十年之檢驗，教育券計畫之實施被證明極具困難度。其中種種原因，前已有所敘明。1990年代後之教育券計畫，雖已小規模實施，但已喪失其在教育改革上的主流地位。

　　綜觀美國1980年代後的變革，可以發現除了教育券之外，對於家長教育權之實踐已有其他之作法，其中又以另類學校（如磁性學校）、與公辦民營制度（如特許學校）最受矚目。兩者均偏向於公立學校之內部組織改革，

牽動性較少，教師與家長團體接受度頗高。相對之下，市場導向的教育券計畫破壞現有組織甚巨，自然不為各利益團體（尤其是教師工會）所喜愛，在民主社會一人一票的制度下，自然命運多舛。然而，其雖喪失教改之主流地位，但只要目標清楚，限定在小規模實施，仍有其一定吸引力。未來，促進家長教育選擇權之各種策略當是並陳而行，難有獨霸局面之產生。此在多元的社會中，未嘗不是一件好事。

四、小結

1960年代後，教育券之主張為至今最激烈的教育改革方案之一，其顛覆傳統政府掌控學校的觀念，而將主導權交到家長手中。然而，數十年的爭辯與實施，卻證明自由市場之操作，在教育運作中乃是困難重重。基於此，美國已在1990年代漸漸改變，以社會正義為號召，採用小規模照顧弱勢學生的作法。此種轉向乃對現實之回應，也徹底改變了傳統教育券的模式。美國的作法，對於臺灣今後實施教育券，可提供借鏡之處，茲敘述如下：

1. 臺灣雖在1990年代實施教改時，提出並核發教育券，但多半只是補助性質。對象限於私校學生，金額也是每生固定。嚴格而言，只能算是教育代金，並無教育券的精神。未來如要沿用教育券的名稱，則應在做法上加以改變，否則只是單純補助，不如使用教育代金的名稱。

2. 傳統教育券的實施，往往被批評為只照顧社經地位高的家庭，因此相關法案多為封殺，實施的規模也極少。1990年代後的教育券，不再奢求自由市場的運作，將重點轉向弱勢族群。以提供教育券的方式，讓貧窮子弟進入辦學良好的私校就讀。其學業成就是否提升尚有爭辯，但其提攜照顧之情卻不容抹殺。見賢思齊，臺灣教育券齊頭式補助的模式實應改變。密爾瓦基計畫的作法可供參考。教育券的實施必須注重社會正義，否則很難為大眾接受。與其一律補助，

不如先幫助最弱勢的學生，使其有翻身的機會，也許更有賣點。

3. 臺灣倡行教育券後，部分學者（如陳麗珠，1998；陳漢強，2000）以財政的觀點分析各種發放模式的可行性。然而由於所需經費龐大與社會正義問題的難以解決，全國實施以自由市場導向為主的教育券計畫，實在極為困難。因此，今後不如以特定區域與特定學生為對象，其可行性應該較高。否則囿於必須全面實施的堅持，恐怕只落個紙上談兵的後果。

第七章

在家教育

　　在家教育（homeschooling）一詞，學界或有翻譯為「在家自學」或「在家自主學習」，乃是「非學校教育」（unschooling）實施的主要模式之一。在實際運作時，家中成為教學與學習之主要處所，對於孩童的教育形式與歷程，具有舉足輕重的地位。

　　近年來在家教育的復興，主要導因於家長對於義務教育階段，政府所提供的教育措施（主要為學校教育）有所不滿。因而試圖另闢蹊徑，以自我之力教育子女。法律上，義務教育之發展迫使家長必須負起將子女送入正規學校之義務。其雖保障適齡學童的受教權利，但在因材施教重視個體發展上，卻往往力有未逮。由於強調表面之形式平等，教學形式與課程內容上缺乏，難以滿足個別學生之需求。

　　基於此，部分家長開始反省只能被動接受制式學校教育的後果，希望能尊重家長教育選擇權，因而積極推動在家教育之實施。以下即先針對在家教育之歷史與定義加以說明。

第一節　在家教育之歷史與定義

一、在家教育之歷史與復興

　　環顧歷史，在家教育曾是教育主流模式。前已述及，中國在二十世紀之前，教育年幼子女乃是私人與家族之事務，政府鮮少干預。在童蒙教育階段，家長扮演之角色尤深。其中如宋代文學家歐陽脩家貧，其母以荻畫地教子，千古傳為美談。此外，為應付科舉考試，富裕家庭或家族多會延聘西席（即家庭教師）進行教學。紅樓夢第九回「訓劣子李貴承申飭，嗔頑童茗煙鬧書房」中，賈寶玉等學子大鬧之書房，也是家族始祖所創立之義學。凡此種種，皆顯示家庭在學童教育之重要地位。

　　再以十九世紀前之美國為例，在家中接受教育也是孩童獲得啟蒙的主要途徑。父母與家中長輩負責教導孩童的基本讀寫算技能，並與教會或巡迴

教師負責其後之教育階段（Ray, 1988）。當時社會多認為學童受教乃屬於家長權限。此權限大致包括決定子女是否接受教育（to educate or not）、與受教內涵（substance of education）兩大部分。換言之，以父母為中心的在家教育模式，實是當時之主流。此種情況直至二十世紀初期才有所改變。肇始於歐洲之民族主義、社會主義、與國家主義紛紛興起，力主政府必須建構公立學校系統，以推動普及全民之教育。風行草偃，為確保人民接受義務教育，美國各州也紛紛立法普遍設置公立學校，以確實執行免費、免試、與強迫入學之教育政策。

　　公立義務教育的興起，迫使在家教育偃旗息鼓，儼然成為義務教育階段的化外之民。然而，此並不代表其已完全銷聲匿跡。基於各種不同理由，部分家長依然堅持在家教育其子女。其主張相關強迫教育法之規定乃是侵犯家長主導子女教育之權利。雖然人民依法應接受教育，但不應侷限於特定方式或特定場所之中。學校教育之獨大，乃是一種霸權，不符合學生之受教權益。

　　實務上，在家教育之提倡者往往面臨忽視兒童受教機會之指控，甚而因違抗法令而被污名化（如斥之為宗教狂熱分子），進而遭受懲戒入獄。即使如此，在家教育之支持者仍舊前仆後繼而打死不退。此種抗爭在1960年代之後，逐漸受到教育學術界與社會人士的支持。部分法院判例開始認同在家教育乃是合法的教育型態，各種在家教育之團體紛紛成立。美國自1993年之後，全國50各州皆立法允許家長為子女選擇在家教育的形式。檢視在家教育捲土重來之原因，大致有以下三個：

(一) 學校教育過度標準化

　　環顧歷史，歐洲國民教育運動的興起，旨在建構普及全民義務教育體系。其動機有其一定之正面意義，並在提供基本教育消除文盲上取得重大成就。然而，隨之而起的學校系統基於營運之考量，往往走向標準化的趨勢。不論在教學模式或是內容上失去彈性，難以兼顧個別差異與需求。影響所及，傳統學校教育較不注重個別化教育，因而有礙學生人格發展。學校之運

作體制未能回應部分家長的教育理念，進而使其興起不如自我教育子女的意念。

然而，此種想法在各國所實施之強迫入學政策下卻往往鎩羽而歸。在「教育機會均等與保障學童就學權利」的大帽子下，各國多制訂相關強迫入學的法令。家長若有所不從，即可能面臨來自政府的壓力與懲戒。就此而言，普及教育之美意，即對特定家長形成桎梏。近年來，學者開始質疑「學校教育」等同「教育」的概念，主張在家教育也應成為教育的一種形式。執意強迫學生進入學校，僅是一種形式上的平等；同時卻在標準化與形式主義的作祟下，扼殺學生的創造力與主體性。此類家長並認為基於其所擁有的教育選擇權，在家教育應被視為是正當與合理的教育途徑。

在家教育的擁護者，大多堅持真正的教育必須正視學童的個別差異，並依其能力、興趣、人格、與身心發展階段加以教育，以使其能夠適性發展。過度的標準化與形式化往往摧殘學生的學習動機，進而使其自我放棄。此種看法與Rousseau（盧梭）以降之自然主義學者的教育觀極為契合，認為人生而具有天賦的自由與理性，只要讓其順性發展即可成為良善公民。Rousseau在其主要教育著作《愛彌兒》（Emile）中，大力闡述自然主義的教育思想。其強烈主張教育應「歸於自然」，以順應孩童天性為依歸，將其自然發展成為感覺靈敏與理性清晰的「自然人」。Rousseau強烈批判當時之制度當作小大人而揠苗助長，認為如此會戕害其幼小心靈。書中描述主人翁愛彌兒在其嬰孩期、兒童期、青春期、與青年期之特徵，分別接受不同之感覺教育、知識教育、道德教育、與技藝教育。而且最特殊的是，此些教育皆在家庭中自行完成。

綜上所述，在家教育的支持者堅持學校教育之過度標準化，難以實現順應個體自然發展的目標。反之，在家教育卻能適時提供最適合孩童性向與能力的教育，有其一定之合理性與合法性，也是保障個人學習權的重要作為。

(二) 公立學校辦學績效不彰

前已述及，義務教育的主要目的乃在普及教育，使得社經地位不利之

學生也能享有接受基礎教育之權利。為達此目標，各國政府多以學區制之形式，直接撥付資金成立公立學校。其結果雖使政府能確保學童最基本之受教機會，但公立學校也因資金供應之無虞，而形成運作獨大的局面。由於缺乏自由市場之競爭機制，公立學校缺乏進步動力而往往辦學績效不彰。自1960年代之後，「學校教育應否獨大」即成為熱門爭議之焦點，要求改革之聲此起彼落。

公立學校辦學體制牽涉到教育選擇權、市場競爭、績效評鑑、與公平正義等複雜議題，成為社會矚目之焦點。由於實證研究之結果令人怵目驚心（例如1984年所出版之A Nation at Risk報告），對於教育體制必須「鬆綁」（deregulation）之呼籲一時成為顯學。家長不滿公立學校的辦學績效，遂透過遊說與立法程序，試圖對於教育市場解除管制，以提供更為多元之選擇與發展。影響所及，教育券、特許學校、另類教育等非傳統公辦教育類型開始萌芽發展，在家教育也迅速因應此股鬆綁潮流而興起。

(三) 去學校化教育觀之興起

隨著批判理論（critical theory）的興起，「去學校化」（deschooling）的教育觀開始發酵，強烈攻擊政府既定之義務教育與強迫入學政策。其主要提倡者包括John Holt（主要著作如*Instead of education: Ways to help people do things better*, 1976）、Ivan Illich（主要著作如*Deschooling society*, 1970）、Harold Bennet（主要著作如*No more public school*, 1972）、與Paulo Freire（主要著作如*Pedagogy of the oppressed*, 1986）等。限於篇幅，在此不再詳盡敘述。讀者如有興趣，還請自行參閱相關專論與著作。

各家對於「去學校化」之立論雖有些許差異，但皆主張過度人工化的學校教育乃被證明是失敗的（Freire, 1986）。其主要原因為：(1)學校壟斷所有教育資源，並成為社會壓迫者的政治工具。為了宰制與再製社會階級。壓迫者將學校設計為僵固的實體，斷絕對話與互動的存在關係。在此虛假世界中，受壓迫者成為旁觀者，僅能被動接受而難以翻身。(2)學校知識往往被過度包裝成商品，進而脫離真實情境而失去意義。所產生之正式與潛在課程

使人產生失去主體性之教育異化（alienation of education）現象。(3)學校知識過度標準化，使得知識成為制式的套裝產品。由於不能選擇，學生個性往往被扼殺而產生「反教育」現象。(4)人類必須在學校外之社會進行終身之學習。過度制度化的學校教育，實會窄化學習之概念與範圍。(5)學校教育過度僵化，所製造出之文憑不代表真實的能力，卻往往造成嚴重的教育性失業。

基於以上主張，去學校化之學者即認為應廢除學校制度，並提倡自由化的學習環境。例如Illich（1971）即提倡廢校後可建構四種教育網路以進行教育運作，其中包括：(1)建立教育資源的諮詢服務。(2)形成技能交換制度化，如設立技能銀行。(3)同儕之合作學習。與(4)培養專業教育家以提供相關教育諮詢。Illich並將此四種學習方式歸結為事物（things）、模範（models）、夥伴（peers）、與長者（elders）四類，多半可以自家教育的形式完成，而家庭也是符合人性化的教育機構之一。此因人生而具有學習之動機，且具有進行自我所希望的學習權利，在家教育之個別性與彈性化，可適時提供個體適性學習的機會。

🕮 二、在家教育之定義

綜合相關文獻與學者（如Mayberry et al., 1995; Ray, 1988）之主張，「在家教育」之定義各有說法，但仍有一定之共同之處。本書綜合各方主張，將在家教育定義為「家長憑藉家庭與社會資源，選擇不將學童送至學校系統接受教育，而在家自行管理與主導子女教育活動的模式」。其有以下幾項特點：

1. 在實施教育之地點部分，除了「家庭範圍內」的場所外，並不排除其他社會相關之處所。其中如社區、其他家庭、社教機構、與戶外場地等。此因依靠單一家庭所能提供之知識極為有限，往往必須仰賴其他志同道合家庭所合組之社群，與所處社會的學習機會。換言

之，除了家庭之外，在家教育也極為重視社會與社區所能提供之資源。此外，如有特殊需求，一般學校也可提供部分課程，以供學生修習。

2. 在教育者部分，家長（多半為父母）無可諱言乃是提供教育的最主要責任者。然而，由於家長之專業多半未能包山包海，因此負擔執教者可能為家庭教師、其他家長、社區專業人士、甚或一般合格教師等。家長多會依據子女個別需求，以尋覓適當之教授者。整體師資之調配往往影響在家教育的成敗。

3. 在課程與教學部分，整體課程設計可以因材施教，較一般學校教育具有彈性。然而，由於師資之配合不易，學生在受教內容之多樣性部分往往面臨瓶頸。此外，由於子女具有個別差異，也增加設計課程時的複雜程度。

根據各國實施在家教育的資料，可以發現在家教育之一部分，係包括因為生理或心理之顯著障礙，因此必須進行個別化之「在家自行教育」個案。由於牽涉特殊教育與專業輔導與治療，往往需要政府特別立法加以規範，而與一般學生選擇在家教育有所差異。基於此，本章以下論述，原則上仍以一般在家教育為主，對於特殊在家教育有興趣之讀者，還請自行參閱特殊教育學者之相關大作。

第二節 在家教育影響因素與型態

依據Grady and Bielick（2010）之調查，美國於2007年時，5至17歲之學生計有2.9%選擇在家教育的形式（詳見表5.1）。較之2003年「美國全國家戶教育調查」（National Household Education Survey）之2%（約有109萬學生），已有一定程度的成長。在整個在家教育的群體中，84%為完全在家進行教育，16%則仍在一般學校中修習少數課程。性別上，42%為男性，58%

爲女性。種族上以白人最多（77%），家庭結構則多爲雙親家庭（89%）。居住地區則以郊區（33%）與鄉村（34%）爲較多。表5.2則顯示非在家教育與在家教育學生組成比例上的差距，其中如白人之在家教育比例相較爲高（77%比58%），雙親家庭的比例也明顯較大（89%比72%），此皆與在家教育之特性有所相關。

一、影響選擇在家教育的因素

家長選擇自家教育的因素相當複雜，其團體之組成也難以類型化。然而，在家教育團體卻共同具有不滿意主流學校體制的特質。此類家長秉持相異的意識型態（如宗教）、教育理念，甚或具有特殊需求，因而將學區學校排除於選擇之外。早期之研究如Wartes（1988）針對美國華盛頓州選擇在家教育的家長進行調查。結果發現「宗教或自我教育觀」乃是最主要之決定因素。其他因素則包括增加親子之間的連結、避免同儕競爭壓力、與形塑子女之自我觀念等。Jeub（1994）發現選擇在家教育的家長，多將社會、學業、家庭、與宗教視爲是四個主要考量因素。

學者Princiotta and Bielick（2006）分析2003年之「美國全國家戶教育調查」，其中選擇在家教育之動機部分，發現31%爲對學校環境的憂慮、30%爲希望提供宗教與道德課程、17%爲對學區學校學業成就的不滿、14%乃基於學生之身心障礙，需要進行在家教育。

在臺灣部分，根據2000年後所做之相關研究（如丁莉杰，2002；方慧琴，2002；蘇盈方，2002），可以發現宗教信仰考量、不滿傳統學校教育、增進親子關係、發展孩子多元發展、與在家教育法令開放等，成爲家長主要考量因素。與國外文獻相較，也可發現宗教信仰與對傳統學校教育之不滿的比率最多，在所有因素之中名列前茅。

綜觀歸納相關文獻之結果，影響家長選擇在家教育的因素大致可分爲家庭社經背景與教育理念兩大類。在家庭社經背景部分，其相關因素包括：(1)教育程度：其中又以母親之教育背景最爲重要。Isenberg（2002）即發現

家有年幼孩童之母親教育程度越高，其選擇在家教育之機率較大。(2)夫妻就業狀況：無可諱言，目前在家教育的主要執行者多為母親，其必須代替學校執行教育功能。因此，調查顯示母親在家操持家務之單薪家庭，其選擇在家教育之機率較雙薪家庭要高五倍（Princiotta & Bielick, 2006）。(3)子女人數：調查也顯示家中子女有三人與以上者，其選擇在家教育之機率遠比三人以下者為高。其原因乃在邊際成本（marginal cost）之降低。多教育一位子女，其所增加之成本比例上較低，也多少鼓勵家長的意願。

在教育理念部分，其相關因素主要包括以下三項：

1. 宗教：由於宗教教義之不同，部分家長堅持子女受教內容與其宗教信仰必須有所調和。如果發現有所扞格，即會形成排斥世俗學校教育之現象。前章所分析之美國最高法院在Wisconsin v. Yoder（1972）一案中之判決，即顯示基於宗教自由，政府不能一味強迫學童接受學區公立學校之教育。Stevens（2001）也指出宗教為影響美國在家教育的最重大決定因素。此外，根據1996-2003年之美國National Household Education Survey資料，Isenberg（2006）發現宗教信仰極為堅定之家庭會有1.3%的比例選擇在家教育，較全國之平均比例高出66%。基本上，如果信眾之規模夠大（如天主教、浸信會、長老會等），私立教會學校往往會成為第一選項。反之，家長信奉之宗派較小，無法提供足夠教育資源，在家教育即脫穎而出。

2. 對於學區學校之滿意度：如前所述，近年教育選擇權之爭議主因乃在學區公立學校的表現未盡理想。當家長面對乏善可陳的學區，除了移至他區（好的學區往往房價高昂）、進入私立學校（學費為公校之數倍）之外，另一選擇即是在家教育。Houston and Toma（2003）分析相關資料，發現在公立學校學生學習成就表現不佳之學區，家長會有較高之傾向選擇在家教育。此外，部分鄉村與偏遠地區並無私校的設立，也迫使家長在家自行教育子女。

3. 學生之特殊需求：此多與特殊教育有密切關聯。在英美等國或名之

爲「在家自行教育」（home-bound education），由特殊學校教師至
學生家庭提供個別化之教育與輔導。囿於身心之障礙，學生無力進
入一般學校就讀。基於此，各國政府多通過相關特殊教育法令，允
許學生在家學習；但學區卻必須制訂相關課程，並遴派教師至學童
家中進行個別化教育。學生是否需要在家教育，則由特教學者組成
之委員會加以判定。

二、在家教育之型態

在家教育雖以在家學習爲主軸，但其型態卻相當多元。環顧世界各
國，其中又以美國之實施模式最爲多種。某些型態雖僅有極少數家庭，但卻
符合學生之特殊需求。由於美國教育行政制度係屬地方分權，各州擁有主管
教育之權限，因此也順理成章成爲在家教育的主管機關。相關之辦學原則皆
需州政府訂定相關法令來加以規範。由於民情不一，各州對於在家教育之規
範寬嚴各異。此外，其立法規範之模式數量也有所不同。自1996年之後，
所有州皆已建立一種以上之模式，以供在家教育之家庭選擇，部分州則多達
五種模式（如阿拉斯加州）。由於歷年多有變動，詳細情況可參閱相關網站
加以查詢。以下先就美國在家教育之類型加以簡介，其大致包含目前世界各
國實施在家教育之各種類型。

綜合美國各州之在家教育法與其他相關教育法令，在家教育大約可包括
以下數種實施模式。在此要強調的是，模式之間雖有所差異，但皆爲家長能
夠擁有主導權之教育模式。

(一) 家庭學校（home school）

允許家庭學校的運作，乃是在家教育的一大突破。基本上，其是家長或
相關親屬在家中針對學童所設計與實施的教育。實務上，雖然美國各州皆同
意相關之強迫入學法令不適用於在家教育者，但由於對於家庭學校之規定有
所差異，因此經常引起爭議。部分州對於家庭學校完全沒有定義，雖然提供

極大彈性，但在實施上屢屢產生紛爭。在另一方面，有的州則鉅細靡遺規範甚嚴，卻令家長感到受限頗多，失去在家教育的選擇意義。例如密蘇里州即規定家庭學校須符合三項要件，其中包括：(1)設立目的乃在提供私人或宗教為本之教育（private or religious-based instruction）。(2)接受教育之學生年齡應為7-16歲，並不得超過4人。(3)不得收取學費或報酬。

在形式上，多個家庭也可串連共同組成家庭學校，由各個成員在家中進行自我教育。在此要注意的是，美國部分州政府承認「以家為基礎的私立或宗教學校」（home-based private or religious schools），可以成為家庭學校的運作模式。此因伊利諾州最高法院（Supreme Court of Illinois）在People v. Levisen（1950）一案中，針對州法所定義之「私立學校」做出解釋。多數法官認為學校乃是對學生提供教育之處所，而人數不應作為其是否為學校之考慮因素。此種看法即同意在家教育乃具有私立學校性質之主張。此外，部分州規定家庭學校也因基於保障人民宗教自由，得由地方教會或宗教團體主導運作。前文曾提及之1972年Wisconsin v. Yoder一案中，Amish人秉持教義所設立之宗教學校即是一著名例子。然而，此等家庭學校雖可依法存在，但卻無法獲得聯邦或州政府之經費補助。

(二) 家庭教師（private tutor）

聘用家庭教師教導子女自古即已存在，皇宮貴族與富裕人家，多半聘請私人教師至家個別教導。部分執行在家教育的家長，基於專業上的限制，也會借重他人進行子女教育。美國部分州允許家庭教師為在家教育之合法模式。基本上，此類教師必須具有州政府所認可之教師證書，並有一定之教學天數與時段。教學內容可依循公立學校之課程，或是由家長與教師協調後，經過專業判斷，再共同加以設計。

此種模式之實施，儼然形成個別化教學之形式，對於有特殊需求之學生有所助益。然而，由於多半州政府並未有財政之補貼，家長之負擔較為沈重，並非多數家庭所能承受。

(三) 函授課程（correspondence educational program）

部分州允許學生在家接受州政府所核准之全時函授課程，而不需親自至學校就學。基本上，所授課程與一般公立學校並無明顯差異，僅將親授形式改為函授。以往在網路與衛星視訊設備尚未普及時，函授課程成為偏遠地區學生的選項之一，晚近已逐漸式微。

(四) 獨立電腦衛星課程（independent cyber satellite program）

此種形式多半以電腦網路與視訊課程為主軸，學生在家中即可得到相關獨立課程之授與。部分州（如加州）則規定在家教育者必須先提出獨立學習計畫（independent study）之後，方能接受相關課程。課程之設計者或為私人商業公司，或是文教機構。家長必須依照授課進度肩負督導之責任。

(五) 雙重入學制度（dual-enrollment system）

由於學生的需求，美國部分州允許雙重入學的政策，以調和在家教育與一般學校教育之間的隔閡。在此模式下，學生可以一方面註冊於學區公立學校，且可享受部分在家教育之權利。此因部分課程需要使用學校之資源（如電腦設備、運動場地），自家教育者往往力有未逮。採用雙重入學的制度，可以在彈性中取得最大效益。學生可以選修部分學校課程，使用其教材與設備、或參與相關活動，以配合在家教育之不足之處。此外，由於註冊於公立學校，此類學生部分可獲得州政府之財務補助。對於家庭財務面臨捉襟見肘的家長，不啻為一兩全之選擇。在另一方面，藉由對經濟狀況不佳之在家教育家庭之補助，可以縮小因為社經地位不同所形成之家長選擇權落差，以促進教育之實質平等。

此外，部分州政府甚而允許私立學校加入「部分入學」（part-time enrollment）之體系，以提供在家教育學生之教育協助。其範圍如依據學生需求，安排特定課程之選讀、利用學校之書籍與教材、參與學校所主辦之課外

活動等。在學制之設計上，有其一定之彈性。

　　以上五個模式乃是在家教育的主要運作型態，其中家庭學校乃成為最普通之形式。實務上，單一家庭所能提供之知識與專業有限，往往必須仰賴與其他家庭合組之社群，與所處社會中資源。基本上，在家教育之成功因素，其中即包括互助社群的運作與社會資源的多寡。在家教育之優點乃在針對學生需求進行彈性教學，因此學習成果較具特色與創造力。然而，家長之偏執，也可能使得學生之社會化與人際關係出現疏漏之現象。相關正反意見，往往引起各界人士激烈之爭辯。

　　此外，各州政府針對境內之在家教育，也推出相關措施加以輔導協助。其中如成立在家教育輔導專責單位，成立社區學習中心、推出網路教學課程、出版相關在家教育的教材等。此外，也鼓勵在家教育家庭成立合作組織，以促進交流與分享學習經驗，必要時可以互相協助。

第三節　在家教育之相關規定

　　綜觀世界各國對於在家教育的相關立法與規定，多圍繞在學生、家長、與政府三方之教育權之上。其中學生為教育之主體，依據憲法擁有受教權與學習權，不應被任意剝奪。家長身為未成年子女之監護人，具有為子女創建最大利益之義務，因此其相關教育選擇權利應受到尊重。在另一方面，身為國家公權力之執行者，政府依法具有法定監督之權限。實務上，為保障未成年學生之學習權，政府雖應適度尊重家長教育權，並給予其選擇之彈性空間，但為避免家長濫用親權，政府仍須在一定原則下，對於在家教育之實施過程進行監督，以達成教育的基本目標與保障學生受教權。以下即針對美國與臺灣之情況分別加以敘述。

一、美國各州在家教育法制的基本類型

傳統上,各州制訂之強迫入學法均要求學生進入公立或私立學校就讀,基本上並不允許在家教育之實施。此種絕對規定因此出現是否違憲之爭議(如與宗教自由有所扦格)。之後,由於支持在家教育的呼聲日見壯大,美國半數以上的州政府於1980年代,紛紛通過在家教育的相關法令。其內容主要包括:(1)允許家長以設立「家庭學校」(home school)之形式實施教育。(2)相關之計畫必須經由主管教育行政機關如「地方學區教育委員會」(local school board of education)之核准。(3)必須針對學童需求,提供「相當之教育」(equivalent instruction)。(4)訂定學童在家教育學習成效之相關評鑑方式與原則。1996年之後,全美50各州均立法將在家教育視為合法之教育(雖然有程度上之差異)。在2002-2003學年度,約有170至210萬學生接受學前至高中階段的在家教育。其成長速度極為快速。

近年來,美國在家教育組織有雨後春筍般增加之勢。主要組織如美國在家教育協會(National Center for Home Education,簡稱NCHE)、美國在家教育法律辯護協會(Home School Legal Defense Association,簡稱HSLDA)、美國在家教育研究協會(National Home Education Research Institute,簡稱NHERI)等。主要任務乃在遊說議員進行相關立法、進行在家教育之研究與資訊之出版、與提供專業法律服務以維護家長教育權利。各組織皆為非營利組織,所提供之服務多為免費的。

實務上,美國各州法令所允許之在家教育實施模式並不相同,其間規定寬嚴有別。有的鉅細靡遺,有的僅是輕描淡寫。相關法令可以參酌「美國在家教育法律辯護協會」(Home School Legal Defense Association, HSLDA)網站之各州規定。歸納各州之相關在家教育立法內容,大致可分為申請規定、上課天數、課程內容、執教者資格、紀錄保存、學習成果之評鑑六大項。茲分述如下:

(一) 申請規定

美國在家教育的申請原因，可包括種族、語言、宗教、文化、教育理念等因素。雖然訴求各異，在家教育者依法多半必須在一定規定期限內（如前30日之內）提出申請書。其內容多半包括學生姓名、年齡、家庭學校之所在、上課時間、上課形式、教師人選與資歷等，以避免因子女未至學校報到，而受到強迫教育法所規定之懲戒。由於教育權歸屬於各州政府，因此其多以特定之在家教育法，或是透過強迫教育法之例外規定，以規範州內之在家教育（請參見表7.1）。在相關內容上，往往在寬嚴強度上天差地別（請參見表7.2與表7.3）。在類型上，大致可分成三類：

表 7.1　美國 50 州與哥倫比亞特區在家自行教育申請規定之類型統計

類　別	規　定	州　數
規範型 （requiring no notice）	家長不須向州提出申請文件資料（幾乎沒有規範）	11
低規範型 （with low regulation）	家長只須通知州政府（規範寬鬆）	15
中度規範型 （with moderate regulation）	家長需要提交報告書、測驗成績、足以證明學生進步之評鑑文件（有基本之規範）	20
嚴格規範型 （with high regulation）	家長必須交提交報告書、成就測驗成績、足以證明學生進步之評鑑文件、實施之課程計畫、教授者之教師資格、與其他規定繳交之文件（規範極為嚴格）	5

資料來源：HSLDA(2014), http://www.hslda.org/laws/default.asp

表 7.2　加州在家自行教育法令規定（6-18 歲）

	第一種	第二種	第三種	第四種
法定選擇權	視為私立學校	註冊於私立學校衛星計畫（PSP）	私人教師	註冊於公立學校所使用之獨立學習計畫
出席	保持出席紀錄	保持出席紀錄	每年 175 天 每天 3 小時	比照公立學校

（續上表）

科目	必須以英文授課，教授多科在公立學校的必修科目，在 1-6 年級，以下科目為必修：英文、數學、社會科學、科學、視覺與表演藝術、健康及體育。			
教師資格	必須擁有教學能力	必須擁有教學能力	具備教師證照	無規定
測驗	法律無規定			
注意事項	必須在每年 10 月 1 日到 15 日向教育主管機關提交申請成為私立學校資格之文件	PSP 必須符合加州教育法		

資料來源：HSLDA (2014), http://www.hslda.org/laws/analysis/California.pdf

表 7.3　紐約州在家自行教育法令規定

年　齡		6-16 歲之學生
上課天數		天數為 180 天，1-6 年級每年 900 小時，7-12 年級每年 990 小時
申請程序		向當地主管申請，並提交一份個別化在家教學方案（由行政區提供格式）
科目	K-12 年級	公民教育、交通安全、火災安全
	1-6 年級	算術、閱讀、拼音、寫作、英語、地理、美國歷史、科學、健康、音樂、視覺藝術、生理教育；
	7-8 年級	英語、歷史、地理、科學、數學、體育、健康、美術、音樂、實用藝術及圖書館技能；
	1-8 年級	美國與紐約歷史、憲法（至少開設一科）
	9-12 年級	4 學分英語、4 學分社會研究（包括美國歷史、公民參與、經濟學）、2 學分數學、2 學分科學、1 學分藝術或音樂、0.5 學分健康、2 學分體育、與 3 學分其他選修課程。
教師資格		必須由擁有教學能力之教師進行教學，家長不需要經過認證。
標準化測驗		1. 在 4-8 年級，每兩年必須參加一次標準化測驗，9-12 年級，每年皆必須參加州教育廳認可之標準化測驗。 2. 測驗成績必須高於第 33 百分位，或是相較於前一學年有所進步。

資料來源：HSLDA (2014), http://www.hslda.org/laws/analysis/New_York.pdf

1. 原則禁止型（**generally forbid homeschooling**）：屬於此類之州政府多半不會制訂在家教育法，而僅是消極的在既有之強迫教育法中加上「例外條款」（exception clause）。其中允許學生如不進入學校就讀，仍可接受其他「相當之教育」（equivalent instruction）。由於「相當」兩字係爲不確定法律概念，常被引伸爲選擇另類教育或在家教育的合法依據。此種類型之州政府並未明確立法允許在家教育，因此常引起法條解釋上之疑慮。其中包括「相當之教育」的判斷標準何在？以及選擇在家教育之家長在申請程序上是否應檢附舉證之責任。基本上，此類型州政府消極阻止在家教育之實施，往往在繁瑣之申請程序上令家長打退堂鼓。

2. 允許但不監察型（**permit without monitoring**）：此類型之州政府多半透過立法，明確允許家長以各種形式（如家庭學校、聘請家教）以實踐在家教育。除了明文支持外，州政府多半僅要求選擇在家教育的家長主動通知或報備，之外並不要求家長對於教育歷程或內容進行詳細報告，原則上給予家長較大之教育空間。影響所及，其所引起之爭議較少，但同時卻遭到部分教育人士之未能善盡督導責任之非議。

3. 允許但監察型（**permit with monitoring**）：此類型州政府雖明確同意在家教育之實施，但同時卻嚴格規定相關計畫須先經所處之學區教委會（school district board of education）之核准。家長除必須事先通報外，州政府有權對其進行監察。其中包括家長需提交教授者之教師資格、學生學習進度、學習成果之專業評鑑、相關考試成績等。有的州甚而訂有派遣專家進行家訪之規定。由於監察之規定不一，也使各州之間存有差異。基本上，規定愈繁雜，所引起之爭議愈多。其中如教授者是否應通過某種形式之教師檢定，即常成爲辯論之焦點。

(二) 上課天數

上課天數之規定各州不同，有的並無特殊要求，有的卻藉由在家教育法相關條文進行限制規範。多半州政府會比照一般公立學校之上課日程表加以規定。例如將上課日數訂為每年180天，每天則至少需要4個半小時。州政府有權遴派代表（如school attendance officer）進行相關檢核之工作。如果發現家長有違背之事實，則必須返回學區內之公私立學校接受教育。

(三) 課程內容

在課程內容部分，多半州會規定家長必須提供與公立學校有所「相稱的」（comparable）課程。其必須全面且完整，不可基於特定理由（如宗教）而有所偏廢。基本上，教學內涵（科目）必須涵蓋基本語文之閱讀與寫作、數學、社會、科學、藝術、乃至體育等。此外，部分州會依據年級之不同，要求更為進階的課程（如文學課程、進階科學等）。原則上，公立學校之課程教學現況，常成為州政府決斷在家教育內容之依據。其動機乃在希望在家教育不致因此而有所受限。

(四) 執教者資格

各州在教師資格規定上，可歸納為勝任程度（competency）與具有教學資格（certified）兩大類。基本上，在家教育之教師可能是父母、監護人、親屬、家庭教師等。為檢驗教學者是否能夠勝任工作，有的州堅持其必須具備教師資格，或是擁有一定之學歷（如大學以上學歷），有的州卻極為開放，並未規定執教者之資格，僅規定能展現教學能力者即可擔當教學任務。之後，在相關案例如Blackwelder v. Safnauer（1989）案中，法院支持紐約州所制訂之在家自行教育相關規定（如提供之師資水準必須與公立學校相當），乃是合理而不具模糊性，家長必須提出合理證據後，才能在家自行教育子女。

(五) 紀錄保存

基於追蹤與評鑑之需求，美國各州政府皆對要求在家教育之家長必須繳交進度報告。在內容向度上，各州鬆嚴不一，但大致包括學生出席紀錄、教學課程之梗概、教學計畫、定期學習評量結果（如學生之表現、標準化測驗之分數）等。有的州甚而要求家長提出學童定期身體檢查與預防注射之紀錄。提交時間有的為每月，有的為每學期或每學年。此外，在延續在家教育之申請時，也需另外提出更為詳盡之教育紀錄，以供審查者加以參考。

(六) 學習成果之評鑑

為確保學生能夠獲得妥適的學習，評鑑在家教育學生之學習成就一向為各州政府所重視。評鑑方式相當多元，如參加全國之「成就標準化測驗」（standardized achievement test），或是各州發展之地區測驗等。此外，家長可以呈現學生各種學習成就之證據（如體育獎牌、獲獎紀錄、學習成品等），以成為學習成果之佐證。有的州規定在家教育學生必須參加測驗，其結果必須通知相關單位，有的卻不需通知。在評鑑結果之使用上，部分州會訂定相關門檻（如標準化測驗成績不得低於一定百分數）。未達標準者，可能會被裁定不得繼續接受在家教育。由於事關重大，相關法院爭訟時有所聞。例如在Null v. Board of Educ. of County of Jackson（1993）一案中，美國聯邦法院再參酌各項證據後，認為如果在家教育學生表現不佳，且經補救教學後仍未改善，州政府終止其在家教育之申請，乃是合法且合理的。

實務上，針對在家教育進行評鑑有其一定之困難度。基本上，美國各州皆以各種形式將傳統公立學校納入定期評鑑制度。特許學校由於是公辦民營形式，也必須接受當地主管教育行政機關之評鑑。相較之下，在家教育雖在申請之初，雖然簽有接受各州所訂定之評鑑條款，但實務上卻發生許多困難。綜合分析建構在家教育之績效評鑑制度之時，往往必須面臨以下挑戰：

1. 在家教育之相關評鑑規準難以確立：針對一般學校，評鑑項目

有其一定之教育規準，其中包括學生表現、師資素質、設施優劣、與課程教學等項目。然而，由於此些項目往往與在家教育之關聯較弱。由於教育之實施大半在家中進行，要求一般學校之規準，往往於在家教育上難以應用。其中如施教者之素質、課程之設計、設備之完善等多半很難加以要求。缺乏一定之教育規準，在進行評鑑時雖然當局仍然鼓勵其教學行事曆與一般學校相同，但家長─教師卻不一定有大學學歷，而家中設備與課程更沒有一定的準則。

2. **適當評鑑工具之缺乏**：在家教育之提倡者本來即對傳統之評鑑模式不予苟同，其中如對成就標準化測驗的否定與排斥。然而，為追求所謂的客觀性，多數州政府仍傾向要求在家教育者至少呈現一種標準測驗分數，以確保在家教育的品質。如此作法，自然招致在家教育者的抗議，認為其根本是走回頭路，完全忽視實施在家教育之最初教育目標。

3. **在家教育之評鑑權責難以確定**：實務上，一般學校接受評鑑而未達設定之標準時，校長與行政團隊即可能面臨撤換之命運。反之，如果績效優異，其即能獲得相對之獎勵。基本上，評鑑之權責認定相當明確。然而，此種情況於在家教育之場域中卻相當模糊。如果在家教育者未達主管機關的評鑑績效規準，卻很難在權責上加以認定。應該處置家庭、負責人、或是學生？往往成為相當棘手之問題。如果取消其在家教育之申請，又可能引起纏訟經年之結果。凡此種種，皆令在家教育之評鑑增添困難度。

二、臺灣在家教育之發展

(一) 臺灣在家教育發展之階段

與美國相較，近年來臺灣在家教育之興辦也有方興未艾的趨勢。隨著教育鬆綁之呼籲，家長在家教育子女之理念也漸漸為社會所接受。如以立法之

時間加以區別，臺灣在家教育之發展大致可分為立法前試辦期與立法後興辦期兩大階段，茲分述如下：

1. 立法前試辦期

臺灣於1968年實施九年國民教育，並依據《強迫入學條例》，規定6-15歲之學童必須按照學區劃分進入學校就讀。此種制度對於在家教育之發展幾近打壓之能事，拒絕將子女送入學校受教之家長必須面臨相關之懲戒。1987年解嚴之後，臺灣之教育改革浪潮拔地而起，其中對於家長教育選擇權之重視開始抬頭。官方與民間之教育改革理念中即包括實施多元化教育、開放私人興學、家長擁有充分之子女教育選擇權等。由於對於制式之傳統公立教育之不滿，各種另類教育如雨後春筍般開始籌辦。其中如森林小學等非體制內之教育計畫，漸漸帶動在家教育運動之發展，使其成為當時另類教育的選擇類型之一。

在首善之區的臺北市，一群家長於1996年直接向臺北市政府進行陳情。其中申明由於學校環境複雜孩子易受影響，深信自我有足夠能力與信心教導子女，因此希望市政府能將在家教育合法化，讓學生能在家中自行接受教育。陳情經有關單位與專家學者研議後，最後經教育部核准臺北市可以先行試辦在家教育之計畫。臺北市政府遂於1997年開始試辦在家自行教育方案，第一年則有5位一年級學童申請。

2. 立法後興辦期

由於各方之推動，立法院於1999年修正通過《國民教育法》，其中於第4條第4項增訂「為保障學生學習權及家長教育選擇權，國民教育階段得辦理非學校型態實驗教育，其實驗內容、期程、範圍、申請條件與程序及其他相關事項之準則，由教育部會商直轄市、縣（市）政府後定之」的條文。經此立法程序，在家教育遂正式取得法源依據與合法興辦之地位。由於因應國民教育法之修正與授權，各縣市紛紛通過相關之實施辦法，臺北市政府於2000年訂頒《臺北市非學校型態實驗教育實施辦法》，正式將在家教育之申請納入辦法中。其並宣布自2002學年度起，停止試辦在家自行教育，改

納入「臺北市非學校型態實驗教育實施辦法」中辦理。

　　至2014爲止,臺灣之地方政府(包括直轄市與縣市),絕大多數已訂定在家教育實施辦法。申請者多半由家長在家自行教學,或是採取志同道合之家庭組成教學團隊之形式。隨著在家教育之合法化,申請之人數逐年增加而進入快速發展的階段(詳見表7.4與表7.5)。

表 7.4　2003-2009 學年度臺灣地區在家自學教育人數統計

學年度	2003	2004	2005	2006	2007	2008	2009
國小在家自學教育人數			68	539	783	1,042	911
國中在家自學教育人數			468	100	157	221	291
合計	347	429	616	639	940	1,263	1,202

資料來源:陳曉蕾(2008)

表 7.5　臺北市 2013 學年度上學期國民教育非學校型態實驗教育申請件數表

	個人初次申請		個人再次申請		合計	團體初次申請	團體再次申請
	國小	國中	國小	國中	281		
通過	66	25	124	56	271	2	7
不通過	0	0	3	2	5	0	0
撤銷申請	3	0	2	0	5	0	0

資料來源:臺北市教育局中等教育科(2014)

　　以下即以最早試辦在家教育之臺北市爲例,說明其訂定之「臺北市非學校型態實驗教育實施辦法」的主要內容,並參酌「國民教育階段辦理非學校型態實驗教育準則」,說明並分析相關之精神與規定。其中包括實施目的、定義、參與對象、申請程序、審查程序、學生申訴程序、相關審議委員會之組成與審議程序、與輔導及評鑑措施等項目。茲分述如下:

　　1. 非學校型態實驗教育之定義與目的:係指學校教育以外,非以營

利為目的，採用實驗課程辦理之教育，並以培養德、智、體、群、美五育均衡發展之健全國民為目的。

2. **辦理方式**：可依下列方式辦理：(1)個人實驗教育：指為國民教育適齡學生個人，在家庭或其他場所實施之實驗教育。(2)團體實驗教育：指為三人以上國民教育適齡學生，於共同時間及場所實施之實驗教育。(3)機構實驗教育：指由非營利法人設立，以實驗課程為主要目的，在學校以外固定場所實施之實驗教育。其中如教育或社會福利財團法人、學術研究機構所申請之非學校型態實驗教育即包含在內。

3. **申請程序及內容**：申請辦理者如為個人實驗教育，應由學生之法定代理人，向戶籍所在地政府提出。此外，申請人應填具申請書，並檢附實驗教育計畫，至遲於每年5月31日或11月30日前提出。申請書及實驗教育計畫，應分別載明下列事項：(1)申請人、實驗教育之對象、期程及聯絡方式。(2)實驗教育之名稱、目的、方式、內容（含課程與教學、學習評量、預定使用學校設施、設備項目等）、主持人與參與教育實驗人員之相關資料、與預期成效。依據第3條，學區學校應於受理個人申請辦理實驗教育計畫截止日起二個月內進行初審。專案小組由校長擔任召集人，就申請案件之填寫完整性、計畫內容合理性、可行性及預期成效、申請者相關教育責任等項目審查，並函送教育局進行複審。參與實驗教育之學生，如有違反實驗規範，得中止其參與；其因故無法繼續參與者，應返回戶籍所屬學區學校編入適當年級就讀。

4. **審議委員會之成員及執掌**：規定實驗教育申請許可、變更或續辦，應經審議會之決議（由教育局代表、專家學者代表、校長代表、教師代表、家長代表、民間教育團體或機構代表組成）。審議會開會時，應有委員三分之二以上出席，以出席委員過半數議決之。參與實驗教育之學生，對於實驗教育內容不服者，也得向審議委員會提出申訴。

5. 學習評量和教師資格：規定實驗教育之教學，應由實質具有與教學
內容相關專長者擔任（即不受教育人員任用條例之限制）。實驗教
育之課程與教學、學習領域、教材教法，應依許可之實驗教育計畫
所定內容實施。學生學習評量則應依許可之實驗教育計畫所定評量
方式實施。修業期滿成績及格者，由設籍學校依本法相關規定發給
畢業證書。

6. 輔導與評鑑：規定辦理個人實驗教育者，應於每一學年度結束後，
二個月內提出學生學習狀況報告書，報直轄市、縣（市）政府備
查。此外，主管政府為瞭解實驗教育學生之學習，每學年應邀集審
議會委員組成訪視小組，或委託相關學術團體或專業機構輔導、訪
視之。必要時，並得請辦理實驗教育之學生、團體、機構進行成果
發表。於訪視前，應公布訪視項目，訪視後，應公布訪視結果。訪
視結果不佳者，直轄市、縣（市）政府應予以輔導；訪視結果優良
者，得予獎勵。此外，辦理實驗教育者有辦理不善，違反實驗教育
精神、理念、目標，或有不法情事者，教育局得提經審議委員會審
議後，視其情節輕重，予以限期改善或廢止舉辦實驗教育之許可，
命停止實驗計畫。

　　由以上之敘述中，可以看出臺灣相關在家教育之立法規範，已有一定之
雛形與規模。然而，由於在家教育之獨特性與差異性，法規往往難以含括所
有相關事宜。分析目前各地方政府對於在家教育的規範內容，多僅限於申請
程序之規定，但多未針對學生學習之內容、指標、評鑑等有所著墨。其中如
課程目標、能力指標、成效評量評鑑方式、與家長教學能力之檢核等，在法
令中皆未明確敘述。此種現象常激起社會與家長對於實施在家教育之質疑。

(二) 臺灣在家教育之類型

　　由於文化與理念上的差異，臺灣在家教育之類型有其一定之獨特性
（陳曉蕾，2008）。依據相關法令與政府資料，臺灣在家教育可分為三種

類型：(1)個別家庭自行教育形式：由特定家庭依據其教育理念（以提出之計畫書為主），負擔教育學生之完全責任。(2)家庭共學形式：聚集志同道合之自學家庭，彼此分享資源並彈性承擔各種課程之教學責任。(3)特定組織之團體共學形式：社會中秉持不同教育理念之自學團體，分別推出相關自學課程，並負責大部分之教育責任。

在主要派別部分，首先是以中國古典書院教育為主之「讀經派」，認為語言屬於「醞釀式」學習，應在孩子13歲以前記憶力最強時加以開發。主張應大量閱讀四書五經等中國經典，以提升學生之思考力與未來思辨潛能之開發（相關申請書請參見表7.6）。第二種為以強調宗教教義為主之「家庭合一派」。其主張教養子女乃是上帝託付父母之天職，不應假手政府或學校負擔所有責任。因此，家長應在不違背法令原則下，全職在家教育孩子，並以聖經作為最高準則。課程應包括德行與知識之均衡教導，以培養敬虔的後代。第三類為注重品德的「品德派」，主張孩子必須在高道德標準的環境下學習，強調知識與品格並重，以建立智能、靈性、情感、與體能均能充分發展之全人發展。

表 7.6　臺北市小學三年級讀經班在家教育申請書範例

一、計畫名稱：讀經在家教育
二、實驗教育之目的及其方式
　　（一）目的：以中外經典為教材，知識與品格並重，同時建立培養其智能、靈性、
　　　　　　　情感、體能的全人發展。
　　（二）方式：以中外經典及培基文教基金會之品格教育為主要教材，學校的各科
　　　　　　　課本為輔助教材，使知識與品格並重。根據孩子資質與吸收程度，調整課
　　　　　　　程進度及內容，並將生活與教學結合，讓孩子能將所學習的內容運用於生
　　　　　　　活中，加強學習效果。
三、實驗教育之內容（以語文為例）
　　（一）教材內容及進度
　　　　　1.中文：讀誦詩經／易經／孟子等，每日以 300 字為進度，一學年約可誦
　　　　　　　讀 6 萬字。
　　　　　2.閩南語：讀誦唐詩三百首、詩經、論語，約可讀 3 千字。
　　　　　3.客語：讀誦聖經之箴言（第 25-31 章）
　　　　　4.英文：莎士比亞十四行詩（第 81-120 首）
　　　　　　現代詩集：好詩大家讀（xx 譯注／xx 出版）
　　　　　　啓蒙英文：Mother Goose 韻文選讀。
　　　　　　Read & Learn: Grade K
　　　　　5.日文：初階課程：單字、短字、加強認字
　　　　　　進階課程：會話、日文成語、點讀
　　（二）教學方式：由老師帶讀，訓練其聽、讀、說、背誦、寫的能力。
　　（三）學習領域：語文、自然與生活科技、藝術與人文。
　　（四）學程：xx 年 9 月—xx 年 6 月
　　（五）學生評量：跟讀、朗誦、背誦及對話練習、表演及參加各種活動之記錄、
　　　　　　　背誦記錄表、習字本、每年 9 月參加全國經典總會考。
　　（六）預期成效：能背誦上述所列各語言之進度五成以上、有能力閱讀童話書籍
　　　　　　　及刊物、有書寫中文的能力、會自己說故事、熟悉電話禮儀及應對、能用
　　　　　　　客語、閩南語問候及做簡單的交談。
四、師資：本計畫特別敦聘臺中師院王 xx 教授擔任經典教學顧問，中文經典：xxx（xx
　　大學畢）、客語：x xx（xx 大學畢）、閩南語：xxx（xx 大學畢）、其餘科目：均由
　　父母親擔任。母親：xxx（xx 大學畢業），為全職母親、父親：xxx（xx 大學畢業），
　　為全職父親。
五、經費來源：由家長自行負擔。
六、教學資源：華山書院、培基文教基金會、慕真在家教育協會、東吳大學、錢穆故居、
　　臺大文學院、各公私立博物展覽館、社區設施及活動、福林國小設施、圖書館、
　　網際網路、政府。校外教學請核發證明文件，俾能依此參訪各相關單位，比照各
　　級學校校外教學收費標準或免費入場，充分運用教育資源，降低校外教學費用。
七、預期成效：讓孩子大量背誦中外經典，培養多語文能力，建立美善的品格、豐富
　　的常識、成為快樂有自信的孩子。

資料來源：臺灣自學法律網 http://law.chen-wernik.net/proposal

第四節　在家教育之成效與展望

在家教育之實施，歷來在各個國家皆引起許多爭議，其中之一即在質疑其實施成效。在此議題上，雖然有學者加以深入研究，但由於在家教育之種類與形式相當多元，在研究結果的詮釋上產生一定程度的困難。基本上，社會主要關心在家教育之施行，是否比一般公立或私立學校更有績效？以下即以相關之研究結果加以說明，並釐清主要之爭論點。

(一) 在家教育之成效

在家教育常被人批評爲「離群獨居」。受教者之自學往往因缺乏同年齡之同儕，因而在自我認同與社會化之程度上令人質疑（美國在家自學學生背景請參見表7.7）。Buss（2000）即批評在家教育之形式，可能產生刻意灌輸單一價值觀之弊病。Reich（2002）也認爲忽視在家教育往往在融入社會、公民參與等社會化程度尚有所缺失，因而使得受教品質下降。然而，其他研究發現雖然部分在家教育者處心積慮，希望與社會有所距離（如有特定信仰之Amish），但並非所有在家者皆與社會隔離。Medlin（2000）發現部分在家者與當地之社群（如宗教團體）有密切關係，且有所往來。Ray（2003, 2005）的調查也顯示高比例之在家者會參與社區服務與選舉活動，對於社會主流價值並不陌生。在某種程度上，在家教育之實施即是多元社會價值觀之展現，而並非對特定「偏執」思想之一味堅持。

實務上，進行在家教育成效之評量，有其一定之困難度。目前已完成的相關研究往往面臨衆多限制。此因在家教育牽涉的層面相當多元，很難確立研究之因果關係與預測效果。此外，部分干擾變項對於在家教育成效的影響，目前也是缺乏定論。其中最顯著的即爲實施在家教育家庭之社經地位。論者認爲雖然在家教育支持者深信其能產生較佳之學習成效，卻往往忽略能夠提供在家教育之家庭，大多具有高社經背景之特質（Apple, 2005）。由

表 7.7　美國在家自學學生之背景資料（2011-12）

		學生人數（人）	分布狀況（%）	在家自學比率（%）
地域	都市	489,000	28	3.2
	郊區	301,000	34	3.1
	城鎮	132,000	7	2.7
	鄉村	548,000	31	4.5
種族	白人	1,201,000	68	4.5
	黑人	139,000	8	1.9
	西班牙裔	267,000	15	2.3
	亞裔／大洋洲島嶼	73,000	4	2.6
	其他	90,000	5	3.2
社經地位	貧窮	348,000	20	3.5
	非貧窮	1,422,000	80	3.4
對應年級	K-2	415,000	23	3.1
	3-5	416,000	23	3.4
	6-8	425,000	24	3.5
	9-12	514,000	29	3.7
家長教育程度	高中以下	203,000	11	3.4
	高中	355,000	20	3.4
	職業／技術學院	525,000	30	3.4
	大學	436,000	25	3.7
	大學以上	252,000	14	3.3
總數		1,770,000	NA	3.4

資料來源：U. S. Dept. of Education, National Center for Education Statistics (2012).

註：1. 由於進位，數據加總後會有些微差異。

2. 在家自學學生以其對應於學校的年級進行分類。

3. 本數據不包括在一般學校就學超過 25 小時者，及因短暫疾病而在家學習者。

4. 在家自學比率，為在整個在家自學族群中之數據。

於社經背景能夠顯著影響學生學習成就，因此在家教育產生之良好成效，是否來自教育本身或是社經背景之影響，往往引起爭議。

此外，雖然研究發現在家自學之施教者在教學上擁有較高的自主權（Cai, Reeve, & Robinson, 2002），且在家教育具有小班教學、彈性課程、不強迫分流、與全力投入之家長（教師）等優點，但也因此在成果評量上遭致困難。數其犖犖大者，其中包括：(1)在家教育基於其獨立之特性，在相關資料的蒐集上有一定之困難性。實踐在家教育的家庭是教育選擇權的極端擁護者，堅持其自我價值觀，以設計對子女最有利之教育內容與方式，有的家長甚而極度排斥進行學習成就評量。影響所及，家庭背景之南轅北轍，學者即很難分析不同的在家教育，會造成何種成效之差異。(2)學習成效的資料難以取得。在美國多數的州，在家教育者並非全部被要求參加州政府所認可之標準化成就測驗（雖然其可以選擇考試項目、時間、地點、與監考條件等）。即使參加，在家教育者之資料往往與一般學生混雜一處，難以獨立抽取分析。加上取得資料之樣本數往往違反統計分析之假設，使得在推論上有所限制。(3)由於蒐集困難，部分學者研究之資料即難免取自在家教育團體之自學網絡。無可避免，此等網絡之成員絕大多數支持在家教育，其所呈現之資料在客觀性上即令人質疑。

綜上所述，由於在家教育者之家庭背景可能產生之差異性，因此研究時必須確實檢驗相關之家庭因素。此外，由於個別家庭所設立的教育目標有所差異，因此較不適合以量化的標準化測驗成績，作為唯一判斷之辦學成效依據。由於在家教育之影響因素眾多，所蒐集之相關資料必須在詮釋上更加嚴謹。

儘管具有一定之困難度，相關學者對於在家自學成效之研究並未止歇。較早如Rudner（1999）與Ray（2000）之研究，皆是針對在家教育者之語言、閱讀、與數學成績之分析。其均發現在家者具有相對較佳之分數。然而，兩者研究卻受到質疑。原因包括：(1)其並未控制家庭背景因素（能夠負擔在家教育之家庭可能在具有較高之社經背景）。(2)施測樣本較不具代表性。其中Ray研究的問卷回收率只有20%，Rudner研究之樣本僅來自一所

教會學校,是否能夠代表在家教育之群體令人質疑。(3)接受測驗者均是在家進行相關測驗,過程嚴謹度較為不足。

　　相較於前兩者之研究,Belfield（2004, 2005）則以在家教育者之SAT成績為分析資料。結果發現在家者在原始分數高於公立學校學生0.4個標準差,但卻較私立學校低0.15個標準差。整體而言,在家者之閱讀分數較數學成績較高。然而,在控制家庭背景因素之後,結果顯示在家者閱讀成績並未高於公立學校學生,卻在數學分數上居於劣勢。此外,研究也發現在家者之家庭社經背景對其表現具有影響力。無意外的,社經背景較高者之表現成績較佳。Belfield之研究雖然樣本數較大,但在施測時,實際參與者僅為原本設定樣本人數之三分之一,顯示在家教育者接受評量意願之低落,也間接影響研究之推論性。

　　在另一方面,Buddin and Zimmer（2004）則針對加州之「網路特許學校」（cyber-charter school）學生進行研究。此類學校之特色為不在實體教室授課,而以電腦網路所提供之課程資源進行授課。基於聘請教師數量之減少,學校在學生直接成本上之支出即可縮減。由於學校所獲得之政府經費補助（換算成每生成本）與一般公立學校並無差異,理論上學校可以將多餘經費用於其他方面（如課程教學之創新）。此外,由於不需親身至學校教室受教,此類學校因此吸引大量在家教育自學者。然而,Buddin and Zimmer之研究,卻發現此類網路特許學校之學生表現相對較為不佳。在控制家庭背景與學生個人特質後,兩人發現非實體教室授課的特許學校學生（其中包括大量之在家教育者）,在閱讀與數學成績上較差於加州其他特許學校學生。

　　綜上所述,由於至今之在家教育相關研究數量相對偏低,因此難以瞭解其與傳統公立學校相較,是否具有較佳之辦學成效。由於在家教育之多元性與複雜性,往往必須依據個案之特殊情況加以分析,如此才能檢視其最初所設定之教育目標與成效之間是否有所契合。

(二) 在家教育之展望

　　近年來,歐美各國在推廣在家教育上不遺餘力,也取得一定程度之成

果。然而，在入學數量上，在家教育之學生目前仍微不足道。在未來推展上，存有以下之問題與挑戰，值得有識者深思：

1. 教育資源相對不足：即使在富強之美國，由於利益團體之掣肘，教育行政主管機關在教育資源之分配上，往往對在家教育採取消極之態度。較之於一般公立學校，在家教育學習者所獲之資源相當不足。由於部分社會民意認為既然家長執意負擔教學與教育責任，就應該有所準備。然而，不同家庭基於社經背景之差異，往往無法充足提供相關資源。影響所及，經費不足即成為在家教育家庭所面臨的共同問題。基於法令之限制，各國政府大多不會全額補助在家教育之經費，因而影響在家教育學生在受教權與學習權之損害。

2. 家長教學能力之質疑：在家教育在興辦之初，最為社會人士所疑慮者，多為家長是否具備施教能力、與學生缺乏同儕與社會互動能力。此因家長雖有愛心與學有專精，但其是否勝任教師之工作，仍有討論之空間。基於對另類教育之多元訴求之尊重，目前各國多無對於施教者必須具備教師證照之規定。實務上，並無任何客觀標準或考核機制，以檢視審查在家教育施教者之教學能力與勝任教師之程度。在學習上，各國多未能針對使用之教授內容制定規範，家長也難以發展適用於在家教育型態之教材，專業性常令相關學者有所質疑。此外，由於家長身兼父母（監護人）與教師之角色，能否清楚分割而加以兼顧，也令人有所質疑。如何促動家長不斷學習以增進專業知能，應是未來必須努力之課題。

3. 學生人際與互動能力之缺乏：在一般傳統學校之學生，往往經由面對不同背景與價值觀之同學。其透過同儕之互動，進而培養溝通協調與團體合作之能力。在另一方面，由於在家教育之獨立性，往往限縮學生之生活範圍（僅在家庭、少數自學團體中活動），而令人擔心學習者因互動能力與社會化之不足，難以兼顧未來回歸社會之群體生活。

4. 學習成效評量與評鑑機制缺乏：由於在家教育之特殊性，實務上極難發展出放諸四海皆準的評量與評鑑指標。此因各個家庭背景各異，對於教育之訴求也有天淵之別，一套評量與評鑑標準，實難反映現實面之需求。由於技術上的限制，各國政府往往退而求其次，僅要求在家教育者必須提交申請書，與藉由訪視進行初步評鑑。由於未直接對在家教育學生進行學習成果評量，即很難得知其是具備基本能力之養成與學習成效。缺乏適當評量與評鑑機制之建立與回饋，主管教育行政機關就無法有效進行監督與輔導，家長也難以改進其教育方式與內容，進而確保教育品質。

第八章

另類教育

講到植物的光合作用，教師會畫一張圖，內容描述葉子上有好多的小工人，他們就是葉綠素，這些小工人忙碌的在工作，將由根和莖所吸收的水分和養分運輸到葉子上。而陽光照耀葉子好像在烤麵包，烤出來的東西，就是製造出來的養分，接著再把養分提供給植物的各部分，植物也因此能長大，維持生命。這圖畫非常可愛，故事也很簡單，所以兒童一聽就懂。那如果是比較抽象的部分，如水的運送過程，教師也會配合做有關毛細現象的實驗，幫助兒童瞭解（張維志，2009，p. 131）。

以上敘述為臺灣某蒙特梭利小學在生物科的教學實況。論文作者親身入校觀察並進行訪談，觀察學校教師以生動活潑的小故事與圖卡來配合教學。此位被訪談者擁有蒙特梭利小學證照，遵循所修習之蒙特梭利教學理念進行活動。此與一般學校的教學方式顯有不同。教師必須親身繪圖，以生動之方式引導學生瞭解學習之知識。實務上，在教材繁多之限制下，此種教學方式也許相當費時。然而，另類教育卻有其特殊堅持，刻意在主流市場之外，綻放出特種風情的花朵。

另類教育種類繁多，並呈現百家爭鳴之現象。以下即分就另類教育之意涵、發展、種類、理念、與困境等主題進行敘述。在此要強調的是，另類教育之相關資料汗牛充棟，且往往失之餖飣瑣碎。基於此，本章僅就世界各國另類教育經營之一般情況加以敘述，屬於特殊另類教育之資料，還請參閱其他相關文獻與資料。

第一節 另類教育的意涵與發展

另類教育一詞乃是英文alternative education之翻譯。顧名思義，alternative一字具有「另種選擇」或是「替代」之意涵，另類教育則可泛指與當前主流教育有所區隔之教育實踐，其中包括學校型態與非學校型態的教育方

案。基本上，另類教育之所以在眾多主流教育中卓然而立，通常導因於其另闢蹊徑的教育理念。然而，各時代皆有其獨領風騷的思維。在江山代有才人出的情況下，當年之另類教育主張，至今可能已漸漸成為主流思潮。因此，另類教育針對時代性，有其一定之相對概念。

 ## 一、另類教育的意涵與興起原因

　　另類教育由於具有不同之教育理念（所以有時也被稱為理念學校），其在教育實踐上，自然與主流教育判若雲泥。實務上，相較於國家所設立的學校教育機制（多指一般傳統公立學校），另類教育在硬體結構、課程安排、教學方法、教學活動、教育情境、與師生關係上，皆有其獨特之主張與堅持。由於教育思維之不同，另類教育之間也有其迥異之經營模式。由於與主流學校在理念、學制、課程、教學上有所區隔，並具有鮮明的教育理念，所以在臺灣被稱為是理念學校。此種具有異質性與多元化樣貌的教育，近年已成為部分家長的選項。

　　既是另一種選項，另類教育之發軔，自與當代主流教育系統有所區隔。自十九世紀之國民教育運動後，以政府之力興辦公立義務教育體系即成主流。其雖提供學童基本教育機會，但也同時造成教育內容與方法的齊一化，難以符合家長教育選擇的多元需求。因此，另類教育之第一個興起原因，即在對於主流教育之反動，而進行不同教育思維之實踐。環顧歷史，歷代教育學者之主張不一，為因應社會需求與實現教育理想，部分學者即會知行合一，創辦深具實驗性的教育計畫。其中如J. Pestalozzi（裴斯泰洛齊）、J. Dewey（杜威）、M. Montessori（蒙特梭利）、R. Steiner（史坦納）、與A. S. Neil（尼爾）等，皆在倡行特定教育主張之餘，也在教育實踐上有突出表現。其中如蒙特梭利學校（Montessori Schools）、華德福學校（Waldorf Schools），至今皆已開枝散葉，對於當代教育思維有一定之影響力。

　　除了實踐不同教育理想外，另類教育之第二個興起原因，乃在第二次世

界大戰後民權運動（civil right movement）之勃興。以美國爲例，爲促進種族融合，曾採取激進之校車運送政策，強迫學校之學生種族達到一定比例。此舉逐造成白人學生外逃之現象。爲吸引其回返公立學校系統，公辦教育之另類學校（磁性學校）即因運而生（詳見第三章）。其他如基於宗教（如Amish自辦之教育）、族群（如原住民學校）、教育理念（如在家教育）等理由所創立之另類學校，皆在展現民權運動所標舉之平等（equity）與自由（freedom）理念，希望消除公立學校的種族歧視與建構具有文化自尊的教育。此類學校或實驗計畫多享有較大之辦學彈性，可依照學生之需求與步調，設計相關課程與教法。此因一般公立學校僅多能滿足學生最低程度之需求，卻往往忽視不同個體之需求。例如原住民學生因有文化之差異，在傳統學校受教往往格格不入。提供另類教育的機會，方能藉由重塑之學習環境，符合自由與平等的精神，以使學生達成自我完成性的目標。

另類教育之第三個興起原因，乃在教育應採取市場控制（market control）政策之呼籲。一般而言，各國在義務教育階段多實施學區制，強迫分發學生至指定之公立學校，儼然形成獨占市場。由於缺乏競爭，公立學校往往保守怠惰，令家長深感不滿而無計可施。基於此，以英美兩國爲代表之政府，自1980年代進行全面之教育改革，試圖以自由競爭與教育市場化的手段，刺激公辦教育的辦學績效。主張市場控制政策的學者認爲國家不該強勢介入市場，而應由消費者（如家長）在評比品質之後進行選擇。此種以競爭與選擇爲核心的教育模式，間接促成了另類教育之百花齊放。此因要促成生產者之間有所競爭而讓家長選擇，政府就必須允許產品的多元化，否則只是徒具形式而已。基於此，各種在結構、課程、與教法上有所突破的另類學校，即在1970年代之後，如雨後春筍般興起。其中如磁性學校、特許學校、教育券計畫、與各種教育實驗計畫等。教師、家長、社區人士、與關心教育人士，基於特定教育理念，開始主動介入並經營學校或教育計畫（Miller, 2013）。進入二十一世紀，各先進國家已逐漸鬆綁政府管制，並立法規範與保障相關另類教育之實施。

二、另類教育的類型

廣義而言，另類教育泛指幼兒教育至中等教育階段，在主流學校系統之外的各種教育實踐。因此，私立學校、特別學校（如啓智學校）、磁性學校、特許學校、教育券計畫、在家在育等，皆可包括在其範圍中。美國各州相關學校數量表詳見表8.1。狹義而言，另類教育則包括與當前主流教育主張有顯著不同之教育實踐，著名的如夏山學校（Summerhill School）、蒙特梭利學校（Montessori School）、華德福學校（Waldorf School）等。由於強調特立獨行，另類教育之特點包括：(1)具有強烈實驗色彩，因此非學校型態之實驗計畫占有一定比例。(2)部分另類教育機構並未向主管教育機關立案，因此常成為化外之民。(3)具有強烈之反中心化與齊一化教育思維，創新性十足。其極力挑戰當道，因而在社會中產生正反雙方之爭辯。另類教育組織與一般公立學校之差異，請見表8.2。由於廣義之特許學校等多在前章有所敘述，以下則以狹義之另類教育為主要分析焦點。

表 8.1　美國各州中小學類型數量表

州　名	學校數	學校型態				特許學校	磁性學校
		一般學校	特殊學校	職業學校	另類學校		
總計	98,817	88,929	2,206	1,485	6,197	5,274	2,722
阿拉巴馬	1,600	1,372	41	72	115	1	30
阿拉斯加	509	441	3	3	62	27	19
亞利桑那	2,265	1,950	21	217	77	519	X
阿肯色	1,110	1,069	4	26	11	40	38
加利福尼亞	10,124	8,526	147	86	1,365	908	282
科羅拉多	1,796	1,694	8	6	88	168	24
康乃狄克	1,157	1,046	54	16	41	18	54
德拉瓦	214	183	19	6	6	19	3
哥倫比亞特區	228	204	10	4	10	97	7

（續上表）

佛羅里達	4,131	3,468	182	53	428	458	414
喬治亞	2,449	2,265	66	1	117	67	78
夏威夷	289	285	3	0	1	31	X
愛達荷	748	637	15	11	85	40	2
伊利諾伊	4,361	4,012	146	53	150	50	104
印第安那	1,936	1,862	34	28	12	60	26
愛荷華	1,436	1,390	6	0	40	7	x
堪薩斯	1,378	1,365	10	1	2	25	36
肯塔基	1,554	1,249	10	126	169	X	41
路易斯安那	1,471	1,265	34	6	166	78	72
緬因	631	601	3	27	0	X	1
馬里蘭	1,449	1,322	40	24	63	44	90
麻塞諸塞	1,829	1,748	23	39	19	63	X
密西根	3,877	3,257	279	62	279	300	464
明尼蘇達	2,392	1,641	277	11	463	176	73
密西西比	1,083	925	3	90	65	0	20
密蘇里	2,410	2,172	65	66	107	53	30
蒙大拿	827	821	2	0	4	X	.X
內布拉斯加	1,096	1,067	24	0	5	X	X
內華達	645	598	12	1	34	34	24
新罕布夏	480	480	0	0	0	14	X
紐澤西	2,607	2,355	71	56	125	76	X
新墨西哥	862	815	7	1	39	81	X
紐約	4,757	4,576	124	29	28	170	X
北卡羅萊納	2,567	2,449	30	1	87	99	106
北達科他	516	468	33	10	5	X	X
俄亥俄	3,758	3,621	59	72	6	339	X
奧克拉荷馬	1,785	1,775	4	0	6	18	X

（續上表）

俄勒岡	1,296	1,252	2	0	42	108	X
賓夕法尼亞	3,233	3,125	9	86	13	145	52
羅德島	317	297	3	11	6	16	X
南卡羅萊納	1,214	1,144	10	39	21	44	104
南達科他	710	658	11	4	37	X	X
田納西	1,784	1,730	15	17	22	29	32
德克薩斯	8,732	7,635	26	0	1,071	561	219
猶他	1,016	875	87	6	48	78	24
佛蒙特	320	304	0	15	1	X	X
維吉尼亞	2,175	1,882	55	49	189	4	131
華盛頓	2,338	1,898	104	16	320	X	X
西維吉尼亞	757	691	3	31	32	X	X
威斯康辛	2,238	2,131	9	7	91	207	4
懷俄明	360	333	3	0	24	3	X

資料來源：U. S. Dept. of Education, National Center for Education Statistics (2012)
註：X：所提供資料不完整。

表 8.2　一般公立學校與另類教育的比較

	一般公立學校	另類教育學校（實驗計畫）
教育組織	偏向官僚體系	秉持特定教育理念者所形成之教育團隊
課程安排	以政府訂定課程為主	依據學生興趣所自我設計之彈性課程
師資	具有合格證照之師資	來源較為多元，包括認同理念但不具證照之師資。
學生來源	學區內之學生	接受特定教育理念家庭之學生
施教場所	多半在教室	教室與戶外各種處所
教學方式	教師主導教學	學生興趣主導教學
評量方式	多半為紙筆測驗	依據學生學習傾向，給予多元之評量。
經費來源	依據學生數與設備基準，由政府編列預算加以補助。	除公辦民營學校外，多半必須自籌經費。

　　依上所述，另類教育之範圍極為廣泛，很難加以類型化。各國國情不同，對於另類教育之立法與管理也有所差異。如果以行政之觀點而言，各國在學前至中等教育階段之另類教育，約可分為學校型態與非學校型態兩大類。學校型態又可分為公辦公營學校、與公辦民營學校兩種實驗教育，皆須經過上級主管教育行政機關之核准。公辦公營學校可以美國之磁性學校為代表，利用特色課程與教學模式，進而吸引具有特殊需求之學生。此外，部分公辦學校也可擬定特殊實驗計畫，在學校中進行另類課程之教學。與公辦民營學校則以特許學校為代表，係由公部門將辦學空間釋出給民間。其希望藉由引進私部門之理念與資源，而以不同面貌經營搖搖欲墜的公立學校。雖然特許學校享有法令鬆綁之自由，但也依法必須接受評鑑。依據規定，主管機關皆須提供公辦公營學校與公辦民營學校的辦學經費。

　　由於學校型態之另類教育仍須受到部分法令之管制，因此近年來非學校型態之實驗教育大行其道。歐美先進國家於1970年代開始，即因公立學校辦學績效不彰，而有實施非學校型態實驗教育之倡議。為保障學生的受教權與家長之教育選擇權，臺灣制訂之《國民教育法》第4條第4項也規定：「為保障學生學習權，國民教育階段得辦理非學校型態之實驗教育，其辦法由直轄市或縣（市）政府定之。」非學校型態實驗教育依其經營主體，約可分為下列三種：

1. 個人實驗教育：係以個人（多半為家長）為經營主體，以提供學童個別化教育。教育場所多在家庭或所處社區之相關場所，其中在家教育即是代表類型。個人實驗教育所能教授之學生依照法令不能太多（如三人以下），以確保其教學品質。

2. 團體實驗教育：係以團體（如社區人士）為經營主體，提供較多數學生之特色課程。此種形式變化極大，可依照需求與附近學校合作，或是結合社區人士進行共學，在時間與地點選擇上具有相當彈性。

3. 機構實驗教育：係以特定機構（如非營利組織）為經營主體。由

於服務學生數量爲非學校型態實驗教育最多者，有時與一般學校之結構已無太大差異。其不同點乃在依據其教育主張所實施之實驗課程，如著名之華德福教育。由於具有「實驗」性質，在行政管理與課程教學上，能夠享有較學校爲多的彈性。

此外，爲鼓勵教育創新與保障家長教育選擇權，臺灣立法院於2014年11月分別通過「實驗教育三法」，其中包括《學校型態實驗教育實施條例》、《高級中等以下教育階段非學校型態實驗教育實施條例》、與《公立國民小學及國民中學委託私人辦理條例》。三法之通過，使得臺灣實施在家教育、中小學自辦實驗教育、與成立特許學校具有法源依據。其明定個人、團體、與機構可辦理非學校型態之實驗教育，可以增加私人參與辦理教育實驗的動機。然而，由於條文牽涉甚廣，其實施成效仍待日後之表現加以評斷。

由於非學校型態實驗教育的形式與種類繁多，各國在相關立法規定部分也是相當分歧（Koetzsch, 1997）。基本上，申請人多需提出實施非學校型態實驗教育之計畫書，其中對於相關教育理念、方式、學習領域、師資、教學、學習評量等皆須加以敘明。教育行政主管機關依法可檢視其教學環境與資源利用，提出專業建議。此外，藉由實地訪視、實地教學與查閱學生學習檔案，相關輔導人員也可進行適當評鑑，以作爲是否續辦之依據。然而，由於有少數不經過申請即自行實施者，非學校型態實驗教育在各國至今仍存有化外之民的情形。

第二節　另類教育的發展與實踐

相較於政府主導之主流傳統學校，在不同時代中，皆有不同面貌之另類教育的存在。其就像政治制度中的反對黨，在各個時間點上，給予形成霸權之主流教育思維迎面痛擊。環顧西方近代教育史，另類教育之出現，皆

有多元與獨特的教育思想作爲後盾，其濫觴可追溯至J. Pestalozzi於1774年在自家瑞士農莊所創辦之「貧童學校」。其後，美國實驗主義學者J. Dewey於1896-1903年之間，在芝加哥創辦一所名爲「實驗學校」（The Laboratory School）的另類小學，推動所倡導之「生活中心課程」。義大利教育學者M. Montessori則先於1907年於羅馬成立貧童之家，1911年則進而發展成爲第一所蒙特梭利學校。其試圖經由兒童發展之理論，藉由提供學童適當之操作刺激（即著名之「蒙特梭利教材」），以達成形塑人格與適性學習的教育目標。接著，德國學者R. Steiner以人智學（anthropolosophy）之觀點，在1918年於德國創立華德福學校。不數年，秉持自然主義（naturalism）的A. S. Neil，也在1921年於英國創辦夏山學校，推行「由學校適應學生，而非學生適應學校」的辦學理念。

以上所述之著名另類教育實施，皆在當代提供多元之教育典範。其獨樹一幟的教育主張，對於傳統主流教育體制，帶來巨大之刺激與反響。主辦者之學習者中心、手腦並用、與興趣本位之教育主張，促使當代教育有所反省而進行不同程度之改革。以下即以Pestalozzi之貧童學校、Dewey之實驗學校、Montessori之蒙特梭利學校、Steiner之華德福學校、與Neil之夏山學校爲例，敘述近代主要另類教育之經營情況。至今前兩者已停辦，後三者仍繼續經營，但在規模與數量上仍有所差別。此外，臺灣另類教育於1990年代如雨後春筍般興起，其發展也在本節加以簡述。

一、Pestalozzi 之貧童學校

開創者Pestalozzi爲當時將心理學理念應用於教育之先行者，也是近代國民教育之奠基者。其出生在瑞士之蘇黎世（Zurich），深受Rousseau（盧梭）主要教育著作《愛彌兒》（Emile）之影響。奉行自然主義之主張，Pestalozzi先教育其兒子，並撰寫《父親日誌》（Journal of a Father）一書。接著於1774年，其在名爲Neuhof之自家農莊中，開始經營一所與當時傳統教育不同之學校。Pestalozzi主張教育應以自然所定下的法則與階段進行。

因此針對收容之25名男女兒童，除授與讀、寫、算之初等教育外，並積極推動工藝教育，給予學生紡織、家務、農事之訓練。其目的在希望透過教育以使下層學生自立生活。雖然Neuhof學校後因缺乏資金而僅持續五年，但其辦學特色如循序漸進、感覺訓練、直觀教學等，均對後代產生顯著影響。

二、Dewey 之實驗學校

　　二十世紀之美國教育發展，受到John Dewey（杜威）等學者所主張之進步主義思想影響甚鉅。Dewey為實驗主義學者，主張唯有採行實驗態度與方法，才能解決社會問題。其於1896-1903年之間，在芝加哥創辦一所名為「實驗學校」（The Laboratory School）的另類小學，後人則多稱之為「杜威學校」（Dewey School）。其成為當時美國眾所矚目的實驗學校，主要目標乃在檢驗教育特定的教育思維（Meyer, 1949）。

　　實驗學校係招收4到14歲年齡的學生，並以推動「生活中心課程」為辦學主旨。根據Dewey的主張，學校即是生活，而非僅是生活的準備。學生必須化被動為主動，學習在社會中有意義之生存模式。在民主政治中，學校必須幫助學生能夠互相合作與互相協助。為實現此一目標，學校必須透過活動，再製社會生活的典型環境，並透過實驗之歷程獲得有價值的知識。

　　教育方法與活動必須以兒童為中心，並注重兒童之傾向與發展。學校教育應注重學生之興趣與個別差異。基於此，Dewey主張即使基本之讀、寫、算教育，也必須與兒童的實際生活有關，不應事先擬定僵硬的課程與內容。教學設計應研究學童之需要且與生活相結合。課堂教學宜以活動學習與經驗重為主，其中如遊戲、勞作、實地觀察、實驗檢視等。由於學校即是一個微型社會，因此藉由學校教育與學生生活之連結，才能為將來進入社會有所準備。

📚 三、Montessori 之蒙特梭利學校

　　蒙特梭利學校的創辦者Maria Montessori 乃是義大利的醫學博士。其於1898年開始教導心智缺陷的兒童，之後並將獨特之教法應用於一般兒童身上。Montessori的教育理念首先強調兒童必須在學習上有完全的自由，而不受到武斷的干預。此因兒童具有不同之身心發展階段，因此教育必須依其發展所需，讓兒童獨立學習。基於此，Montessori提倡具有真正自由與價值的「自我教育」（auto-education）。教師必須針對不同階段的學生，設計合宜的教材與教學方式，並循循善誘其自動學習（Schmidt, Schmidt, & Kruse, 2009）。

　　為了推廣相關理念以確保自我教育的實施，Montessori編寫數量頗豐之課程與教材。蒙特梭利教育本質上是一種課程模式（curriculum model），內容的主軸主要圍繞在文化（culture）、語言（language）、日常生活（practical life）、感官（sensorial）、與數學（mathematics）等五大類（Montessori, 1995; Lillard, 1997; Pitamic, 2004）。茲分述如下：

　　文化教育在蒙特梭利教育課程中，又稱為「宇宙教育」、「和平教育」、「對宇宙的瞭解教育」，其課程引導幼兒純真的心靈，發揮其純淨的愛和希望，因為他們具有帶給世界更大的和平可能性，具體而言，文化教育透過歷史學、地理學、天文學、植物學、動物學等，讓孩子擁有對周遭新奇事物的探索熱情。文化教育透過相關課程，讓幼兒理解人與世界整體的相關性，感受各個自然現象或存在物種，都必須彼此尊重且相互依賴，這也是世界和平教育的基礎。

　　語言教育的教學內容則包括口語練習、聽覺練習、視覺練習、運筆練習、與認字和閱讀，由於語言發展為幼兒認知發展的一部分，必須與注意力、理解力、記憶力、解決問題能力相互作用而加以建構。透過身體、情緒、認知、與社會性的活動去結合語言發展的特性，使學生能瞭解並運用母語的規則，幫助其融入所在的文化中。在另一方面，藉由語言讀寫的工具，再加上課程中之文化意涵，幼兒即可進而探索生活與文化中與其息息相關的

內涵，形成「語言延伸」（language extension）之現象，而與文化教育相輔相成。

　　日常生活教育則在訓練幼兒肢體動作（大肌肉與小肌肉的發展）、與手眼協調能力，以讓孩子能適應環境，奠定獨立生活的基礎。透過設計之課程內容，即可培養孩子的自信、紀律、專注力、與互助的良好態度。其課程內容大致可區分為四部分：(1)自我照顧（care of the person）：培養孩子獨立自我照顧的能力與產生自信心。(2)環境照顧（care of the environment）：幫助孩子適應環境與發現其定位。(3)社交關係（social relations）：分為美德（grace）與禮儀（courtesy）兩部分。在設計之教育活動中，培養學生彼此之間的相處之道。(4)分析與控制動作（analysis and control of movement）：利用身體的活動、四肢之協調、手的動作、與靜寂練習，培養學生控制身體與發展意志力。

　　感官教育係指引導學生利用自身之五感，藉由直接經驗物體與對環境的自然探索，進而轉化成抽象性的概念。之後，再經由辨識、配對、序列、分類之程序，培養學生將其感官所接收之資訊聯結至語言，以獲得有條理之心智能力。此種能力將協助學生掌控環境，提升其判斷力與邏輯思考能力進行自我的學習，此為感官教育的長期目標。

　　數學教育課程內容包含數量的認識、十進位計算、與心算遊戲等。Montessori透過觀察，發現3-4歲的孩子經由感官性的吸收也可學習數學。幼兒透過實際教具的重複操作，可以獲得數與量的概念，再進入四則運算中，培養幼兒邏輯思考的能力。

　　在教學部分，Montessori強調設計學生感到興趣的活動，以使其通過觀察、比較、判斷等階段來進行智力的訓練。歸納蒙特梭利的教育理念，可得出以下幾項原則：

1. 尊重學生自由成長之步調：強調每個學生在智力與人格發展有不同軌跡，且皆有獨特的內在建構藍圖。因此，教學應注重學生不同階段的需求，無須訂定一成不變的課程表，一切宜以學生不同階段之

需求爲課程設計主軸。

2. 幫助學生養成解決問題的能力：眞正的教學必須首先開發學生之好
   奇心，進而點燃其內在主動學習的求知慾。如果學生失去學習熱情
   與快樂，則會產生挫折與抵抗。唯有讓學生依照自我之速度與進度
   學習，並配合所處環境與適當的教具，才能達到自由發展的境界。
   因此，課堂中應儘量避免成績名次排序與惡性競爭之情況。

3. 教師應扮演引導者的角色：在教學過程中，教師不宜主動干預學生
   的自由發展。其必須尊重個別差異，接納所有學生而沒有偏見。教
   學計畫不宜過度瑣碎，避免產生單一與片面的知識偏頗。教師的主
   要任務乃在激發學生之學習動機，幫助其認識自我與世界之間的整
   體關係。教學特色則包括觀摩他人作品、小組教學、學生自行選擇
   學習項目、彈性學習時間之設定、以操作性活動代替紙筆考試、配
   合學習主題造訪博物館等相關機構、與至戶外自然觀察等。

4. 培養獨立自主的人格：蒙特梭利教育特重學生智慧與品格的養成，
   藉由日常生活教育與跨文化之學習，教導學生在自由的前提下尊重
   他人，並爲自我的選擇與行爲負責。

實務上，蒙特梭利教育在幼兒教育階段最令世人所稱道，儼然成爲學前
另類教育之翹楚。目前其也漸漸擴展至小學與中學階段。臺灣最早的蒙特梭
利教育機構，爲1984年所創辦的「臺北蒙特梭利幼兒園」。隨著教育人士
之大力推廣，目前已有相關中小學機構之建置（如彰化苗圃社區合作蒙特梭
利小學）。

四、Steiner 之華德福學校

華德福學校係由Steiner於1919年首創於德國之Stuttgart（斯圖加特），
發展至今已經具有一定之規模。學校設立遍及全球之數十個國家，其中又以
發源地德國最多。除數百所華德福學校之外，機構也設有多所師資培訓中

心、幼兒園、與治療機構，堪稱為目前另類教育中之佼佼者。臺灣於1990年代引入華德福學校的相關理念，並隨後成立正式之相關學校。

華德福學校之主要辦學理念，主要源自Steiner所建立之人智學（anthroposophy）理論。其係由anthropology（人類學）與philosophy（哲學）兩字組合而成，泛指人類智慧學，而偏向精神科學（spiritual science）理論。人智學除對教育改革產生影響外，也對當代科學、藝術、哲學、心理學等領域之發展有所貢獻。Steiner對當時工業革命後所產生之物質化與人性失落的現象有所批判，強調個人不應為眼睛所見之外在現象所蒙蔽，而應積極探求心靈與精神世界。因此，人智學主張個體係由身體（肢體系統）、心靈（韻律系統）、與精神（精神系統）三種層面所組成，並由四肢、心、頭所控制，分別掌控意願、思考、與感覺三種心靈功能。Steiner依據上述之教育理論建立華德福教育之特色，主張教育應配合學生之發展週期而循序漸進。華德福學校的成立，對於二十世紀初之教育改革影響甚大，其重視孩童身心狀況之個別化教育，在當時確有其匠心獨運之處（Petrash, 2002）。

綜而言之，人智學關心人類與萬物的生命本質，希望藉由探究人類的生理與精神層次、進而瞭解人類與大自然之間的整體存在關係。如此方能進一步教導學生以正確的方式進行精神世界的學習。Steiner認為在唯物主義的自然科學典範宰制下，教育僅能幫助學生認識物質的層面，而缺乏精神層面的探究。因此，華德福教育理念將物質與精神層面並舉，試圖建立身心平衡的教育發展。在偏重物質的時代，華德福教育重視靈性成長，試圖跨越種族、文化、宗教之藩籬，以彰顯個體生命的獨特性。其希望在最適切的時機提供學生最需要且高品質之教育。百年來，華德福教育儼然已成為另類教育的典範，並能逐漸發展至全世界。

針對人類之成長進行深入研究，Steiner發現其具有階段性的特質。人智學主張一個階段為七年，共有四個週期。第一階段為0-7歲，需要24小時照顧，以培育健全的身心。此階段幼兒發育極為迅速，需要藉由各種活動（如與父母之間的遊戲），進而平衡與增強體魄。此階段之幼兒未辨善惡，覺得周遭世界皆是良善美好。其不斷依照本能進行模仿學習，如果處之得當，即

能讓幼兒之整體身心狀態能夠平衡發展。Steiner認為不應過早開發幼兒的智能，以免過度透支幼兒生命力，而發生揠苗助長的負面後果。

第二個階段約為8-14歲。此時兒童身心發展變化已可從周遭環境中有所獨立，經由觀察外界現象，以形成心靈中之感覺與情緒。兒童在此階段已經漸漸形成自我內心世界，藉由參與各種學習活動，開始有其意志與想法。此階段發展重點應在心靈之情感層面，可多以藝術課程以進行各種感覺的發展。

第三個階段為15-21歲，屬於青春期至成人時期。由於身心漸趨成熟，個體之思想體系在此階段形成，進而形塑獨立之判斷能力與理想。學生在此時期會渴望追求所處世界的真理，以追尋自我存在的合理性。有些時候，學生會強烈挑戰教師與家長的權威，質問各種現象的真實性。其目的即在為獨立自我的形成做準備。

第四個階段為21歲以後。Steiner認為個體至此已是一個「全人」，係擁有身、心、靈和諧發展的自由人。此階段經由社會各種活動的學習，以使心靈能在群體中自我成長，最後確立自我定位而對世界做出貢獻。

華德福教育的教育理念，一言以蔽之乃在順應個體之發展規律，針對不同之需求以設計教育內容。其目標乃在追求孩童之身、心、靈三層面的全方位成長，進而培養洞察力與判斷力，終能超越物質而實踐自我。由於強調頭腦、心性、與四肢的均衡發展，華德福教育的教育理念注重個體整體性與平衡性的發展，以去除傳統教育之記憶灌輸與分數取向的心態。此種以人為本的教育理念，特重培養學童互助之精神，希望能與大自然圓融共存。因此，傳統教育較為輕視學科之藝術、手工、肢體律動、與音樂等課程，卻受到華德福教育的重視，並將之與語文、數學、自然、社會等課程密切結合，以讓孩子能全面滋長與充分發揮潛能（Avison & Rawson, 2014; Finser, 1995）。

華德福教育特有之教育理念，對其相關之課程安排與教學設計有所影響。華德福模式的教育方式別開蹊徑，與一般主流學校差異極大。茲將主要不同點分述如下：

(一) 週期性的教育模式

　　除了重視學童的階段性發展外，華德福教育的課程安排也配合四季之更迭。在大部分的華德福學校，一學年分爲四個學期，其中每學期爲十週。除關注學生每日規律的生活作息外，學校也強調課程韻律的實施，以幫助學生能夠在穩定中發展內在的自由。原則上，華德福學校每天上午會利用一定時間（如兩個小時），進行一個完整的主題教學（語文、自然、數學、社會等），並持續數週（多爲三、四週）之後，再轉換進行另一主題。此外，相同的主題每年都會重複出現，以喚醒學生之記憶。根據Steiner的主張，遺忘與記憶之間存在著特定節奏，讓學生遺忘學過的內容與記住學過的內容同等重要。因此，一定時間內（如每天、每週、每月、每學年）均應有精心設計的學習節奏加以運轉。例如在主要課程時段內排入某特定主題，就應連續數週進行該主題的學習活動。如此密集的安排，學生較能全心學習單一主題與科目。此種週期性的教育模式，可經由記憶與遺忘的溫故知新歷程，讓學生藉由律動的學習節奏進行學習，以充分開發其潛能。

(二) 引導式的教學

　　華德福教育教育將語文、數學、自然、社會等科列爲「主課程」，以作爲課程的核心，引導學生進行外在感官世界之觀察與內在心靈世界之形塑。與之相較，「副課程」則主要包括藝術與美學的展現。其中如繪畫、雕塑、音樂、舞蹈等活動的實施，即在陶鑄學生的情感，啓發其內在生命力量。值得注意的是，主課程與副課程並無上下之分，需要加以統整後實施。教師教學不應侷限於傳統的科目內容中，而需設計具有整體性的主題（如「人與社會」、「人與世界」等），利用主副課程進行適性教學。在特定階段與學科，華德福教育不會提供課本或教科書，學生必須記錄教育過程所觀察與學習的資料，進而自我製作所謂的個人課本。在此模式下，教師不受既定課本之束縛，但必須對於所教內容有更爲透徹的準備。經由活潑與生動的呈現方式，有時教師可以繪製圖像與表演之形式，讓學生自我消化後呈現於個人課

本之上，而眞正內化於其內心之中。

(三) 教育藝術化

華德福教育所以迥異於傳統課程，原因之一即在力行教育藝術化。其主張教育並非一種技術，而應視之爲一門藝術。因此，教學過程中應遵循「圖像走向文字」的歷程，而以藝術化的方式加以呈現。實務上，華德福教育將藝術活動置入所有年級的課程中。學齡前階段強調學童感官的發展，給予畫圖等藝術相關遊戲，發展其想像力。1-8年級學生之教學也以圖像之呈現爲主，如學生將教師上課內容加以繪製即是一例。文字與概念等屬於抽象思考之教育內容，則遲至9-12年級才予以教授。在此原則下，華德福教育特重藝術課程的設計與分量。各主題課程皆有藝術活動之融入，其中如音樂合奏、歌唱、韻律遊戲、繪畫、陶藝等，希望藉此順應孩童之內心需求而開發其潛能。教學活動部分，多半秉持「技能→情意→認知」的教學步驟與理念，即先讓學生進行「實作」，有所「感受」後，再促成學生有所「思考」。如此方式，乃希望培養內心自由與具備多項能力的學生，與傳統只注重認知學習的作法有天淵之別。

(四) 合作與分享的教育

華德福教育強調組織成員必須友善結合。因此教師與學生、學生與學生、教師與家長之間應該積極合作與分享（Schaefer, 2013）。傳統教育在成就上的激烈競爭會產生極大之副作用，「落敗」的學生可能會放棄學習。華德福教育認爲每個人皆有其特色，所以極少進行傳統之考試，而傾向以表演與分享的多元形式，展現學生的學習成果。其中如表演、文章發表、作品展示等，可由學生依其意願加以決定。

與蒙特梭利學校相似，華德福教育也非常重視相關師資的培育。此因若要徹底貫徹人智學的理念，教師所扮演的角色至爲關鍵，其必須能夠積極投入並體現學生之多元潛能。在華德福教育中，教師被期待成爲橋樑，必須先徹底進入教學的情境，以讓學生通過而感知未來的世界。教師之態度與如何

看待教學工作，深切決定其在現場中之教育實踐。

　　基於此，華德福師資培訓機構的課程約為三年。其中第一年為基礎概念之學習，接受培育者必須修習主要課程、藝術相關課程、與人智學的哲學課程，以形塑未來教師之中心思想。第二年則以熟悉華德福教育各學科課程設計與教學方法為主，第三年則為實習年。完成實習並被評定合格後，即可獲頒相關文憑，有資格至全球之華德福學校執教。

五、Neil 之夏山學校

　　夏山學校由A. S. Neil於1921年始建於德國，後於1923年搬遷至英格蘭之Suffolk（薩福克郡），面積約為12英畝，如同一個小型社區。Neil於1973年去世後，由妻子接管學校長達十二年，再由Neil之女兒Zoe Readhead擔任營運之校長職位。2014年學校總人數約有100人，其中學生人數近80名，其餘分別為教師、褓母、與學校行政人員。夏山學校已歷經近百年之歲月，即使人事更迭不斷，但始終堅持學生自我快樂的原則。

　　夏山學校設立於第二次世界大戰之前。當時之教育理念傾向打罵式的權威教育，主張唯有透過嚴格的紀律，以嚴教的模式加以訓練，才能培養出優秀的學生。Neil 透過實際的教學經驗，發覺當時僵化的教育會使得學生喪失學習之動機。因此，其主張教育的目的應在賦予學生快樂學習的機會，因此必須創造一個自由與自主學習的教育空間。Neil 認為外在強迫的學習並無價值，唯有產自內在的學習動機才能使學生在民主社會中，產生自信、包容、與關懷的情操。基於此，Neil創建夏山學校時，即刻意有別於傳統僵化的學校教育，廢棄固定的課程，且兼重智育、心性、與情感的陶冶。最終目的乃在希望能夠建立具有人性化的學校，學生可以自由選擇學習有興趣之課程，而不受任何限制。

　　綜觀夏山學校的辦學理念，可歸納為以下幾點：(1)主張兒童之本性是良善的，教育必須肯定獨立之個體。(2)教育的目的乃在使學生快樂的學習。(3)學校應適應學生，而非學生適應學校。(4)教育應兼顧知性與感性的

學習。(5)重視人本精神，教育應強調愛、自由、與民主之理念。基於此，Neil堅持提供學生自由發展乃是教育的最終目標，學校必須適應學生以培養其自動學習的能力。以下即分從學習模式、教學過程、課程選擇、與學生自治四個方面分析夏山學校的教育特色。其中可看出其重視學生主體性、解構傳統班級教學、自我引導學習、與彈性多元課程的訴求。

(一) 自主的學習模式

基於自由學習的理念，夏山學校上課規定極為自由。學生可以選擇上課，也可以選擇不上課，皆依據其喜好加以決定。理論上，只要學生喜歡，可以選擇連續幾個月不進教室。然而，每位學生必須自我決定如何運用每一天時間。其可以自行閱讀與思考一整天、投入學校各種形式之社交活動、或自行組成研究小組討論特定議題。在夏山學校，學習被認為不僅存在於教室中，而是充滿在每個角落。透過民主自由之方式，使學生更加認識自我，並依據自我意志定義每一天的生活。

(二) 開放的教學過程

夏山學校在教學上採取混齡式的小班教學。每堂課的學生人數通常為6-12人，12歲以下的學生擁有專屬的導師與學習教室。學生依據不同年齡分成三個級別。針對第一級學生（5-9歲），教師可依照學生興趣設計與訂定一星期的課程表，以涵蓋各式學生期望的活動。第二級（10-12歲）的學生逐漸開始探索各種領域，其可依照自我興趣建議學校開設相關之學習課程或科目。第三級為12歲以上的學生，可以自我選擇正式課程與學生建議開設之課程。原則上，夏山學校除學生享有絕對自由之外，教師教學也擁有極大之主導權。學校不會限制教師之教學教材、授課方式、與教學活動。學校期望透過教師專業自主教學，使學生在離開學校前達到GCSE修畢（GCSE為英國14-16歲的普通中等教育證書）的教育水平。

(三) 彈性的課程選擇

夏山學校校園廣闊，足以提供學生各種生活體驗活動。其中如自行車、攀岩、露營、游泳、運動，與學科課程之各種場地。夏山學校的課程分為正式課程與學生指定開設課程，正式課程包含基本學科課程，包含語文（英語與外國語）、自然科學、數學、地理、歷史、工藝等，有專任教師負責教授。非正式課程則是由學生提供學校建議所開設的課程，以使其按照興趣享有多樣化的適性學習。相關正式課程與學生指定課程如表8.3。高年級依自己興趣選讀課程，低年級則多跟級任教師進行相關教育活動，也可自行至工藝或美勞教室學習，皆有專任教師負責指導。在時間分配上，學生只上半天課，下午為自由活動。週一至週五晚間舉辦電影欣賞、演講、晚會、表演等活動。週六晚間為學生自治會時間，全校教師與學生參與會議，以討論生活、學習、與紀律等問題。

此外，學校課程採用彈性課表，僅供教師上課預備使用。校方也提供學生選擇其有興趣的課程，但不會強迫其必修特定課程。較之一般學校之按表操課形式，夏山學校希望實踐以學生為中心與因材施教的教育理念。其主張教育不應強迫孩子去學習東西。學生如果可以享有自由做自己愛做之事，通常不會產生反彈與怨懟。例如：一個學生如果在學習過程中想要休息，此時的休息對其而言，即是必要且有價值的事。學校應適應學生的學習過程，讓其不受任何限制進行選擇。在夏山學校，不論是任何年齡的學生，對於課程的參與喜好之課程，均有最高的決定權力。

(四) 民主的學生自治

夏山學校之特色乃是賦予學生充分自由，可以自行訂定生活公約與自主學習的方式。其希望取代威權之教育體制，而採用民主開放的模式教育學生。其中最令人矚目的即是學校自治會之成立。學生可以透過其來參與校務，以營造心中理想的學校圖像與培育民主精神。夏山學校的自治會分為兩種形式。一是學生自行組成的自治會，由較年長的學生主持，任務主要在制

表 8.3　夏山學校正式課程與學生指定開設課程與科目表

正式課程	
科目	英語
	數學
	科學：生物、物理、化學
	外國語言
	木工
	藝術
	戲劇
	歷史
	地理
	音樂
	資訊科技
	聲樂
學生指定開設課程	
科目	園藝
	昆蟲研究
	飛機製造
	外交遊戲
	魔術表演
	心理學
	思考遊戲
	拼花工藝
	攝影和繪圖
	午後漫步
	黏土
	電腦策略遊戲
	影片製作
	廣播製作
	西洋棋
	手工藝
	槌球遊戲
	各式運動（球類、游泳等）

資料來源：http://www.summerhillschool.co.uk/learning-at-summerhill.php

定成員之間的團體規則，其中如投票決定就寢之時間。另一種則爲師生一同參與的自治會，主要任務乃在針對違反團體行爲所應做出之處分。其最大特色乃在不分年齡或師生，參與者每人皆擁有平等的一票。自治會的功能除了制定規則外，更深層的教育意義卻在生活教育、人際關係，或是培養學生上臺論述之能力等。此些經驗遠比一般學科知識更具價值性，因爲其是經由學生自我治理所產生之成果。

　　身爲另類學校，社會主流對於夏山學校之批評不絕如縷。自1990年以來，英國皇家督學（Her Majesty's Inspectors）即曾撰寫視導報告，指控夏山學校放任學生，依其好惡進行教學，因而未達學生能力所及之標準。2005年5月，英國教育部公布報告書，列舉夏山學校多項缺失。其中如缺乏訂定長短期教學計畫，與坐視學生不上課的脫軌現象。面對指控，夏山學校則與英國政府曾對簿公堂，最後達成庭外和解。雙方同意未來督學來學校視察時，應與學校事前諮商，並與學校所指定的教育專家共同決定視察之內涵。

　　相較於蒙特梭利學校與華德福學校，夏山學校無論在規模與資源上，顯然呈現慘淡經營的態勢。然而，其影響力卻不容小覷。數十年來，其對各國秉持人本教育之學校或教育計畫，有極深遠之影響。其中如臺灣之森林小學即是例證。事實上，不論外界是否認同夏山學校的教育理念，相對於主流一元化的學校教育，其存在乃是提供學生另類的選擇。就此而論，夏山學校在教育史上，有其不可磨滅之地位。

六、臺灣另類教育的發展

　　臺灣的另類教育發展與教育改革之關係極爲密切。在1987年解除戒嚴之前，臺灣教育呈現高度集中化與一元化之特徵。解嚴之後，人民社會意識漸漸抬頭，要求教育改革之呼聲震天尬響，終於在1994年發生「四一〇教育改造全民大結合運動」。當時萬人上街示威，爲反制升學主義而提出多項教育改革意見。其中如制定教育基本法，進而促動一連串另類教育組織之萌

芽,對於體制內僵化教育體系產生極大衝擊。

在相關另類教育之經營上,人本基金會先於1990年先後創辦森林小學,教育理念類似英國之夏山學校。因當時法規與學生學籍問題,歷經波折最後於當時臺北縣之白雲國小碧雲分班作爲校址,進行核准之「籌設森林小學期前研究計畫」。在此之後,種籽學苑、全人中學、臺北市自主學習實驗計畫、慈心華德福等另類教育紛紛成立,展現不同型態之風貌。

其後,臺灣於1999年通過《教育基本法》。其第7條規定:「政府爲鼓勵私人興學,得將公立學校委託私人辦理。」此外,《國民教育法》第4條也規定:「爲保障學生學習權,國民教育得辦理非學校型態之實驗教育」,就此爲另類教育之興辦提供獲得政府核准之法令依據。其後成立之宜蘭慈心華德福中小學與人文小學,皆採用公辦民營模式,並獲得同等公立學校之補助。

臺灣另類教育之理念與價值與傳統思維有天壤之別,且種類極爲繁多。從體制內公立學校之特色教育方案,乃至民間自我發動之實驗計畫,無論在訴求與經營模式上皆有所差異。然就教育行政的觀點而言,臺灣另類學校之組織大致可分爲體制內另類學校(如公辦民營學校)、體制外立案之另類學校與教育計畫(如全人中學)、與體制外未立案之教育實驗計畫(如森林小學)等三類。基本上,體制內另類學校可以得到主管教育行政機關之經費補助,體制外之學校與教育計畫則多半必須自負盈虧(此也是造成其學費高昂之主因)。其中未立案者由於在教育體制中妾身未明,因此學生會面臨不具學籍,而必須寄籍於公立學校之窘況。臺灣主要另類學校與非學校型態教育實驗計畫,請詳見表8.4。

表 8.4　臺灣另類學校與非學校型態教育實驗計畫表

一、臺北市			
學校名稱	類型	學制	教育理念及課程
史代納教育共學團體	私立、團體自學	幼兒園、國小、國中	以延續 Steiner 創設之華德福學校教育的精神培育孩子，透過具有「意志、情感、思想」的全人課程，滋養孩子的身、心、靈，引導個體瞭解自我並發展其潛在特質。得以追尋未來對全人類有所貢獻的任務，教育學生成為一個真正自由的人。
昶心蒙特梭利實驗教育	團體自學	小學	臺北市第一所由家長創校的蒙特梭利小學實驗教育，在蒙特梭利的教育理念中，教師是孩子與環境之間的橋梁，教師提供豐富的學習環境將孩子視為學習活動的主體。教學理念包括：(1) 兒童獨立性的尊重。(2) 肅靜與活動。(3) 精神勝於方法。(4) 個人自由先於社會紀律。(5) 童年期的秩序感。
二、新北市			
赤皮仔自學團體	團體自學	小學	赤皮仔自學團體希望實現「彼此理想中學習」的學園。名字中的「赤」字代表熱情，「皮」字代表創造力。赤皮仔，代表期待孩子在未來的方向。赤皮仔奉行「以非學校型態實驗教育，從自己的社區出發，教育孩子面對未來的挑戰」的信念。為孩子構建出「個人學習計畫、團體合作計畫、生活能力、對外連結」的四角教學藍圖。
森林小學	機構自學	小學	森林小學是基於人本教育的理念學校。開創之初是由教育改革者、家長，教師和學者，為實現其以人為本的教育理想，在人本教育基金會策劃下建立的一所實驗性另類教育。森林小學是以人文與自然理念辦學的學校，並非是四周都是「森林」的學校。擁有這樣理念，即使是在都市公園裡辦學校亦是森林小學。
信賢種籽親子實驗小學	公辦民營實驗學校	小學	對教育的基本信念乃是孩子是學習的主體，與對自己的學習享有當然的權利和責任。教育工作者

（續上表）

			最大的責任，是提供孩子自由、安全和支持的環境，讓孩子無所恐懼的探索、發自內心的學習。當學生與教師建立起溫暖信任的關係之後，方能展開有效的學習。因此教師應該深入瞭解學生的需求，尊重孩子獨特的本質，以循循善誘的開放態度啟發孩子，幫助孩子發揮潛能而成就自己。
三、桃園縣			
仁美國中附屬實驗小學（仁美華德福國中小）	公辦公營	國小、國中	仁美華德福致力於身心靈和諧成長的新生代華德福教育之課程發展與實踐，以期建立桃園地區第一所具有國際觀與社群合作特色的華德福學校。
諾瓦國民小學	公辦民營實驗學校	幼兒園、國小	諾瓦幼兒學校在 1997 年開始籌畫，當時希望能夠為臺灣的幼兒教育開創一個嶄新的教育模式，推動方案教學。教學模式係以孩子的天賦和發展為基礎，以孩子的權利為出發點，結合家庭的力量，以方案的模式來達到教學的目的，藉由發現問題、思考問題，修正和改變，在不斷的思考和修正的步驟裡，使孩子的表現讓人充滿驚喜，並用藝術的型態來呈現學習的結果。後將相關理論延伸至小學階段。
四、新竹縣			
照海華德福	團體自學	國小	新竹地區 13 個家庭於 2010 年關切孩子的未來工作與生活，並為了眼前子女適性教育的迫切需要，決定在寶山水庫附近以共學的形式創辦柯子湖華德福共學園。在山中兩年後，決定從山上搬到竹北高鐵特定區。決定在這科技與農村交界，充滿公園綠地與自然生態的新興城市，結合環境與文化資源，藉著在地深耕與連結社群以推展華德福教育，因此以「照海華德福」名之。
寶山華德福	團體自學	小學	新竹寶山華德福是由一群從愛的本質出發的家長與教師所創立的自學團體。成立於 2009 年 8 月，是新竹第一所以自學型態成立的小學共學團體，共學地點位於自然景觀優美的寶山鄉雙溪。希望以華德福教育之人類發展圖像，發展與眾不同的教學方式。課程與教學內容係透過大量的肢體與藝術活動，累積孩子內心的美好經驗與感受。

（續上表）

			五、苗栗縣
全人實驗中學	實驗高中	中學	苗栗縣私立全人實驗高級中學是第一所體制外的中學，位於苗栗縣卓蘭鎮的山上。創立於 1996 年，並於 2009 年正式立案，成為合法的私立學校。全人中學顧名思義就是希望能夠培育出「全人」，全校學生約 70 人，年齡從 10 歲到 18 歲。教師約 15 人，乃是住宿學校。其課程分成必修課和選修課。必修學分包括國文、英文、數學、社會、科學等基礎科目，而選修學分包括肢體課、戲劇課、樂器課等。整體而言，上課風氣非常開放，學生可以自由選擇是否進教室，對於教師乃是很大的挑戰，但教師設計課程內容的自由尺度也較大。
			六、臺中市
青陽實驗團體	團體自學	小學	希望培養出一群具備「為己而學，成人之美」，擁有主動求知、學習、整合、分析等能力的孩子。教學特色包括：(1) 以人為本，發展個人學習地圖。(2) 自我探索，從差異中尋找卓越。(3) 生活即教育，讓教育走出教室。(4) 課程內容設計著重於「生活化、實用化」。(5) 注重生命教育，以自然生態教學為方式。(6) 人格教育以儒道思想為依歸。(7) 知識學習以芬蘭教育為典範。(8) 多元藝術才能課程，強調從做中學習。(9) 學制採用「Quarter 學季制」。
道禾實驗教育機構	機構自學	幼兒園、國小、國中	道禾實小於 2003 年開始著手建校，並於 2004 年開始招生，現有臺中、新竹兩座學習村落。形式為社區型態與小班教學。每處各六班，每班編制 25 位以下兒童，採小班制雙導師協同教學（全校師生比 1：6）。行政獨立於教學，而以支援教學為主要工作。學校成立教師成長組織，自編教材與設計課程。家長則以志工組織型態，參與建校與校務推動。道禾於 2006 年開始延伸教育至國中部，以書院學塾型態進行教育實驗計畫。

（續上表）

海聲華德福實驗教育機構	機構自學	國小	相信每個人都是身心靈結合的整體，所以教育的方法，理當建立在對這三個方面充分理解認識的基礎上。參考史代納所指出的人類發展天性和規律，通過獨特的方法和管道，深入而細緻地對每個學童的生命和本質，進行全面的觀察和研究。課程目標為提供多元文化教育，培養學童成為身心靈平衡的成熟個體、具有清晰思考、情感豐富、與堅強意志的人。
磊川華德福實驗教育機構	機構自學	國小、國中	磊川華德福實驗小學的教師群致力於創造並達成全人的兒童教育。一方面依著四位一體的誕生以及各個身體所需的發展任務培育兒童，一方面開啓兒童內在意志、情感、思想的心靈能力，另一方面則落實兒童頭、心、手的外顯能力。
弘明實驗教育機構	機構自學	幼兒園	辦學理念為：(1) 落實品德教育與生活教育，達成全人教育的目標。(2) 重視經典教育與藝術人文，涵養純善溫厚的胸襟。(3) 實施十六年一貫的領域教學，學習多元的智識能力。
七、高雄市			
中崙國小華德福共學園	團體自學	國小	中崙國小位於中崙社區，形成特有的社區型學校。為構築教育希望工程，學校願景訂為「人文、開放」。其校園規劃有四個主軸：(1) 人文思考：舉凡學校人、事、物，皆從人文的角度仔細思索，讓學校呈現豐富的人文風貌。(2) 開放空間：顛覆傳統教室的格局，經由教室形式的顛覆，來轉化教學的型態。(3) 整體規劃：除了硬體工程，同時也進行軟體設計。(4) 資源共享：中崙國小學校是全新的，社區也是全新。以資源共享這個理念，讓二個全新的元素彼此相互分享學習，以共創雙贏。
八、雲林縣			
潮厝國小華德福實驗教育	公辦公營實驗學校	國小	為推動華德福特色教育與引導社區朝向有機村之理想，潮厝國小根據華德福教育之自由、平等、博愛主張，進而提出有機、美學、與慈愛的學校經營核心價值。有機 (organic) 原意是尊重生命與

（續上表）

			尊重自然，而有機農業之健康、生態、平等、關懷四大原則，乃是源自華德福教育創辦人 Steiner 提倡的農作物有機栽培法。因此「有機」本質上不僅是土地倫理思考，更是一種生命美學的生活態度，強調人與人、人與萬物之間，相互影響的生命有機體連結關係。
九、宜蘭縣			
清水青少年團體實驗教育	團體自學	小學	源自 2011 年 10 月，由曾任體制外教育的教師，共同商討在宜蘭縣創辦實驗教育團體的可能性。開始試辦於 2012 年 9 月。辦學理念很簡單，大致為有舒適的自然環境、校園空間，好教師與好課程，和好同學。清水青少年團體實驗教育得到宜蘭縣政府支持，在已廢校的清水國小成立。周圍有豐富的生態環境（臺灣獼猴和黑冠麻鷺的勢力範圍），校舍建築雖有一定年限但屋況良好，好教師與好課程則是清水的期許。清水在 2013 年 8 月通過宜蘭縣非學校型態團體實驗教育審議（即團體自學），目前有 4 位專任教師（國、英、數、科學）與 18 位國高中生，兼任教師則有負責寫作、社會、桌球、戲劇、登山、籃球、網球、輔導等課程。
人文實驗中小學	公辦民營實驗學校	國小、國中	宜蘭縣政府於 2001 年公布《宜蘭縣屬國民中小學委託私人辦理自治條例》，隨後並將頭城國小拔雅分校與冬山國小香南分校，公開徵詢民間參與公辦民營。佛光山文教基金會本於宗教精神，申請成立一所具有人文藝術教育理念的學校，為體制內教育走出另一片天空。其於民國 2001 年 5 月以「宜蘭縣拔雅人文藝術實驗小學」為名向宜蘭縣政府申請參與公辦民營頭城國小拔雅分校。經過正式程序的審議後，同年 7 月 5 日，宜蘭縣政府正式發函通知其取得頭城國小拔雅分校的辦學權。

（續上表）

慈心華德福實驗中小學	公辦民營實驗學校	幼兒園、國小、國中、高中	以健康、平衡的方式，追求孩子在意志（身）、情感（心）及思考（靈）等三個層面能力的全方位成長。富創造性的藝術、手工、肢體律動及音樂等課程平衡厚實，與整體的語文、數學、自然及社會課程，相互間密切結合，以滋養學生的整體教育。
內城國民中小學	公辦公營實驗學校	小學、中學	係由榮源國中與內城國小併校後所成立，源自2007 年地方人士為利社區發展，向縣府提出兩校合併之構想。於 2010 年奉縣長核定辦理是項計畫方案。該校在地方「民意表達」與縣府「施政規劃」的推動下，於 102 年 8 月 1 日正式成立。其被定位為宜蘭縣第一所公辦公營九年一貫實驗學校，據以發展獨有課程方案及特色，吸引學區外學生或教育新移民就讀，促進學校及社區發展。

作者之提醒：另類教育變化極快，今日開始興辦，明日即可能煙消雲散，請參酌下列網站之即時資訊。此外，部分另類學校並無確切之資料可供報導，在此只好略去。欲知詳情者，還至相關經營機構查詢。

參考網站：
臺北市華德福教育推廣協會：http://taipeiwaldorf.blogspot.tw/p/blog-page_6.html
臺灣另類教育學會：http://www.fapa.url.tw/index.html
史代納教育共學團體：http://taipeisteinerschool.blogspot.tw/
昶心蒙特梭利實驗教育：http://charmmontessori.com/
艾鄰舍官方網站：http://www.iristaiwan.org/home/about-us
照海華德福：https://sites.google.com/site/tsiohai/home
臺灣實驗教育機構聯盟：http://ateei-org.blogspot.tw/

　　另類教育在臺灣的發展歷經各界強力挑戰，近年發展卻仍是歷久不衰。不同的教育訴求，逐漸受到家長的矚目與重視。儘管另類教育機構多是慘淡經營，但其在多元社會中尊重學生主體性之訴求，已成為臺灣教育改革浪潮之勢不可擋的力量。

第三節　另類教育之教育理念與困境

　　檢視當代另類教育之核心主張，可發現其深受後現代主義（post modernism）之影響。後現代主義所標舉之去主流化、多元化、尊重差異重視分化等理念，恰與另類教育反對傳統制式與單一化教育之主張有所呼應。相對於一般公立學校，另類教育之經營者更注重個體之主體性，進而對於學習者與組織相關成員（如家長、教師）給予更多的尊重。教育歷程應以整體與全面之觀點對待學習者，以讓其充分發展。教師必須除提升學生之學業成就外，尚須關心個人之人格發展、道德涵養、與社會發展。換言之，教育之實施必須是全面的，而非僅針對特別面向（如學業成就）投下資源。因此，另類教育強調學生自主之興趣本位學習，要求開設多元課程以讓學生自由選擇，使其在探索環境之餘，瞭解自身與外界之複雜性，進而能夠自立創新。

一、另類教育的理念

　　另類學校辦學雖各有特色，但多趨向個別化、理性對話、與興趣本位之教育模式。實務上，另類教育所秉持之教育理念可歸納如下：

(一) 秉持全像式的教育觀點

　　全像式觀點（holistic perspective）係指針對教育歷程，採取整體性之觀點，主張必須重視學習者之全面發展，以鼓勵其在不同天賦潛能之中，進行整體之學習。全像式的教育將學生童年視為是一個獨立且不可分割的人生階段。如果教育政策僅注重片段之面向，則往往無法提供學生自我自由學習的環境，進而導致人格之偏差。基於此，學習者之主體不應被切割，而進行比重不同之教育。以往「智育至上、分數第一」的教育模式，即未能將學習者視為整體，進行全像式的發展。

(二) 採取學習者中心的教育模式

傳統教育模式多將學習者視爲被動之個體，認爲學生天生就會惹麻煩，因此需要實施外控式的管理與獎懲。在此氛圍之中，學生除服從教師之指令外，鮮少能有個人之主張。相較之下，學習者中心（learner-centered）則反其道而行，以學習者作爲主體，並依據學生個別差異設計課程與教法，其認爲要求一致性與所謂的「團隊精神」，往往會斲傷學生學習的興趣與信心。實務上，教師僅應扮演協助者與引導者之角色，尊重學習者之主體性。其任務乃在建構適當之學習環境，以激發學生主動探索能力，找尋自我學習之最佳途徑。

(三) 採取建構式之教育模式

與傳統一元化教育不同，另類學校之學習理論採取建構式之教育模式。根據學習者之需求，學習內容變得更加具有彈性與多樣性。其提供學生有機會選擇有興趣之活動，以在自我親身經驗與感覺中，將知識內化成爲真正的學習成果。在自主學習的歷程中，教師必須信任與尊重學生，只提供原則與方法，其餘則讓學生盡情發揮。換言之，學生被允許成爲學習的主人，教育歷程中之各種規範皆可經由民主程序自行訂定，而達到自發性成長的目標。

(四) 主張多元主義強調接納差異

多元主義強調教育應反對威權與一元化的管理模式，放棄惡性競爭與淘汰。其先決條件即在開放各成員之參與，並接受彼此之差異。其主張成員（如教師）應具有一定自主權之同時，也必須彼此傾聽，以在接納差異之前提下有所成長。過程中，不免需要放下部分自我價值觀，以成爲對他人尊重的起點。因此，學校成員應拋棄上下之觀念，積極進行對話溝通，以爲學習者創建最適切之學習空間。

(五) 堅持理性對話之師生關係

以往之師生倫理多建立於權威與服從之基礎上。另類學校則極度重視教師之人格特質，強調師生關係必須是理性之對話。教師不被允許高高在上，而必須摒除身為成人的威勢。如果教學無法滿足學生，教師應反躬自省。唯有透過理性對話，同時賦予學生自由與責任，讓其樂意學習，如此才能培養出自在且具有自尊之學生。

綜上所述，另類教育之辦學理念乃在強調多元與彈性、開放和自由、與提供量身定做之客製化學習。此種突破傳統的思維，希望能夠根據學生的興趣與需求，激發其學習自主性，最後進行全像式的發展。無可諱言，重視學生不同階段發展，進行因材施教之理念，也為一般公辦教育所重視。然而，受限於種種組織問題（如官僚體系、組織同型化等），公辦學校往往力有未逮。升學主義與分數至上的觀念，使得教育無法反映其本質，而使得學生感覺學習毫無意義。另類學校之出現，可為學校創新提供多種類型，以符應社會需求並提升家長教育選擇權。

二、另類學校的困境

另類教育之出現，可補救一般公辦學校之不足。然而，興辦學校或是進行相關教育實驗計畫，皆牽涉到鉅細靡遺之業務，想要成功絕非易事。實務上，相關事項如入學方式、課程設計、設備基準、組織編制、人事任用、經費來源等，均需要戮力經營。較之於公辦學校，另類教育多半缺乏主管教育行政機關在經費與政策上之支持，因此辦學過程中往往感到荊棘密布、難以為繼。環顧世界先進國家另類教育之經營，其困境可歸納為以下數項：

(一) 法規不完備而缺乏資源

另類教育興辦之目的乃在打破傳統之僵化教育體制，主要目的希望能夠在課程、經費、人事、教學上享有一定彈性。由於另闢蹊徑，現行之政策無法趕上改革進度。即以相關法規之制訂為例，往往費時經年，造成另類教育

經營者處處受限，而難以發揮理想。法規之不完備，甚而會造成「違法」之疑慮，無論在課程規劃、經費補助、乃至人事調整上，均產生「適法」之爭議。凡此種種，均使得另類教育之興辦產生眾多窒礙難行之處，進而抵銷其辦學績效。

(二) 經費來源不足而學費偏高

另類教育之興辦，理論上應會提升家長教育選擇權，但事實上卻非如此。此因基於種種立法與行政限制，另類教育所得到之政府補助，相對於公辦學校，實難望其項背，巧婦難為無米之炊。另類學校經營多半必須自負盈虧，家長則必須負擔高昂的學費。影響所及，社經地位不利的學生受限於因經濟能力，往往看得到卻吃不到，只能退而求其次，進入學區內之公立學校就讀。如此教育機會之不平等，深刻影響學生之受教權。是否能夠負擔高學費之經濟考量，往往是對於另類教育有所青睞之家長的疑問。然而基於經費短絀與政府補助不足，另類學校之經營者也只能苦撐待變。

(三) 缺乏適當之評鑑方式

另類教育所以成為另類，即在其有別於主流教育之思維與營運模式。為監控其品質，對其相關之評鑑模式及制度，自應依其特性加以制訂。然而，另類教育之種類相當多元，各自訴求也有極大差異，加上相關法規多未建立，因此實難在短時間內完成對應之評鑑機制。影響所及，部分另類教育之經營者抱怨政府，將評鑑一般教育之評鑑標準，硬套在另類教育上。由於相關評鑑方式與標準之不確定，即很難評估另類教育的辦學績效。以「學生成就」指標為例，正規教育與另類教育對其之定義就有南轅北轍之差異。如何針對各種另類教育特性制訂適切的評鑑制度，有其一定之必要性與急迫性。

(四) 缺乏升學銜接管道

受限於各種因素，另類教育之規模多半不大，此即產生另類教育學生回歸正規教育後所產生的適應問題。實務上，另類教育在學前與小學階段之數

量較多。中學階段則因課程之趨於複雜，使得辦學更具挑戰性。影響所及，一位另類教育之學生，可能無法在大學階段之前，接受完整之另類教育。其若中途轉至一般學校，即因缺乏適當之輔導機制而產生適應不良之問題。此也是各國之另類教育所面臨之困難，家長往往因而會有所躊躇而卻步不前。

改革必須付出代價。另類教育在時代洪流中此起彼落，無可例外必須面對各種挑戰。相對於主流教育，另類教育常被冠上特立獨行與離經叛道的指控。部分人士指責另類教育大力主張之教育「實驗」並不可取，因為孩子不是白老鼠且青春一去不回，若實驗失敗則無法挽回。如何論述以說服社會大眾，乃是另類教育之經營者未來必須努力之重要課題。至於選擇另類教育的家長，也常面臨天人交戰之抉擇。相關問題如家庭生活是否能夠配合另類教育？孩子的意願為何？是否把另類教育當成逃避主流學校教育之出口？子女日後之教育該如何銜接？皆需要家長盡心思考後，方能得到事半功倍的結果。

參考文獻

一、中文部分

丁莉杰（2002）。**國民教育階段在家教育課程實施之個案研究：以新竹市為例**（未出版之碩士論文）。國立臺北教育大學，臺北市。

于卓民（1996）。**國民教育公辦民營之可行性研究**。臺北市：教育部國教司。

尹章華（1998）。**公共工程與採購法**。臺北市：漢興。

方慧琴（2002）。**臺北市實施在家自行教育之研究**（未出版之碩士論文）。臺北市立教育大學：臺北市。

王家通（2003）。**日本教育制度：現況趨勢與特徵**。高雄市：復文。

王鳳喈（1957）。**中國教育史**。臺北市：正中

王鳳鶯（2004）。**國立高級職業學校公辦民營可行策略之研究**（未出版之碩士論文）。國立彰化師範大學，彰化縣。

朱敏賢（2008）。**民間參與國民教育興學法制之研究：以特許學校為中心**（未出版之博士論文）。國立政治大學，臺北市。

朱敬一、戴華（1996）。**教育鬆綁**。臺北市：遠流。

江明修（2000）。**第三部門經營策略與社會參與**。臺北市：智勝。

江芳盛（2005）。2004 年美國聯邦教育部對公立特許學校的辦理成效評估報告。**教育研究月刊**，131，133-143。

吳明哲（2006）。**宜蘭縣公辦民營學校之研究**（未出版之碩士論文）。國立花蓮教育大學，花蓮縣。

吳美智（2005）。**公辦民營學校在宜蘭的實踐與困境**（未出版之碩士論文）。國立花蓮師範學院，花蓮縣。

吳清山（1996）。臺北市國民中小學實施公辦民營之可行性分析。**教育政策論壇**，2(1)，157-179。

吳清山、林天祐（2003）。**教育小辭書**。臺北市：五南。

李惠宗（2004）。**教育行政法要義**。臺北市：元照。

李雯琪（2006）。**美國教師組織在教師爭議事件中所扮演的角色研究**（未出版之碩士論文）。國立中山大學，高雄市。

周志宏（1997）。**教育法與教育改革**。臺北市：稻鄉。

周志宏（2001）。私人興學自由與私立學校法制之研究。臺北市：學林。

周志宏（2003）。受教育的權利與使受教育的義務：強迫入學條例之檢討。教育研究月刊，97，32-43。

周愚文（2001）。中國教育史綱。臺北市：正中。

周愚文（2008）。英國教育史近代篇。臺北市：學富。

林文達（1986）。教育財政學。臺北市：三民。

林孟皇（2000）。家長之公立學校選擇權（未出版之碩士論文）。國立臺灣大學，臺北市。

林碧惠（2006）。公辦民營學校家長參與學校事務之研究：以宜蘭縣人文國小為例（未出版之碩士論文）。國立花蓮教育大學，花蓮縣。

洪明、徐紅敏（2005）。改革美國公立學校的新嘗試：愛迪生學校的新發展。外國中小學教育，7，1-6。

孫旻穗（2006）。高雄市公立幼稚園實施公辦民營可行性之研究（未出版之碩士論文）。國立屏東教育大學，屏東縣。

徐作聖（2001）。我國科學工業園區定位、營運模式及設立條件之探討。臺北市：行政院國家發展委員會。

徐雙榮（2000）。美國特許學校的類型。教學與管理，7，69-70。

秦夢群（2006）。美國教育法與判例。北京市：北京大學。

秦夢群（2010）。教育領導理論與應用。臺北市：五南。

秦夢群（2012）。教育行政實務與應用。臺北市：五南。

秦夢群、曹俊德（2001）。我國義務教育公辦民營制度之可行性研究。教育與心理研究，24(1)，19-49。

張明輝（1998）。美國磁力學校計畫及其相關研究。比較教育，45，61-71。

張明輝、顏秀如（2005）。英、紐、澳及瑞典中小學家長教育選擇權。教育研究月刊，135，48-65。

張炳煌（2000）。影響國中家長學校選擇因素之研究。載於楊思偉（主編），家長學校選擇權（193-250頁）。臺北市：商鼎。

張雅菁（2007）。宜蘭縣公辦民營學校校務評鑑計畫之研究（未出版之碩士論文）。國立花蓮教育大學，花蓮縣。

張維志（2009）。蒙特梭利小學教學法之研究：兼論臺灣兩所蒙氏小學（未出版之碩士論文）。臺北市立教育大學，臺北市。

許育典（1994）。論國民教育基本權利之法規範（未出版之碩士論文），國立政治大學，臺北市。

許育典（2007）。**教育法**。臺北市：五南。

許添明（2003）。**教育財政制度新論**。臺北市：高等教育。

許嘉政（2004）。**學校午餐公辦民營之經營模式研究：以屏東縣楓港國小為例**（未出版之碩士論文）。國立臺東大學，臺東縣。

許慶雄（1991）。**社會權論**。臺北市：眾文。

郭家宏（2003）。**國民中小學特許學校法制化之研究 ─ 以美國特許學校為例**（未出版之碩士論文）。國立新竹師範學院，新竹市。

陳成宏（2004）。政治系絡中的公平、卓越、自由三價值：一個了解美國特許學校的複合三角關聯模式。**慈濟大學人文社會科學學刊**，3，109-126。

陳志峰（2004）。**嘉義縣國民中小學教育人員對於實施公辦民營學校可行模式分析之研究**（未出版之碩士論文）。國立嘉義大學，嘉義市。

陳俊毓（2009）。**特許學校在屏東地區可行性之研究**（未出版之碩士論文）。國立屏東教育大學，屏東縣。

陳曉蕾（2008）。臺灣在家自學十週年。**亞洲週刊**，22(39)，50-52。

陳麗珠（1998）。教育券制度可行模式之研究。**教育研究資訊**，6(3)，129-141。

陳麗嬌（2003）。**臺北縣國民小學實施公辦民營可行模式及其運作之研究**（未出版之碩士論文）。國立臺灣師範大學，臺北市。

曾大千（2003）。論教育基本權的內涵與功能。**教育政策論壇**，6(1)，63-94。

曾秀婷（2009）。**美國聯邦教育部公立特許學校方案（PCSP）之研究**（未出版之碩士論文）。國立暨南國際大學，南投縣。

游宏隆（2004）。**公辦民營學校治理結構之研究：以慈心華德福教育實驗小學為例**（未出版之碩士論文）。佛光人文社會學院，宜蘭縣。

游琇雯（2005）。**宜蘭縣公辦民營人文國小創新經營之個案研究**（未出版之碩士論文）。臺北市立教育大學，臺北市。

黃奕碩（2007）。美國特許學校之實施現況與挑戰，**教育研究**，15，83-93。

黃啓倫（2007）。**布里格豪斯論家長教育選擇權**（未出版之博士論文）。臺灣師範大學，臺北市。

黃嘉雄（1998）。學校本位管理政策下的教育機會均等策略：以英國為例。載於中華民國比較教育學會（主編），**社會變遷中的教育機會均等**（143-180頁）。臺北市：揚智文化。

黃德祥、林重岑（2007）。美國網路特許學校的發展與爭議。**教育研究月刊**，154，159-171。

楊文貴、游琇雯（2011）。人文國民中小學另類嗎？是，也不是：一所既主流又另類的專業學校。**另類教育期刊**，1，127-146。

楊思偉（2000）。**家長學校選擇權**。臺北市：商鼎。

詹中原（1993）。**民營化政策：公共政策理論與實務之分析**。臺北市：五南。

蓋浙生（1993）。**教育財政學**。臺北市：東華。

劉伯驥（1974）。**西洋教育史**。臺北市：臺灣中華。

蔣夢麟（1959）。**西潮**。臺北市：世界。

鄭新輝（1997）。家長教育選擇權的可行性分析。**初等教育學報**，10，389-415。

賴光祺（1997）。**諾錫克國家概念及其教育涵義**（未出版之碩士論文）。國立臺灣師範大學，臺北市。

賴志峰（1995）。教育券之基本概念分析。**教育資料文摘**，207，26-34。

賴志峰（2007）。學校領導的影響因素、實踐與效果：以一所特許學校的經驗為例，**當代教育研究**，15(4)，93-127。

薛化元、周夢如（1997）。父母教育參與的權利與限制：以國民教育階段為中心。**國民教育**，37(6)，20-28。

謝瑞智（1996）。**教育法學**。臺北市：文笙。

謝廣錚（2000）。**英國1988年以降官方教育政策之研究：以新右派市場機制理論分析**（未出版之碩士論文）。國立臺灣師範大學，臺北市。

鍾欣儒（2008）。**臺北縣公立高級中等學校公辦民營經營型態評估研究**（未出版之碩士論文）。國立政治大學，臺北市。

顏輝（2002）。美國特許學校的管理。**特區理論與實踐**，5，61-63。

蘇盈方（2002）。**我國實施在家教育之研究**（未出版之碩士論文）。國立彰化師範大學，彰化縣。

二、西文部分

Addonizio, M. F. (2003). From fiscal equity to educational adequacy: Lessons from Michigan. *Journal of Education Finance, 28*, 457-484.

American Federation of Teachers. (2003). *Update on student achievement for Edison Schools Inc.: The emerging track record.* Washington, DC: American Federation of Teachers.

Anand, P., Mizala, A., & Repetto, A. (2009). Using school scholarships to estimate the effect of private education on the academic achievement of low income students in Chile. *Economics of Education Review, 28*(2009), 370-381.

Angrist, J., Bettinger, E., & Kremer, M. (2006). Long-term educational consequences of sec-ondary school vouchers: Evidence from administrative records in Columbia. *American Economic Review, 96*(3), 847-862.

Angrist, J., Bettinger, E., Bloom, E., King, E., & Kremer, M. (2002). The effects of school choice on students: Evidence from Columbia. *American Economic Review, 92*(5), 1535-1558.

Apple, M. W. (1996). *Cultural politics and education.* New York, NY: Teachers College of Columbia University.

Apple, M. W. (2005). Away with all the teachers. In B. S. Cooper (Ed.), *Homeschooling in full view* (pp. 75-96). Greenwich, CT: Information Age.

Armor, D. J. (1995). *Forced justice: School desegregation and the law.* New York, NY: Oxford University.

Avison, K., & Rawson, M. (Eds.). (2014). *Tasks and content of the Steiner-Waldorf curriculum* (2nd ed.). Edinburgh, Scotland: Floris.

Ballou, D. (2007). *Magnet schools and peers: Effects on mathematics achievement.* Nash-ville, TN: Vanderbilt University.

Belfield, C. R. (2004). Modeling school choice: Comparing public, private, and homeschool-ing enrollment options. *Educational Policy Analysis Archives, 12*(30), 1-16.

Belfield, C. R. (2005). Homeschoolers: How well do they perform on the SAT for college ad-missions? In B. S. Cooper (Ed.), *Homeschooling in full view* (pp. 167-178). Greenwich, CT: Information Age.

Belfield, C. R. (2006). *The evidence on education vouchers: An application to the Cleveland Scholarship and Tutoring Program.* New York, NY: Queens College.

Belfield, C. R., & Levin, H. M. (2002). *Education privatization: Causes, consequences and planning implications.* Lanham, MD: Bernan Associates.

Bennett, H. (1972). *No more public school.* New York, NY: Random House.

Berends, M., Springer, M. G., & Walberg, H. J. (Eds). (2008). Charter school outcomes. New York, NY: Erlbaum.

Bettinger, E., & Slonim, R. (2006). Using experimental economics to measure the effects of a natural education experiment on altruism. *Journal of Public Economics, 91*(1), 1645-1648.

Betts, J. R., Hill, P. T., Ahn, J., Angel, L., Brewer, D. J., Hamilton, L. S., Henig, J. R., Lake, R.

J., McEwan, P. J., Olsen, R. B., Rainey, L., Stecher, B. M., Tang, Y. E., Zau, A. C. (2010). *Taking measure of charter schools: Better assessments, better policymaking, better schools.* New York, NY: R&L Education.

Betts, J. R., Rice, L. A., Zau, A. C., Tang, Y. E., & Koedel, C. R. (2006). *Does school choice work? Effects on student integration and achievement.* San Francisco, CA: Public Policy Institute of California.

Björklund, A., Clark, M., Edin, P., Fredriksson, P., & Krueger, A. (2005). *The market comes to education in Sweden: An evaluation of Sweden's surprising school reforms.* New York, NY: Russel Sage Foundation.

Blank, R. K. & Archbaid, D. A. (1992). Magnet schools and issues of education quality. *The Clearing House, 66*(2), 81-87.

Böhlmark, A., Lindahl, M. (2012). *Independent schools and long-run educational outcomes: Evidence from Sweden's large scale voucher reform.* Uppsala, Sweden: The Institute for Evaluation of Labor Market and Education Policy.

Booker, K., Gilpatric, S., Gronberg, T., & Jansen, D. (2004). *Charter school performance in Texas.* Unpublished manuscript. Texas A&M University and University of Tennessee at Knoxville, Knoxville, TN.

Booker, K., Gilpatric, S., Gronberg, T., & Jansen, D. (2008). The effect of charter schools on traditional public school students in Texas: Are children who stay behind left behind? *Journal of Urban Economics, 64*, 123-145.

Borman, G. D., & D'Agostino, J. V. (1996). Title I and student achievement: A meta-analysis of federal evaluation results. *Education Evaluation and Policy Analysis, 18*(4), 309-326.

Bravo, D., Contreras, D. & Sanhueza, C. (1999). *Educational achievement, inequalities and private/public gap: Chile 1982-1997.* Santiago, Chile: Department of Economics, University of Chile.

Bray, M. (2011). *The Challenge of shadow education: Private tutoring and its implications for policy makers.* Brussels, Belgium: European Commission.

Brennan, D. L. (2002). *Victory for kids: The Cleveland School Voucher case.* Beverley Hills, CA: New Millennium.

Brighouse, H. (2000). *School choice and social justice.* New York, NY: Oxford University.

Brighouse, H. (2002). *Egalitarian liberalism and justice in education.* London, England: Institute of Education, University of London.

Brighouse, H., & Swift, A. (2003). Defending liberalism in education theory and policy. *Journal of Education Policy, 18*(4), 355-373.

Brighouse, H., & Swift, A. (2006). Parents' rights and the value of the family. *Ethics, 117*(1), 80-108.

Buckley, J. & Schneider, M. (2009). *Charter schools: Hope or hype?* Princeton, NJ: Princeton University Press.

Buddin, R., & Zimmer, R. (2004). Charter schools: A complex picture. *Journal of Policy Analysis and Management, 24*, 351-371.

Bulkley, K., & Fisler, J. (2003). A decade of charter schools: From theory to practice. *Educational Policy, 17*(3), 217-243.

Buss, E. (2000). The adolescent's stake in the allocation of educational control between parent and state. *University of Chicago Law Review, 67*, 1233-1289.

Cai, Y., Reeve, J., & Robinson, D. T. (2002). Homeschooling and teaching style: Comparing the motivating styles of homeschool and public school teachers. *Journal of Educational Psychology, 94*, 372-380.

Cambron-McCabe, N. H., McCarthy, M. M., & Thomas, S. B. (2009). *Legal rights of teachers and students.* Upper Saddle River, NJ: Pearson Education.

Carl, J. (2011). *Freedom of choice: Vouchers in America education.* Santa Barbara, CA: Praeger.

Carnoy, M. (1997). Is privatization through education vouchers really the answer? A comment on west. *The World Bank Research Observer, 12*(1), 105-116.

Carnoy, M. (1998). National voucher plans in Chile and Sweden: Did privatization reforms make for better education? *Comparative Education Review, 42*(3), 309-337.

Carnoy, M. (2001). *Do school vouchers improve student performance?* Washington, DC: Economic Policy.

Carter, L. F. (1984). The sustaining effects study of compensatory and elementary education. *Educational Researcher, 13*(7), 4-13.

Center for Education Reform. (2012). *Charter school laws across the States: Ranking and scorecard* (13th ed.). Retrieved from http://www.edreform.com/wp-content/uploads/2012/04/CER_2012_Charter_Laws.pdf

Chakrabarti, R. (2005). *Impact of voucher design on public school performance: Evidence from Florida and Milwaukee voucher programs.* New York, NY: Federal Reserve Bank of

New York.

Chakrabarti, R. (2008). Can increasing private school participation and monetary loss in a voucher program affect public school performance? Evidence from Milwaukee. *Journal of Public Economics, 92*(5), 1371-1393.

Chakrabarti, R. (2013). Do vouchers lead to sorting under random private school selection? Evidence from the Milwaukee Voucher Program. *Economics of Education Review, 34,* 191-218.

Chiang, H. (2007). How accountability pressure on failing schools affects student achievement. *Journal of Public Economics, 93*(9), 1045-1057.

Chiswick, B. R., & Koutroumanes, S. (1996). An econometric analysis of the demand for private schooling. *Research in Labor Economics, 15,* 209-237.

Christenson, B., Eaton, M., Garet, M., Miller, L., Hikawa, H., & Dubois, P. (2003). *Evaluation of the Magnet Schools Assistance Program, 1998 grantees.* Washington, DC: American Institute for Research.

Chubb, J. E., & Moe, T. M. (1990). *Politics, markets, and America's schools.* Washington, DC: Brookings.

Clowes, G. A. (2004). *Polls show vouchers are popular and would be widely used.* Retrieved from http://news.heartland.org/newspaper-article/2004/10/01/

Clowes, G. A. (2008). With the right design, vouchers can reform public schools: Lessons from the Milwaukee Parental Choice Program. *Journal of School Choice, 2*(4), 367-391.

Coleman, J. S. (1966). *Equality of educational opportunity.* Washington, DC: U.S. Department of Health, Education and Welfare.

Coleman, J. S., Kelly, S. D., Moore, J. A. (1975). *Trends in school desegregation 1968-1973.* Washington, DC: Urban.

Consoletti, A. (2011). *The state of charter schools: What we know and what we do not: About performance and accountability.* Retrieved from https://www.edreform.com/wp-content/uploads/2011/12/StateOfCharterSchools_CER_Dec2011-Web-1.pdf.

Cookson, P. W. (1994). *School choice: The struggle for the soul of American education.* New Haven, CT: Yale University.

Coons, J. E., & Sugarman, S. D. (1970). *Education by choice.* Berkeley, CA: University of California.

Coons, J. E., Clune, W. H. & Sugarman, S. D. (1970). *Private wealth and public education.*

Cambridge, MA: Harvard University.

Coulson, A. (2005). Market education and its critics: Testing school choice criticisms against international evidence. In D. Salisbury & J. Tooley (Eds.), *What American can learn from school choice in other countries* (pp. 149-174). Washington, DC: CATO.

Cowen, T. (1998). *In praise of commercial culture*. Cambridge, MA: Harvard University.

Crain, R., Allen, A., Thaler, R., Sullivan, D., Zellman, G. L., Little, J. W. & Quigley, D. D. (1999). *The effect of academic career magnet schools on high schools and their graduates.* Berkeley, CA: National Center for Research in Vocational Education.

Crain, R., Heebner, A., & Si, Y. (1992). *The effectiveness of New York City's career magnet schools: An evaluation of ninth grade performance using an experimental design.* Berkeley, CA: National Center for Research in Vocational Education.

Cremin, L. A. (1970). *American education: The colonial experience: 1607-1783.* New York, NY: Harper & Row.

Cubberley, E. P. (1948). *The history of education*. Boston, MA: Houghton Mifflin.

Daun, H., & Arjmand, R. (2005). Education in Europe and Muslim demands for competitive and moral education. *International Review of Education, 51*, 403-426.

Dickson, B. L., Pinchback, C. L., Kennedy, R. L. (2000). Academic achievement and magnet schools. *Research in the Schools, 7*, 11-17.

Dougherty, C. J., & Becker, S. L. (1995). *An analysis of public-private school choice in Texas.* Retrieved from http://www.texaspolicy.com/sites/default/files/documents/1995-12-01-education-choice.pdf

Dworkin, R. (1978). *Taking rights seriously*. Cambridge, MA: Harvard University.

Edison Schools. (1997). *Annual report on school performance.* New York, NY: Edison Schools.

Edison Schools. (2003). *Fifth annual report on school performance, 2001-2002.* New York, NY: Edison Schools.

Edison Schools. (2006). *Eighth annual report on school performance, 2002-2003.* New York, NY: Edison Schools.

Evans, W., Murray, S. E., & Schwab, R. M. (1997). Schoolhouses, courthouses, and state-houses after Serrano. *Journal of Policy Analysis and Management, 16*(1), 10-31.

Fabricant, M., & Fine, M. (2012). *Charter schools and the corporate makeover of public education: What's at stake?* New York, NY: Teachers College.

Farrell Jr., W. C., & Mathews, J. (2006). The Milwaukee school voucher initiative: Impact on black students. *Journal of Negro Education, 75*(3), 519-531.

Feinberg, W., & Lubienski, C. (Eds.)(2008). *School choice policies and outcomes: Empirical and philosophical perspectives*. Albany, NY: State University of New York.

Figlio, D., & Rouse, C. (2006). Do accountability and voucher threats improve low-performing schools? *Journal of Public Economics, 90*(1), 239-255.

Figlio, D., Rouse, C., & Schlosser, A. (2007). *Leaving no child behind: Two paths to school accountability*. Princeton, NJ: Princeton University.

Finn, C. E., Hassel, B. C., Speakman, S. (2005). *Charter school funding: Inequity's next frontier*. Washington, DC: Thomas B. Fordham Foundation.

Finser. T. M. (1995). *School as a Journey: The eight-year odyssey of a Waldorf teacher and his class*. London, England: Rudolph Steiner.

Fitz, J., & Beers, B. (2002). Education management organizations and the privatization of public education: A cross-national comparison of the USA and Britain. *Comparative Education, 38*(2), 137-154.

Freire, P. (1986). *Pedagogy of the oppressed*. New York, NY: Continuum.

Friedman, M. & Friedman, R. (1980). *Free to choice*. New York, NY: Harcourt Brace Jovanovish.

Friedman, M. (1962). *Capitalism and freedom*. Chicago, IL: University of Chicago.

Frumkin, P., Manno, B. V., Edgington, N., Hess, F. M. (2011). *The strategic management of charter schools: Frameworks and tools for educational entrepreneurs*. Cambridge, MA: Harvard Educational Publishing.

Fuhuman, M. G. & Miles, M. B. (1992). Getting reform right: What works and what doesn't. *Phi Delta Kappan, 73*, 745-752.

Fuller, B., & Elmore, R. E. (Eds.). (1996). *Who chooses? Who loses? Culture, institutions and the unequal effects of school choice*. New York, NY: Teachers College.

Gallego, F. (2005). *Voucher-school competition, incentives, and outcomes*. Cambridge, MA: Massachusetts Institute of Technology.

Gamoran, A. (1996). Student achievement in public magnet, public comprehensive, and private city high schools. *Educational Evaluation and Policy Analysis, 18,* 1-18.

Gewirtz, S., Ball, S., & Bowe, R. (1995). *Markets, choice and equity in education*. Buckingham, UK: Open University.

Gill, B. P., Booker, K., Zimmer, R., Lavertu, S., & Sass, T. R. (2009). *Charter schools in eight states: Effects on achievement, attainment, integration, and competition.* Santa Monica, CA: RAND.

Gill, B. P., Hamilton, L. S., Lockwood, J. R., Marsh, J., Zimmer, R., Hill, D., & Pribesh, S. (2005). *Inspiration, perspiration, and time: Operations and achievement in Edison Schools.* Santa Monica, CA: RAND.

Gill, B. P., Timpane, P. M., Ross, K. E., Brewer, D. J., & Booker, K. (2007). *Rhetoric versus reality: What we know and what we need to know about vouchers and charter schools* (2nd ed.). Santa Monica, CA: RAND.

Gintis, H. (1995). The political economy of school choice. *Teacher College Record, 96,* 492-511.

Goetz, S. J., & Debertin, D. L. (1992). Rural areas and educational reform in Kentucky: An early assessment of revenue equalization. *Journal of Education Finance, 18*(2), 163-179.

Goldhaber, D., Henig, J., Guin, K., Weiss, J., & Hess, F. (2005). How school choice affects students who do not choose. In J. Betts & T. Loveles (Eds.), *Getting choice right: Ensuring equity and efficiency in education policy* (pp. 101-129). Washington, DC: Brookings.

Goldring, E., & Smrekar, C. (2000). Magnet schools and the pursuit of racial balance. *Education and Urban Society, 33*(1), 17-35.

Good, H. G., & Teller, J. D. (1956). *A history of American education.* New York, NY: MacMillan.

Grady, S., & Bielick, S. (2010). *Trends in the use of school choice: 1993 to 2007* (NCES 2010-004). National Center for Education Statistics, Institute of Education Sciences, U.S. Department of Education. Washington, DC.

Green, P. C., Mead, J. F. (2003). *Charter schools and the law: Establishing new legal relationships.* Norwood, MA: Christopher-Gordon.

Greene, J. P., Forster, G., & Winters, M. A. (2003). *Apples to apples: An evaluation of charter schools serving general student populations.* Retrieved from http://www.ait.org.tw/infousa/enus/education/overview/docs/ewp_01.pdf

Greene, J. P., Howell, W. G., & Peterson, P. E. (1997). *An evaluation of the Cleveland scholarship program.* Cambridge, MA: Harvard University, Program on Education Policy and Governance.

Greene, J. P., Peterson, P. E. & Du, J. (1997). School choice in Milwaukee: A randomized experiment. In P. E. Peterson & B. C. Hassel, *Learning from school choice* (pp. 335-356). Washington, DC: Brookings.

Greene, J., & Winters, M. (2003). *When schools compete: The effects of vouchers on Florida public school achievement.* Manhattan, NY: Manhattan.

Guarino, C., Santibanez, L., & Daley, G. A. (2006). Teacher recruitment and retention: A review of the recent empirical literature. *Review of Educational Research, 76*(2), 173-208.

Gutek, G. L. (1995). *A history of the western educational experience* (2nd ed.). Chicago, IL: Waveland.

Guthrie, J. W. (1997). School finance: Fifty years of expansion. *The Future of Children: Financing Schools, 7*(3), 24-38.

Hargreaves, D. (1995). Diversity and choice in school education: A modified libertarian approach. *Oxford Review of Education, 22*, 131-141.

Hassel, B. C. (1999). *The charter school challenge: Avoiding the pitfalls, fulfilling the promise.* Washington, DC: Brookings.

Hassel, B. C. (2005). Charter school achievement: What we know. Chapel Hill, NC: Public Impact.

Hassel, B. C., & Terrell, M. G. (2006). *Charter school achievement: What we know* (3rd ed.). Washington, DC: National Alliance for Public Charter Schools.

Hess, F., & Loveless T. (2005). How school choice affects student achievement. In J. Betts and T. Loveless (Eds.), *Getting choice right: Ensuring equity and efficiency in education policy* (pp. 85-100). Washington, DC: Brookings.

Himmler, O. (2007). *The effects of school choice on academic achievement in the Netherlands.* Göttingen, Germany: Georg-August University.

Holmes, G. M., Desimone, J., & Rupp, N. G. (2003). *Does school choice increase school quality.* Retrieved from http://www.ncspe.org/publications_files/OP72.pdf

Holt, J. (1976). *Instead of education: Ways to help people do things better.* New York, NY: Dutton.

Houston, R. G., & Toma, E. F. (2003). Homeschooling: An alternative school choice. *Southern Economic Journal, 69*, 920-935.

Howell, W. G., Wolf, P. J., Campbell, D. E., & Peterson, P. E. (2002). School vouchers and academic performance: Results from three randomized field trials. *Journal of Policy Analy-*

sis and Management, 21(2), 191-217.

Hoxby, C. M. (2001). If families matter most, where do schools come in? In T. M. Moe (Ed.), *A primer on America's schools* (pp. 89-125). Stanford, CA: Hoover.

Hoxby, C. M. (2002). How school choice affects the achievement of public school students. In P. T. Hill (Ed.), *Choice with equity* (pp. 158-162). Stanford, CA: Hoover.

Hoxby, C. M. (2003). School choice and school competition: Evidence from the United States. *Swedish Economic Policy Review, 10*, 9-65.

Hoxby, C. M. (2004). *Achievement in charter schools and regular public schools in the United States: Understanding the differences*. Retrieved from http://www.vanderbilt.edu/schoolchoice/downloads/papers/hoxby2004.pdf

Hoxby, C. M., & Rockoff, J. E. (2005). *The impact of charter schools on student achievement: A study of students who attend schools chartered by the Chicago Charter School Foundation*. Unpublished manuscript. Harvard University and the National Bureau of Economic Research, Cambridge, MA.

Hsieh, C., & Urquiola, M. (2006). The effects of generalized school choice on achievement and stratification evidence from Chile's voucher program. *Journal of Public Economics, 90*(4), 1477-1503.

Hughes, K. B. & Silva, S. A. M. (2012). *Identifying leaders for urban charter, autonomous and independent schools*. Bingley, England: Emerald.

Illich, I. (1971). *Deschooling society.* New York, NY: Harper & Row.

Inman, R. (1997). Introduction: Special issue of Serrano v. Priest 25th anniversary. *Journal of Policy Analysis and Management, 16*(1), 1-9.

Isenberg, E. (2002). Homeschooling: School choice and women's time use. Retrieved from http://ncspe.org/publications_files/406_OP64.pdf

Isenberg, E. (2006). The choice of public, private, or homeschooling. Retrieved from http://www.ncspe.org/publications_files/OP132.pdf.

Jencks, C. (1970). *Educational vouchers: A report financing education by payment to parents.* Cambridge, MA: Center for the Study of the Public Policy.

Jencks, C. (1988). Whom must we treat equally for educational opportunity to be equal. *Ethics, 98*, 518-533.

Jeub, C. (1994). Why parents choose home schooling? *Educational Leadership, 52*(1), 50-52.

Kandel, I. L. (1933). *Comparative education*. Boston, MA: Houghton Mifflin.

Karanxha, Z. (2013). When the "dream" turns into a nightmare: Life and death of Voyager Charter School. *Educational Administration Quarterly, 49*(4), 576-609.

Kneebone, E., Logue, T., Cahn, S., & McDunnah, M. (2004). *Here and now: The need for performing schools in Chicago's neighborhoods*. Chicago, IL: Illinois Facilities Fund.

Koetzsch. R. (1997). *The parents' guide to alternatives in education*. Boston, MA: Shambhala.

Koppich, J. E. (1997). Considering nontraditional alternatives: Charters, private contracts and vouchers. *The future of Children, 7*(3), 96-111.

Krueger, A. B. & Zhu, P. (2004). Another look at the New York City school voucher experiment. *American Behavioral Scientist, 47*(5), 658-698.

Ladd, H. (2003). Comments on Caroline M. Hoxby. *Swedish Economic Policy Review, 10*, 66-79.

Lake, R. & Rainey, L. (2005). *Chasing the blues away: Charter schools scale up in Chicago*. Washington, DC: Progressive Policy Institute.

Levin, H. M. (2001). Studying privatization in education. In H. M. Levin (Ed.), *Privatizing education: Can the marketplace deliver choice, efficiency, equity, and social cohesion* (pp. 3-19). Boulder, CO: Westview.

Levine, R. (1997, April). *Research on magnet schools and the context of school choice.* Paper presented at the Citizens' Commission on Civil Rights Issues forum: Magnet Schools and the Context of School Choice: Implications for Public Policy, Washington DC.

Lillard, P. P. (1997). *Montessori in the classroom: A teacher's account of how children really learn*. New York, NY: Schocken Books.

Lomasky, L. (1987). *Persons, rights, and the moral community*. New York, NY: Oxford University.

Loveless, T., Kelly, A., & Henriques, A. (2005). *What happens when regular public schools convert to charter schools*? Los Angeles, CA: University of California.

Lubienski, C. A. & Weitzel, P. C. (2010). *The charter school experiment: Expectations, evidence, and implications*. Cambridge, MA: Harvard Education.

Lutz, S. (1996). The impacts of school choice in the United States and the Netherlands on ethnic segregation and the equal educational opportunity. *Equity & Excellence in Education, 29*(3), 48-54.

Maddaus, J. (1990). Parent choice of school: What parents think and do. In C. B. Cazden (Ed.).

Review of Research in Education (Vol. 16) (pp. 267-295). Washington, DC: American Educational Research Association.

Mayberry, M., Knowles, J. G., Ray, B., & Marlow, S. (1995). *Homeschooling parents as educators*. New York, NY: Cowin.

McCully, D. & Malin, P. J. (2003). *What parents think of New York's charter schools.* Retrieved from http://www.manhattan-institute.org/html/cr_37.htm

McEwan, P. J. (2001). The effectiveness of public, catholic, and non-religious private schools in Chile's voucher system. *Education Economics, 9*, 130-128.

McEwan, P., & Carnoy, M. (2000). The effectiveness and efficiency of private schools in Chile's voucher system. *Educational Evaluation and Policy Analysis, 22*(3), 213-239.

McMurtry, J. (1991). Education and market model. *Journal of Philosophy of Education, 25*(2), 209-217.

Medlin, R. G. (2000). Homeschooling and the question of socialization. *Peabody Journal of Education, 75*, 107-123.

Merseth, K. K., Cooper, K., Roberts, J., Tieken, M. C., Valant, J., and Wynne, C. (2009). *Inside urban charter schools: Promising practices and strategies in five high-performing schools.* Cambridge, MA: Harvard Education.

Metcalf, K. (1999). *Evaluation of the Cleveland scholarship and tutoring grant program, 1996-1999.* Bloomington, IN: Indiana University, Smith Research Center.

Metcalf, K., West, S., Legan, N., Paul, K., & Boone, W. (2003). *Evaluation of the Cleveland Scholarship and Tutoring Program: Student characteristics and academic achievement.* Retrieved from http://www.indiana.edu/~ceep/projects/PDF/200312c_clev_6_tech_rep.pdf

Meyer, A. E. (1949). *The development of education in the twentieth century (2nd ed.).* Englewood Cliffs, NJ: Prentice-Hall.

Meyer, J. W., & Rowan, B. (1977). Institutionalized organizations: Formal structure as myth and ceremony. *American Sociological Review, 83*, 340-363.

Miller L. A. (2013). *Alternative education for parents and teachers.* CreateSpace Independent Publishing Platform.

Mintrop, H. (2004). *Schools on probation: How accountability works and doesn't work.* New York, NY: Teachers College Press.

Miron, G., & Nelson, C. (2004). Student academic achievement in charter schools: What we know and why we know so little. In K. E. Bulkey & P. Wohlstetter (Eds.), *Taking account of charter schools: What's happened and what's next?* (pp. 161-175). New York, NY: Teacher College.

Moe, T. M. (1995). *Private vouchers*. Stanford, CA: Hoover Institution.

Molnar, A. (1996). Giving kids the business: *The commercialization of America's schools*. Boulder, CO: Westview.

Montessori, M. (1995). *The Montessori Method*. Bristol, England: Thoemmes.

Moon, M. J., & Welch, E. W. (2000). Managerial adaptation through the market in the public sector. *International Review of Public Administration, 5*(2), 129-141.

National Center for Education Statistics (2006). *Characteristics of private schools in the United States: Results from the 2003-2004 private school universe survey*. Retrieved from http://nces.ed.gov/pubsearch/pubsinfo.asp?pubid=2006319

National Center for Education Statistics. (2012). *2011-12 national charter school & enrollment statistics*. Retrieved from http://www.edreform.com/wp-content/uploads/2012/03/National-Charter-School-Enrollment-Statistics-2011-12.pdf

Nelson, F. H., Rosenberg, B., & Van Meter, N. (2005). *Charter school achievement on the 2003 national assessment of educational progress*. Washington, DC: American Federation of Teachers.

Nozick, R. (1974). *Anarchy, state, and utopia*. New York, NY: Basic Books.

O'Day, J. & Bitter, C. (2003). *Evaluation study of the immediate intervention: Underperforming schools program of the Public Schools Accountability Act of 1999*. Washington, DC: American Institutes for Research.

OECD. (1994). *School: A matter of choice*. Paris, France: Author.

Osberg, E. (2006). Charter school funding. In P. T. Hill (Ed.), *An assessment by the Hoover Institution's Koret task force on K-12 education: Charter schools against the odds* (pp. 45-70). Stanford, CA: Education Nest Books.

Paris, D. (1995). *Ideology and educational reform*. Boulder, CO: Westview.

Parry, T. R. (1996). Will pursuit of higher quality sacrifice equal opportunity in education? An analysis of the educational voucher system in Santiago. *Social Science Quarterly, 77*(4), 821-841.

Patrinos, H. M. (2002). *Private education provision and public finance: The Netherlands as a possible model* (NCSPE Occasional Paper No.59). New York, NY: Teachers College, Columbia University.

Peterson, P. E. (1995). *A critique of the Witte evaluation of Milwaukee's school choice pro-gram* (occasional paper 95-2). Cambridge, MA: Harvard University, Center for American Political Studies.

Peterson, P. E. (1998). School choice: A report card. In P. E. Peterson & B. C. Hassel, (Eds.), *Learning from school choice* (pp. 3-32). Washington, DC: Brookings.

Peterson, P. E., & Chingos, M. M. (2009). For-profit and nonprofit management in Philadel-phia schools. *Education Next, 9*(2), 64-70.

Petrash, J. (2002). *Understanding Waldorf Education: Teaching from the inside out.* Lewis-ville, NC: Gryphon House.

Petrilli, M. (2005). Identity crisis: Can charter schools survive accountability. *Education Next, 5*(3), 56-58.

Pitamic, M. (2004). *Teach me to do it myself: Montessori activities for you and your child.* Hauppauge, NY: Barron's Educational Series.

Plank, D. N., & Sykes, G. (2003). (Eds.). *Choosing choice: School choice in international per-spective.* New York, NY: Teachers College.

Princiotta, D., & Bielick, S. (2006). *Homeschooling in the United States: 2003* (NCES 2006-042). Washington, DC: National Center for Education Statistics.

Prisser, O. M. (2011). *Charter schools: Impact and grant challenges.* New York, NY: Nova Sci-ence.

Pritchett, L. (2003). *When will they ever learn? Why all governments produce schooling* (Bu-reau of Research in Economic Analysis of Development Working Paper No. 31). Cam-bridge, MA: Harvard University.

Ravitch, D. (1993). The Coleman Reports and American education. In A. B. Sorensen & S. Spileman (Eds.), *Social theory and social policy: Essays in honor of James S. Coleman.* Santa Barbara, CA: Praeger.

Ravitch, D. (2011). *The death and life of the great American school system: How testing and choice are undermining education.* New York, NY: Basic Books.

Ravitch, D. (2014). *Reign of error: The hoax of the privatization movement and the danger to America's public schools.* New York, NY: Vintage Books.

Rawls, J. (1971). *A theory of justice.* Cambridge, MA: Harvard University.

Rawls, J. (1993). *Political liberalism.* New York, NY: Columbia University.

Rawls, J. (1999). *A theory of justice* (Rev. ed.). Cambridge, MA: Harvard University.

Ray, B. D. (1988). Home schools: A synthesis of research on characteristics and learner outcome. *Education and Urban Society, 21*(1), 16-31.

Ray, B. D. (2000). Homeschooling: The ameliorator of negative influences on learning ? *Peabody Journal of Education, 75*, 71-106.

Ray, B. D. (2003). *Homeschoolers across America: Academic achievement, family characteristics, and longitudinal traits.* Retrieved from http://nces.ed.gov/pubsearch/pubsinfo. asp?pubid=2004115

Ray, B. D. (2005). A homeschool research story. In Cooper, B. S. (Ed), *Homeschooling in full view* (pp. 1-20). Greenwich, CT: Information Age.

Reese, W. J. (2005). *America's public schools: From the common school to "No Child Left Behind".* Baltimore, MD: Johns Hopkins University.

Reich, R. (2002). The civic perils of homeschooling. *Educational Leadership, 59*, 56-59.

Rossell, C. H. (1999). School desegregation and white flight. *Political Science Quarterly, 90*(4), 675-695.

Rossell, C. H. (2003). The desegregation efficacy of magnet schools. *Urban Affairs Review, 38*(5), 697-725.

Rouse, C. E. (1998). Private school vouchers and student achievement: An evaluation of the Milwaukee parental choice program. *Quarterly Journal of Economics, 113*, 553-602.

Rouse, C., Hannaway, J., Goldhaber, D., & Figlio, D. (2007). Feeling the Florida heat? How low-performing schools respond to voucher and accountability pressure. *American Economic Journal, 5*(2), 251-281.

Rudner, L. M. (1999). Scholastic achievement and demographic characteristic of homeschool students in 1998. *Education Policy Analysis Archives, 7*, 7-8.

Saltman, K. J. (2005). *The Edison Schools: Corporate schooling and the assault on public education.* New York, NY: Routledge.

Sandel, M. (2012). *What money can't buy: The moral limits of markets.* London, England: Penguin Group UK.

Sandström, F. M. (2005). School choice in Sweden: Is there danger of counter revolution? In D. Salisbury & J. Tooley (Eds.), *What America can learn from school choice in other countries* (pp. 23-40). Washington, DC: CATO.

Sandström, F. M., & Bergström, F. (2006). School vouchers in practice: Competition won't hurt you. *Journal of Public Economic, 89*(2), 351-380.

Sapelli, C. (2005). The Chilean education voucher system. In Salisbury, D. F. (Ed.), *What America can learn from school choice in other countries* (pp. 41-51). Washington, DC: Cato.

Sapelli, C., & Vial, B. (2003). *Peer effects and relative performance of voucher schools in Chile.* Santiago, Chile: Pontificia Universidad Católica de Chile.

Saporito, S. (2003). Private choices, public consequences: Magnet school choice and desegregation by race and poverty. *Social Problems, 50*(2), 181-203.

Sass, T. R. (2006). Charter school and student achievement in Florida. *Education Finance and Policy, 1*(1), 91-122.

Schaefer, C. (2013). *Partnerships of hope: Building Waldorf school communities.* Boulder, CO: Association of Waldorf Schools of North America.

Schmidt, M., Schmidt, D., & Kruse, S. (2009). *Understanding Montessori: A guide for parents.* Indianapolis, IN: Dog Ear.

Shokrail, N. H., & Yousef, S. E. (1998). *School choice program: What is happening in the States.* Washington, DC: Heritage Foundation.

Sizer, T. & Whitten, P. (1968). A proposal for a poor children's bill of rights. *Psychology Today, August*, 59-63.

Sizer, T. R. (2005). Don't tie us down. *Education Next, 5*(3), 59-61.

Smrekar, C. E. (2009). Beyond the tipping point: Issues of racial diversity in magnet schools following unitary status. *Peabody Journal of Education, 84*(2), 207-226.

Solmon, L., Paark, K., & Garcia, D. (2001). *Does charter school attendance improve test scores? The Arizona results.* Phoenix, AZ: Goldwater.

Solmon, L.C., & Goldschmidt, P. (2004). *Comparison of traditional public schools and charter schools on retention, school switching, and achievement growth* (Policy Report No. 192). Retrieved from http://www.goldwaterinstitute.org/ article/1250

Stevens, M. L. (2001). *Kingdom of children: Culture and controversy in the homeschooling movement.* Princeton, NJ: Princeton University.

Stoddard, C., & Corcoran, S. P. (2006). The political economy of school choice: Support for charter schools across states and school districts. *Journal of Urban Economics, 6*, 27-54.

Strain, M. (1995). Autonomy schools and the constitutive role of community: Toward a new moral and political order for education. *British Journal for Educational Studies, 43*(1), 4-19.

Teske, P., Schneider, M., Buckley, J., & Clark, S. (2001). *Does charter school competition improve traditional public schools?* (Civic Report 10). Retrieved from http://www.manhattan-institute.org/html/cr_10.htm

Thomas B. Fordham Foundation. (2005). *Charter school funding: Inequity's next frontier.* Retrieved from http://www.sciencedirect.com/science/article/B6WMG-4M6RYSG-1/2/e54bc3a48c60eea5e1907e575378e0a1

Titmuss, R. M. (1971). *The gift relationship: From human blood to social policy.* New York, NY: Pantheon Books.

Tooley, J. (1997). Choice and diversity in education: A defense. *Oxford Review of Education, 23*, 103-116.

Van Der Gaag, J. (1995). *Private and public initiatives: Working together for health and education.* Washington, DC: Word Bank.

Vanourek, G. (2005). *State of the charter school movement 2005: Trends, issues, and indicators.* Washington, DC: Charter School Leadership Council.

Vergari, S. (2007). The politics of charter schools. *Educational Policy, 21*(1), 15-39.

Walberg, H. J. (2006a). High-poverty, high-performance schools, districts, and states. In E. A. Hanushek (Ed.), *Courting failure: How school finance lawsuits exploit judges' good intentions and harm our children* (pp. 79-103). Stanford, CA: Education Next Books.

Walberg, H. J. (2006b). Improving educational productivity: An assessment of extant research. In R. F. Subotnik and H. J. Walberg (Eds.), *The scientific basis of educational productivity* (pp. 103-160). Greenwich, CT: Information Age.

Walberg, H. J. (2007). *School choice: The findings.* Washington DC: CATO.

Walford, G. (2000). *Funding for private schools in England and the Netherlands: Can the piper call the tune?* (NCSPE Occasional Paper No.8). New York, NY: Teachers College, Columbia University.

Wallace, T. (1993). Chicago public schools, evaluation of the 1987-88 Paideia progam. In D. R. Waldrip, L. M. Walter, & E. Nolan (Eds.), *Magnet school policy studies and evaluations* (pp. 477-515). Houston, TX: International Research Institute on Educational Choice.

Wartes, J. (1988). The Washington home school project: Quantitative measures for informing policy decision, *Education and Urban Society, 21*(1), 42-51.

Weil, D. K. (2002). *Charter schools: A reference handbook*. Santa Barbara, CA: ABCCLIO.

Weiler, D. (1974). *A public school voucher demonstration: The first year at Alum Rock*. Santa Monica, CA: Rand Corporation.

Wells, A. S., Lopez, A., Scott, J., & Holme, J. J. (1999). Charter schools as postmodern paradox: Rethinking social stratification in an age of deregulated school choice. *Harvard Educational Review, 69*(2), 172-204.

Wilson, J. (1991). Does equality of opportunity make sense in education. *Journal of Philosophy of Education, 25*(1), 27-31.

Wise, A. (1968). *Rich schools, poor schools*. Chicago, IL: University of Chicago Press.

Witte, J. F. (1996). School choice and student performance. In H. F. Ladd (Ed.), *Holding schools accountable: Performance-based reform in education* (pp. 149-176). Washington, DC: Brookings.

Witte, J. F. (1997, January). *Achievement effects of the Milwaukee voucher program*. Paper presented at the American Economic Association meeting, New Orleans, LA.

Witte, J. F. (2000). *The market approach to education: An analysis of America's first voucher program*. Princeton, HJ: Princeton University.

Witte, J. F., Sterr, T. D., & Thorn, C. A. (1995). *Fifth year report: Milwaukee parental choice program*. Madison, WI: University of Wisconsin-Madison, Department of Political Science, and the Robert M. La Follette Institute of Public Affairs.

Wohlstetter, P., Wenning, R., & Briggs, K. L. (1995). Charter schools in the United States: The question of autonomy. *Educational Policy, 9*(4), 331-358.

Wong, K. K., & Shen, F. X. (2002). Politics of state-led reform in education: Market competition and electoral dynamics. *Educational Policy, 16*(1), 161-192.

World Bank. (1991). *World development report 1991: The Challenge of development.* New York, NY: Oxford University.

World Bank. (2006). *Colombia: Contracting education services* (Report No. 3184-CO). Washington, DC: World Bank.

Wright, E. O. (1996). Equality, community, and "efficient redistribution". *Politics and Society, 24*(4), 353-368.

三、美國法院判例

Alexander v. Holmes County Sch. Bd., 396 U.S. 19 (1969).

Blackwelder v. Safnauer, 866 F.2d 548 (1989).

Brown v. Board of Education of Topeka, 347 U.S. 483 (1954).

Estes v. Egnor, 443 S.E.2d 193 (W. Va. 1994).

Griffin v. County School Board of Prince Edward County, 377 U.S. 218 (1964).

Lemon v. Kurtzman, 403 U.S. 602 (1971).

Meyer v. Nebraska, 262 U. S. 390 (1923).

Missouri v. Jenkins, 515 U.S. 70 (1995).

Morgan v. Kerrigan, 401 F. Supp. 216 (D. Mass. 1975).

Null v. Board of Educ. of County of Jackson, 815 F. Supp. 937 (1993).

People v. Levisen, 404 Ill. 574, 14 A.L.R.2d 1364 (1950).

Pierce v. Society of Sisters, 268 U.S. 510 (1925).

Plessy v. Ferguson, 163 U.S. 537 (1896).

Serrano v. Priest, 5 Cal.3d 584 (1971).

State v. Smrekar, 385 N.E.2d 848 (Ill. App. Ct. 1979).

Swann v. Charlotte-Mecklenburg Board of Education, 402 U.S. 1 (1970).

Wisconsin v. Yoder, 406 U.S. 205 (1972).

Zelman v. Simmons-Harris, 536 U.S. 639 (2002).

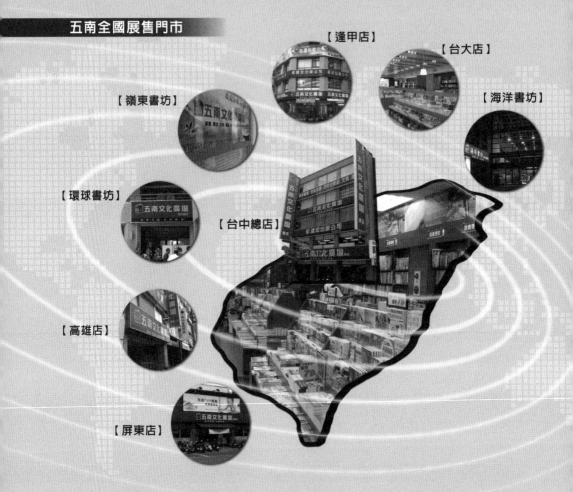

國家圖書館出版品預行編目資料

教育選擇權研究／秦夢群作. — 初版. —
臺北市：五南，2015.04
　　面；　　公分.
ISBN 978-957-11-7926-1（平裝）

1.受教權　2.義務教育

526.8　　　　　　　　　　103024186

1IYN

教育選擇權研究

作　　　者 ― 秦夢群(434.1)

發 行 人 ― 楊榮川

總 編 輯 ― 王翠華

主　　　編 ― 陳念祖

責任編輯 ― 李敏華

封面設計 ― 陳卿瑋

出 版 者 ― 五南圖書出版股份有限公司

地　　　址：106台北市大安區和平東路二段339號4樓

電　　　話：(02) 2705-5066　傳　　　真：(02) 2706-6100

網　　　址：http://www.wunan.com.tw

電子郵件：wunan@wunan.com.tw

劃撥帳號：01068953

戶　　　名：五南圖書出版股份有限公司

台中市駐區辦公室/台中市中區中山路6號

電　　　話：(04) 2223-0891　傳　　　真：(04) 2223-3549

高雄市駐區辦公室/高雄市新興區中山一路290號

電　　　話：(07) 2358-702　傳　　　真：(07) 2350-236

法律顧問　林勝安律師事務所　林勝安律師

出版日期　2015年4月初版一刷

定　　　價　新臺幣520元